어둠 속을 걸어가는 용기

위기를 넘어 기회를 보는 삶의 변화

어둠 속을 걸어가는 용기

지은이 | 박성근
초판 발행 | 2015. 12. 21

등록번호 | 제1988-000080호
등록된 곳 | 서울특별시 용산구 서빙고로 65길 38
발행처 | 사단법인 두란노서원
영업부 | 2078-3352 FAX | 080-749-3705
출판부 | 2078-3331

책값은 뒤표지에 있습니다.
ISBN 978-89-531-2421-9 03230

독자의 의견을 기다립니다.
tpress@duranno.com www.duranno.com

두란노서원은 바울 사도가 3차 전도여행 때 에베소에서 성령 받은 제자들을 따로 세워 하나님의 말씀으로 양육하던 장소입니다. 사도행전 19장 8-20절의 정신에 따라 첫째 목회자를 돕는 사역과 평신도를 훈련시키는 사역, 둘째 세계선교(TIM)와 문서선교(단행본·잡지) 사역, 셋째 예수문화 및 경배와 찬양 사역, 그리고 가정·상담 사역 등을 감당하고 있습니다. 1980년 12월 22일에 창립된 두란노서원은 주님 오실 때까지 이 사역들을 계속할 것입니다.

위기를 넘어 기회를 보는 삶의 변화
어둠 속을 걸어가는 용기

박성근 지음

두란노

추천의 글

지금 이 시대는 한 밤을 지나고 있습니다.
다른 어떤 때보다 아침의 빛이 필요한 때입니다.
IS가 초래하는 테러의 공포가 어둠을 더하고 있는 지금
속히 이 어둠을 지나 아침을 맞이하고 싶은 때입니다.
그래서 이 책의 메시지가 우리에게 너무나 절실합니다.

박성근 목사님은 신약신학을 전공한 성서학자이시고
미주 이민교회의 모태인 LA 한인침례교회를 오래 담임해 오셨습니다.
탁월한 성서학자와 신실한 목회자의 성찰로 그는 시대를 분석합니다.
그리고 이런 시대의 어둠을 극복하기 위한 길을 제시합니다.
진실로 우리는 이 책을 통해 새 아침의 빛을 만날 수 있습니다.

이 책의 메시지는 텍스트와 콘텍스트의 대화의 결과입니다.
성서의 텍스트에서 해답을 찾고 시대의 콘텍스트에서 적용을 찾습니다.

그렇게 태어난 이 책은 쉽게 재미있게 읽히면서도 심오합니다.
삶의 정황이 어둡고 피곤하다고 느끼는 사람들이 빛을 만나고
성서의 주님 앞에 무릎 꿇어 삶의 의미를 깨달아 감격하게 될 것입
니다.

천지가 물로 덮인 홍수의 때에 한잔의 생수가 그리운 것처럼
설교의 홍수시대에 이 책은 목마름을 해갈하는 생수가 될 것입
니다.
진지한 말씀의 생수를 기다리는 친구들에게 이 책을 권합니다.
나그네 삶의 피곤을 느끼는 모든 분이 이 책을 만났으면 합니다.
어둠을 견디는 힘을 얻고 아침을 맞는 기쁨을 함께 나눴으면 합니다.

이동원 지구촌교회 원로 목사

추천의 글

박성근 목사님의 첫 책이 세상에 태어나게 되어 기쁩니다. 저자는 이민자들을 섬기는 훌륭한 목회자이며 탁월한 설교자입니다. 저자의 설교로 많은 분이 감동을 받고 삶의 변화를 경험했습니다. 또 저자는 그동안 신학교에서 설교학 강의를 통해 제자들을 키워 온 분이기도 합니다.

저는 오래전부터 저자의 설교가 책으로 출판되길 소원했습니다. 목회자는 사람을 남기고 설교를 남겨야 합니다. 목회자는 설교를 만드는 공장이 아니라 사람을 키우고 남기는 사람이 되어야 합니다. 하지만 사람을 키우고 남기기 위해서는 설교라는 거룩한 도구를 사용해야 합니다. 그런 까닭에 목회자는 사람과 설교를 함께 남겨야 합니다. 설교를 남기는 가장 좋은 방법은 책으로 문서화하는 것입니다. 설교가 책으로 문서화될 때 시간과 공간과 인종을 초월해서 영향을 끼치게 됩니다. 우리는 책이 설교자가 갈 수 없는 곳까지 가서 역사하는 것을 봅니다. 또 책이 스스로 그 생명력을 발휘해서 전 세계를 향해 뻗어 나가는 것을 봅니다.

저자의 설교는 성경 본문에 충실합니다. 저자는 하나님의 말씀 아래에서, 그 말씀 뒤에서, 그 말씀을 드러내는 설교자입니다. 본문을 깊이 묵상하는 중에 성령님이 부어 주신 영감을 전하는 분입니다.

저자의 설교는 위로의 메시지입니다. 하나님은 이사야 40장 1절에서 "너희는 위로하라 내 백성을 위로하라"라고 말씀하십니다. 저자는 하나님 아버지의 마음으로 성도들을 위로합니다. 어두운 밤을 통과하며 혼돈과 불안과 고통에 아파하는 성도들을 위로합니다.

저자의 설교는 용기를 주는 메시지입니다. 인생은 광야와 같고 인간관계는 어렵습니다. 가장 쉬운 길은 포기하는 것입니다. 가장 어려운 길은 견디고 인내하는 것입니다. 저자는 포기하고 주저앉으려는 성도들에게 조금 더 인내하며 하나님을 바라보라고 권면합니다.

저자의 설교는 희망을 주는 메시지입니다. 희망은 놀라운 능력입니다. 희망이 있는 한 어떤 어려움도 이겨 낼 수 있습니다. 우리가 당하는 고난의 의미를 발견할 수 있을 때 고통 중에도 희망을 갖게 됩니다. 저자는 말씀을 통해 고난의 의미를 깨닫게 함으로 희망을 갖도록 도와줍니다. 저자는 어둠 속에서 빛을 보게 합니다. 깊은 밤에 희망찬 새벽을 바라보게 합니다. 무엇보다 하나님을 바라보도록 도와줍니다. 그래서 저자의 메시지는 복음적입니다.

저는 이 책을 위로와 용기와 희망이 필요한 분들에게 추천하고 싶습니다. 밤을 지나 아침을 보기 원하는 분, 어둠 속을 걸어가는 용기가 필요한 분, 특별히 복음적 설교에 대해 배우길 원하는 모든 목회자에게 추천하고 싶습니다.

강준민 LA 새생명비전교회 담임 목사

차례

추천의 글
여는 글
모두가 그만두고 싶을 때 한 발짝만 더

1부 어둠 속, 밤의 길을 걸으니

멈춤이 있는 인생　17
있는 모습 그대로　29
나를 보시는 하나님　43
인생의 밤을 깨우는 소리　57

2부 하나님, 등불은 꺼지지 않았으니

무엇에 인생을 걸 것인가　77
선택해야 할 길　93
냉소의 자리에 사랑을　109
하나님의 만지심　125
깨진 인생 그릇의 회복　141

3부 동틀 녘, 샛별이 떠오르니

용서하며 사랑하며 157
채워 주시리니 169
엉킨 것을 푸는 능력 185
마라토너의 완주 201

4부 아침 고요, 빛이 비추니

밤이 지나 아침 219
소중한 것을 소중히 233
주님을 따라가려면 247
본질이 바뀌는 개혁 261
생명력 있는 삶을 향해 275

닫는 글
새벽은 그리스도와 함께 옵니다

○ 여는 글

모두가 그만두고 싶을 때
한 발짝만 더 ─ 。

조셉 마셜이 쓴 《그래도 계속 가라》(Keep Going, 조화로운삶 역간)라는 책에 이런 이야기가 나옵니다. 인디언 추장에게 예쁜 딸이 있었는데 청년 세 명이 청혼을 했습니다. 그중 한 명을 결정해야 했기에 추장은 그들에게 과제를 줬습니다. 춥고 비 오는 밤에 마을 뒤편의 높은 산을 일곱 번 오르내리게 한 것입니다. 세 명의 젊은이는 비를 맞으며 질퍽거리는 진흙 길을 기를 쓰고 올라갔습니다. 그러나 결코 쉽지 않았습니다. 세 번째로 꼭대기에 올랐을 무렵에는 넘어지고 엎어지는 바람에 온몸이 진흙투성이가 되었고 뼛속까지 찬 기운이 스며들었습니다. 다섯 번째 올랐을 때는 세 사람 모두 무릎으로 기어갈 정도로 기진했습니다. 그러나 그들은 포기하지 않고 끝까지 산을 올랐습니다. 일곱 번 모두 산을 오르내린 후에는 너무 지쳐 바닥에 쓰러지고 말았습니다.

그때 추장이 한 번만 더 일어나 산꼭대기를 다녀오라고 요구했습니다. 두 청년은 화를 냈습니다. 손가락 하나 움직일 힘조차 없는 상태에서 어떻게 산을 오를 수 있느냐는 것입니다. 그러나 세 번째 젊은이는, 그도 지친 건 마찬가지였지만, 죽을 힘을 다해 비틀거리며 몸을 일으켰습니다. 하지만 딱 한 발짝을 내딛고는 그 자리에 쓰러지고 말았습니다. 추장은 세 번째 청년에게 딸을 주었다고 합니다. 왜 그랬을까요? 사실, 다시 산을 오르지 못하고 쓰러졌다는 면에서는 세 사람 모두 실격입니다. 그럼에도 추장은 모두가 그만두고 싶어 할 때 딱 한 걸음을 더 내디딜 수 있는 용기, 그것을 소중하게 본 것입니다.

우리가 걷는 인생 여정에는 쉽고 평탄한 길만 있는 것이 아닙니다. 비 오는 밤 가파른 비탈길을 오르는 것처럼 힘겨울 때가 있습니다. 갈 길은 멀고 앞은 보이지 않기에 수많은 사람이 중간에 쓰러지고 포기하고 주저앉습니다. 이때 하나님을 바라보며 한 걸음만 더 내디딜 수 있다면, 그것이 우리 인생을 바꾸어 놓습니다. 하나님은 우리의 믿음과 용기를 기뻐하시기 때문입니다.

성경에 소개된 위대한 하나님의 사람들은 한결같이 절망의 한계 앞에서 한 발짝을 더 내디딘 사람들입니다. 아브라함은 절망의 장막 속에서도 밤하늘에 빛나는 별들을 보았고, 모세는 불가능의 홍해 앞에서 믿음의 발걸음을 내디뎠습니다. 사무엘은 민족 역사의 한밤중에 하나님의 음성을 들었고, 다윗은 척박한 유다 광야에서 미래를 꿈꿨습니다. 엘리야는 손바닥만 한 조각구름 속에서 온 땅을 적실 큰비의 소리를 들었고, 에스겔은 온 백성이 통곡의 밤을 지샐 때 그발 강 가에서 하늘의 열림과 회복의 새 아침을 봤습니다. 우리에게도 이런 믿음의 용기가 필요합니다. 아무리 현실이 어둡고 캄캄해도 이 용기로 한 발짝을 내디디면 하나님이 새 아침을 열어 주실 것입니다.

솔직히 우리가 몸담고 사는 현실은 결코 녹록하지 않습니다. 갑작스런 불황으로 직장이 날아가고, 가게가 문을 닫고, 집을 빼앗긴 채 거리로 내몰리는 이가 많습니다. 중병이라는 의사의 진단을 받고 당혹감에 빠진 사람도 있고, 이혼과 깨어짐의 아픔에 신음하는 가정도 있습니다. 꿈을 잃은 채 공사판을 전전하는 젊은이들의 절망스런 절규가 온 땅을 덮고 있습니다. 날씨로 비유하자면 잔뜩 찌푸린 먹구름이요, 시간으로 비유하자면 캄캄한 밤이라 할 수 있습니다. 이런 밤의 현실 속에 무슨 희망이 있을까요?

특히, 이민자들이 통과하는 밤은 더 깊고 외로울 수 있습니다. 모든 것이 낯선 이방 땅에서 생존을 위해 몸부림쳐야 하기 때문입니다. 햄버거 가게에서, 봉제 공장의 먼지 속에서, 마트의 계산대 앞에서, 남몰래 눈물짓는 디아스포라가 많습니다. 아파도 아프다고 소리 지를 수 없는 곳, 억울하게 당해도 누구 하나 돌아보지 않는 차가운 땅에서 무슨 희망을 노래할 수 있겠습니까?

그래도 포기하면 안 됩니다. 다른 모든 이가 멈춘 자리에서 한 발짝만 더 내디뎌 보십시오. 그리고 거기서 하늘을 바라보십시오. 그때 하나님이 준비해 놓으신 빛난 축복의 아침을 맞게 될 것입니다. 그러므로 폭풍이 멈추기를 기대하거나 시련의 벽돌이 사라지길 기다리지 마십시오. 오히려 믿음의 용기로 하나님을 향해 발을 내디디시기 바랍니다.

> 돛을 감은 채 영원히 항구에 머물기보다는
> 폭풍의 노도를 맞이하고 싶습니다
> 연약한 어깨에 알맞은 짐이나
> 부드러운 초원보다는
> 하늘을 향해 오르는 산길이 좋습니다
> 그러므로 하나님이시여,
> 꺾이지 않는 힘을 주소서
> 결코 좌절하지 않는 용기도 함께 주소서
> ―데이비드 리빙스턴(David Livingstone)

2015년 12월 LA에서
박성근 목사

1

어둠 속,
밤의 길을 걸으니

마가복음 5장 21-42절

예수께서 배를 타시고 다시 맞은편으로 건너가시니 큰 무리가 그에게로 모이거늘 이에 바닷가에 계시더니 회당장 중의 하나인 야이로라 하는 이가 와서 예수를 보고 발 아래 엎드리어 간곡히 구하여 이르되 내 어린 딸이 죽게 되었사오니 오셔서 그 위에 손을 얹으사 그로 구원을 받아 살게 하소서 하거늘 이에 그와 함께 가실새 큰 무리가 따라가며 에워싸 밀더라 열두 해를 혈루증으로 앓아 온 한 여자가 있어 많은 의사에게 많은 괴로움을 받았고 가진 것도 다 허비하였으되 아무 효험이 없고 도리어 더 중하여졌던 차에 예수의 소문을 듣고 무리 가운데 끼어 뒤로 와서 그의 옷에 손을 대니 이는 내가 그의 옷에만 손을 대어도 구원을 받으리라 생각함일러라 이에 그의 혈루 근원이 곧 마르매 병이 나은 줄을 몸에 깨달으니라 예수께서 그 능력이 자기에게서 나간 줄을 곧 스스로 아시고 무리 가운데서 돌이켜 말씀하시되 누가 내 옷에 손을 대었느냐 하시니 제자들이 여짜오되 무리가 에워싸 미는 것을 보시며 누가 내게 손을 대었느냐 물으시나이까 하되 예수께서 이 일 행한 여자를 보려고 둘러보시니 여자가 자기에게 이루어진 일을 알고 두려워하여 떨며 와서 그 앞에 엎드려 모든 사실을 여쭈니 예수께서 이르시되 딸아 네 믿음이 너를 구원하였으니 평안히 가라 네 병에서 놓여 건강할지어다 아직 예수께서 말씀하실 때에 회당장의 집에서 사람들이 와서 회당장에게 이르되 당신의 딸이 죽었나이다 어찌하여 선생을 더 괴롭게 하나이까 예수께서 그 하는 말을 곁에서 들으시고 회당장에게 이르시되 두려워하지 말고 믿기만 하라 하시고 베드로와 야고보와 야고보의 형제 요한 외에 아무도 따라옴을 허락하지 아니하시고 회당장의 집에 함께 가사 떠드는 것과 사람들이 울며 심히 통곡함을 보시고 들어가서 … 그들을 다 내보내신 후에 아이의 부모와 또 자기와 함께한 자들을 데리시고 아이 있는 곳에 들어가사 그 아이의 손을 잡고 이르시되 달리다굼 하시니 번역하면 곧 내가 네게 말하노니 소녀야 일어나라 하심이라 소녀가 곧 일어나서 걸으니 나이가 열두 살이라

멈춤이 있는 인생.

　　　　　　마이클 토머스는 사업 상 바쁜 약속으로 급히 차를 몰고 가는 중이었습니다. 교통 체증이 심한 시간이라 교차로에 들어서자마자 신호등이 빨간색으로 바뀌었습니다. 정지선에 멈춰 선 토머스는 속으로 생각합니다. '신호가 바뀌면 제일 먼저 쏜살같이 달려야지.' 이 순간 토머스의 최대 관심사는 조금이라도 빨리 가는 것뿐이었습니다. 그런데 신호가 깜빡이기 시작한 순간, 교차로에 시각장애인 부부가 나타났습니다. 남편은 어린아이의 손을 붙잡고, 아내는 갓난아이를 업은 상태였습니다. 부부가 뭘 착각했는지 차들이 맹렬하게 달려들려는 찰나에 교차로에 들어선 것입니다. 토머스는 마음속으로 탄식했습니다. '큰일 났다. 보나 마나 달려드는 차들은 급정거하면서 브레이크를 밟느라 요란할 테고, 차에 있는 사람들은 비키라고 아우성을 치겠구나.' 그런데 토머스가 염려하던 일은 일어나지 않았습니다. 모든 차가 일시에 멈춰 선 것입니다. 누구도 소리를 지르지 않았습니다. 앞 못 보는 가족을 위해 교차로 일대만 시간이 멈춘 듯 고요했습니다. 그때 누군가 말합니다. "오른쪽으로." 앞이 보이지 않는 부부에게 방향을 일러 준 것입니다. 그러자 다른 차에서도 "오른쪽, 오른쪽" 합창이 이어집니다. 장애인 가족이 합창을 따라 인도 위에 올라서자 운전자들은 박수를 쳐 줬습니다. 앞을 보지 못하는 시각장애인 가족을 위해 바쁜 시간에 길을 멈춰선 차량들은 마이클 토머스가 기억하는 가장 아름다운 순간이었다고 합니다. 이 일화는《마음을 열어 주는 101가지 이야기》(101 More Stories to Open the Heart and Rekindle the Spirit, 인빅투스 역간)에 소개된 이야기입니다.

    우리는 스피드 시대를 살고 있습니다. 무엇이든 빨라야 좋다는 생각에 사로잡혀 있습니다. 자동차도 비행기도 인터넷도 핸드폰도 빠를수록 좋다고 생각합니다. 음식도 빨리 나와야 손님이 좋아합니다. 얼마 전 동네에 '시엘로'라는 이름의 커피숍이 문을 열었습니다. 스페인어로 천국이라는 뜻입니다. 이 커피숍은 문을 열자마자 호황을 누렸습니다. 이유는 딱 하나입니다. 미리 주문을 하고 가서 1초도 기다리지 않고 바로 받을 수 있기 때문입니다. 기다릴 필요 없이 마시는 커피라서 천국 커피라고 합니다.

    그런데 빨리 가는 것이 성공의 비결일까요? 빨리 가는 것이 꼭 좋은 것일까요? 너무 빨리 달려서 인생을 망치기도 하고, 앞만 보고 달려가다 소중한 것들을 놓치기도 합니다. 계획대로 성취했다고 승리한 인생이 아닙니다. 인생은 방향이 더욱 중요합니다. 방향과 목적을 분명히 하는 것이 빨리 달리는 것보다 중요합니다. 하나님은 분주한 우리 앞에 가끔 장애물을 두어 걸음을 멈추게 하십니다. 삶이 멈춰 섰다면 신앙이 바른지 점검해 볼 기회입니다. 하나님은 멈춤을 통해 새로운 축복을 부어 주십니다.

예수님이 멈춰 서신 이유는

예수님도 급한 길을 가다가 멈춰 서신 일이 있습니다. 예수님은 데가볼리라는 지역에서 기적을 행하시고 말씀을 선포하신 후, 배를 타고 가버나움으로 건너가셨습니다. 그런데 데가볼리 사역의 소문을 들었는지 수많은 무리가 가버나움으로 모여들었습니다. 이들 무리 중에는 회당장 야이로도 있었습니다.

회당장은 회당을 관리하는 지도자입니다. 유대인은 바벨론에서 포로 생활을 하면서 각 지역에 공회당을 세웠습니다. 이 회당에는 세 가지 직책이 있습니다. 첫째 하잔은 전반적인 업무를 관장하는 행정 담당자입니다. 둘째 랍비는 율법을 가르치는 사람입니다. 셋째 회당장은 회당을 관리하고 운영합니다. 즉, 회당장은 회당이 있는 마을이나 도시에서 지도자로 인정받는 사람입니다. 사람들이 존경하는 지역 유지인 셈입니다. 그래서 명예와 권세와 권위가 있습니다.

그런 회당장이 예수님의 발 앞에 무릎을 꿇고 엎드렸습니다. 그의 열두 살짜리 딸이 중병에 걸려 죽어 가고 있었기 때문입니다. 자식이 중병에 걸려 죽어 가는데 가만히 있을 부모는 없습니다. 자존심 접고 누구에게든 무릎을 꿇을 수 있는 게 부모 마음입니다. 회당장은 딸의 병 때문에 예수님 앞에 무릎을 꿇고 간절하게 청합니다. 제발 자기 집에 와서 한 번만 안수해 달라는 것입니다. 예수님은 회당장 야이로의 상황이 급하다는 것을 이해하셨습니다. 그래서 제자들을 데리고 야이로의 집으로 향하십니다.

이때 제자들뿐만 아니라 다른 무리도 주님을 따랐습니다. 갑자기 예기치 못한 상황이 발생합니다. 한 여인이 예수님 뒤로 와서 예수님의 옷자락에 손을 댄 것입니다. 여인은 12년 동안 혈루병을 앓아 왔습니다. 혈루병은 불경하다고 여겨지는 수치스러운 질병입니다. 여인은 이 병을 고치기 위해 12년 동안 의사도 찾아가 보고 좋다는 약도 먹어 봤지만, 어떤 방법으로도 낫지 못했습니다. 그러다가 예수님이 지나가신다는 소식을 듣고 그분의 옷에 손만 대도 낫겠다는 믿음으로 주님의 옷자락을 만진 것입니다.

예수님은 몸에서 능력이 나간 것을 감지하시고 주위를 둘러보십니다. 영어 성경(NIV)은 이 부분을 좀 더 자세히 옮기고 있습니다. "예수님이 멈춰 서서 둘러보셨다"(He turned … kept looking around, 막 5:30-32). 예수님의 발걸음이 멈췄습니다. 가던 길을 멈추고 서신 것입니다. 예수님은 하나님의 아들로서, 존귀함과 권세가 있으신 우주의 주인이 아닙니까. 그런 주님이 멈추셨습니다. 그리고 여인에게 사정을 물으십니다. 여인의 용기 있는 믿음을 들으시고는 축복하십니다.

여인의 입장에서는 더할 나위 없는 축복과 행운이지만, 위급한 상황에 처한 회당장 야이로의 심정은 어땠겠습니까? 사랑하는 딸이 죽어 가는 와중에 예수님이 바쁜 걸음을 멈추셨으니 얼마나 답답하고 조급했겠습니까. 마침 집에서 마중 온 사람들이 달려와서 딸이 죽었다고 보고합니다. 길을 막아선 여인도, 그 여인 때문에 바쁜 길을 멈춰 서서 지체하신 주님도 원망스러웠을 것입니다. 즉 회당장 야이로에게 예수님의 멈춤은 가정에 큰 불행을 가져온 사건이 되었습니다.

길이 막혔을 때 어떻게 해야 합니까? 육신의 병이나 환경의 변화 때문에 어쩔 수 없이 가던 길을 포기해야 할 때 어떻게 해야 합니까? 왜 하나님은 우리를 멈춰 서게 하십니까? 하나님이 우리 걸음을 멈추게 하셨다면 거기에는 반드시 이유가 있습니다. 그것은 우리를 해치기 위해서가 아니라 축복하기 위해서입니다.

더 소중한 것을 알게 되는 축복

하나님이 인생길을 멈춰 세우시는 이유는 우리를 축복하시기 위해서입니다. 멈춤으로 얻을 수 있는 축복은 더 소중한 것을 알게 되는 것입니다. 하나님이 우리 발걸음을 멈추게 하신 데는 이유가 있습니다. 우리는 우연히 멈춰 선 게 아닙니다. 정말 알아야 할 더 소중한 것을 보기 위해서입니다. 예수님이 가던 길을 멈추신 것도 예수님이 중요하게 생각하시는 무언가가 거기 있었기 때문입니다. 바로 혈루병을 앓는 여인이었습니다. 예수님 당시 유대 사회에서 여자의 신분은 아주 낮았습니다. 시민으로 쳐주지도 않는 미미한 존재였습니다. 그런데 이 여인은 병까지 걸렸습니다. 그것도 사람들이 아주 질색하는, 피 흘리는 혈루병 환자입니다. 한두 해도 아니고 12년 동안이나 수치스러운 병을 앓고 있었습니다. 이 병에 걸린

자는 성전에도 들어가지 못합니다. 정상적인 사회생활은 기대조차 할 수 없고, 자연히 사람들에게 격리되고 소외되어 비참하고 불행하게 살아야 했습니다. 그런데 예수님이 이 여인 때문에 멈춰 서셨습니다.

여기에서 예수님의 가치관이 드러납니다. 예수님은 대단한 과업이나 성취를 이루는 것보다 생명 구하는 일을 중요하게 여기셨습니다. 생명을 살리는 것보다 급하고 중요한 일은 없다는 게 주님의 뜻입니다. 온 우주를 다스리고 조종하시는 하나님, 크고 놀라운 일을 행하시는 구원자 주님은, 아프고 힘든 나 하나를 위해 멈춰 서시는 분입니다. 주님의 관심사는 생명이기 때문입니다.

한 영혼을 사랑하는 게 주님의 관심사인 데 반해, 오늘날 현대인은 주님과 정반대로 달려 나가고 있습니다. 인간은 남들에게 과시하기에 유리한 겉치레 과업을 좋아합니다. 업적 위주의 삶과 사역으로 연명합니다. 겉으로는 열매를 자랑하지만, 막상 주님이 찾으시는 열매는 없는 것이 현실입니다. 주님의 관심은 한 영혼 깊은 곳에 있는 아픔을 만져 주고 치유하는 데 있습니다. 물량과 형체를 중시하는 삶으로는 인생의 진정한 가치를 깨닫기 어렵습니다. 인간을 진정으로 아름답게 만드는 것이 무엇인지에 관심을 기울여야 합니다.

인생에서 소중한 것은 무엇입니까? 급히 한 걸음 빨리 가서 남들보다 먼저 도착하는 것이 그렇게나 중요합니까? 남들보다 빨리 도착하려고 경쟁심을 발휘하는 것이 성공하는 인생입니까? 그렇지 않습니다. 정말 중요한 건 사랑을 위해 멈출 줄 아는 것입니다. 한 영혼을 돌보기 위해 가던 길을 멈출 수 있는 가치관을 갖는 것입니다. 자신의 업적을 쌓기 위해 관계도 회피하고 기계적으로 살아가는 삶을 주님은 절대 기뻐하지 않으십니다. 주님이 기뻐하시는 삶은 인생길에서 만난 다른 이들을 사랑하고, 그들을 통해 인간 내면의 향기를 맡으며, 하나님이 기뻐하실 일들을 행하는 것입니다. 하나님이 우리 인생에 멈춤을 주실 때는 이런 소중한 것들을 다시 살펴보라는 뜻입니다.

믿음을 강화하는 축복

하나님이 인생길을 멈춰 서게 하는 이유는 믿음을 강화할 기회를 주시기 위해서입니다. 예수님이 회당장의 집에 도착하셨을 때, 딸은 이미 세상을 떠나고 말았습니다. 사랑하는 딸의 죽음으로 모든 상황이 끝난 것입니다. 그런데 예수님은 말씀하십니다. "두려워 말고 믿기만 하라." 이미 딸은 죽었는데, 더 이상 희망도 없는데, 염려하지 말고 걱정하지 말라는 말이 무슨 소용이 있습니까. 두려워하지 말고 믿기만 하라니, 대체 무얼 믿습니까. 예수님은 상황을 보지 말라고 하신 것입니다. 딸이 죽었다는 절망스러운 상황 대신, 믿음으로 예수님을 바라보라고 말씀하십니다.

예수님이 길에서 멈춰 서신 일은 회당장 야이로의 믿음을 시험하는 계기가 되었습니다. 지금 야이로에게 닥친 상황은 그가 바라는 게 아닙니다. 야이로는 예수님이 병든 딸에게 손을 얹고 낫게 해 주시길 간절히 바랐습니다. 그런데 병이 낫기는커녕 딸이 죽어 버렸으니, 상황은 야이로가 전혀 원치 않는 방향으로 진행된 것입니다.

그런 상황에서 주님을 믿을 수 있겠습니까. 원치 않는 곳에서 여전히 주님을 신뢰할 수 있겠습니까.

우리도 같은 질문을 받을 수 있습니다. 바라는 길이 아니면 원망부터 나오는 게 인간입니다. 비참한 상황으로 삶이 전개되면 먼저 좌절하고 불평하기부터 합니다. 그때 주님이 물으십니다. "모든 것이 너를 대적하고 모든 꿈과 계획이 깨지고 무너진 것처럼 보여도, 그래도 나를 믿을 수 있느냐?" 이런 주님의 물음에 언제든지 주님을 신뢰하겠다고 고백하는 게 바른 믿음입니다.

예수님의 말씀에서 두려움(fear)과 믿음(faith)이 대비됩니다. 두 단어는 상반되는 의미입니다. 믿음이 있으면 두려움이 찾아올 수 없고, 두려움이 있으면 믿음을 가질 수 없습니다. 즉 둘은 공존할 수 없습니다. 인생을 바르게 살아가려면 둘 중 하나를 택해야 합니다. 주어진 상황을 보며 흔들릴 것인가, 아니면 모든 상황을 다스리시는 하나님을 믿을 것인가. 어느 것을 택하느냐에 따라 삶의 열매가 달라집니다.

베드로는 풍랑이 이는 바다 위를 걸은 적이 있습니다. 예수님이 먼저 바다 위로 걸어오시면서 베드로에게 배에서 내려 물 위를 걸으라고 하셨습니다. 그래서 베드로는 물 위로 내려 몇 발자국을 걸었습니다. 그때 파도가 눈에 들어오며 두려워지자 물에 빠집니다. 예수님은 베드로에게 "믿음이 작은 자여 왜 의심하였느냐"(마 14:31)라고 말씀하셨습니다. 예수님은 파도에 관심이 없으셨습니다. 파도의 크기가 몇인지, 풍속이 얼마나 센지 관심이 없으십니다. 풍랑이 어떻든, 바람이 얼마나 세든, 주님에 대한 믿음만 있다면 두려워할 필요가 없고 파도에 빠지지 않는다고 하십니다.

문제 없는 인생은 없습니다. 우리는 모두 문제가 있습니다. 게다가 문제는 보통 생각지 않은 곳에서 터집니다. 그래서 문제를 미리 알고 푸는 것도 불가능합니다. 예상치 못한 문제가 찾아올 때, 문제를 어떻게 보느냐에 따라 결과가 달라집니다. 계산하고, 머리 굴리고, 인간적인 방법을 모두 동원해도 절대로 풀리지 않습니다. 믿음으로 주님을 봐야 합니다. 우리는 믿음의 세계를 살기 때문입니다.

하나님의 세계는 이해할 수 없는 게 정상입니다. 홍해가 갈라졌다거나, 여리고 성 둘레를 몇 바퀴 돌자 성이 저절로 무너졌다는 건 머리로 이해할 수 없는 일입니다. 소년이 돌멩이를 던져 거인 같은 장수를 쓰러뜨리는 것도 말이 안 됩니다. 머리로는 이해할 수 없는 게 하나님의 세계, 말씀의 세계입니다. 세상 사람들과 동일한 안목으로만 본다면, 결코 성경을 이해할 수 없습니다. 오직 믿음으로 봐야 합니다. 믿음으로 봐야 보입니다. 그래서 사도 바울은 "우리가 믿음으로 행하고 보는 것으로 행하지 아니함이로라"(고후 5:7)라고 했습니다. 눈에 보이는 것으로만(by sight) 살아간다면 세상 사람과 다를 게 없습니다. 우리는 믿음으로 사는 자(by faith)이기 때문입니다. 그래서 눈앞에 펼쳐지는 상황이 이해가 안 될지라도 하나님을 신뢰하는 마음 하나로 살아갈 수 있는 것입니다.

예수님은 우리 인생에 문제가 없을 거라고 보장하지 않으십니다. 두려워할 일은 일어나지 않는다고 장담하지도 않으십니다. 두려움 대신 믿음을 선택하라고 하십니다. 사람의 말이나 주어진 환경 대신 주님을 믿는다면, 그 믿음 안에서 하나님의 능력을 발견할 수 있습니다. 하나님이 인생길을 멈추실 때, 우리 믿음이 바른 반석 위에 놓여 있는지 돌아봐야 합니다.

하나님의 능력을 알게 되는 축복

하나님이 인생길을 멈춰 세우시는 이유는 주님이 일을 성취하시는 분임을 알려 주시기 위해서입니다. 어떤 문제, 어떤 상황이든 마지막 해결자는 하나님이십니다. 이것을 알게 하시려고 주님은 우리의 발걸음을 멈추십니다.

예수님이 회당장의 집에 들어가셨을 때, 사람들은 통곡하고 있었습니다. 어린 여자아이의 죽음을 애통해하며 애끊는 마음으로 울부짖고 있었습니다. 사랑하는 자식이 죽었는데 가만히 있을 부모는 없습니다. 죽음으로 모든 게 끝났으니 얼마나 격동되겠습니까. 도무지 마음을 가라앉힐 수 없었을 것입니다. 당연히 슬퍼하며 통곡하는 것이 정상입니다. 그중에는 예수님을 보고 비웃는 사람도 있었습니다. 다 끝났는데 이제 와서 뭘 하느냐는 것입니다. 누가 온들 죽음에는 반전이 있을 수 없다고 확신한 것입니다.

예수님은 이들 앞에서 아이의 손을 잡고 "달리다굼" 하고 외치십니다. 달리다굼은 아람어로 '탈리타'(소녀)와 '쿰'(일어나라)의 합성어입니다. 즉, 예수님이 죽은 소녀에게 "일어나라"라고 명하신 것입니다. 그러자 죽은 시신이 일어나 걸었습니다. 예수님의 말씀과 소녀의 행동을 연결하는 단어는 '곧'입니다. 소녀는 곧 일어나 걸었습니다. 예수님의 말씀이 떨어지자마자 즉시 소녀의 몸이 일어난 것입니다.

이해할 수 없이 지체되는 일이 있습니까. 얽히고설켜 풀 수 없는 문제가 있습니까. 죽은 생명처럼 모든 게 끝나 보이는 상황에 이르렀습니까. 인간적인 눈으로는 모든 게 끝장나고 더 이상 가망 없는 상황일지라도, 예수님이 만지시면 즉시 일어날 수 있습니다. 이것이 하나님의 일입니다. 아무리 노력해도 풀리지 않는 문제, 수많은 사람을 동원해도 풀리지 않는 문제도 주님이 개입하셔서 만져 주시면, 곧 해결될 수 있습니다.

하나님이 우리 인생에 허락하시는 멈춤은 우리에게 축복입니다. 중도에서 멈춰 서야 할 때, 절망을 추스르고 우리를 멈추게 하신 이유를 생각해야 합니다. 좌절해서 포기하거나 나가떨어져서는 안 됩니다. 지금의 멈춤 뒤에는 준비된 큰 기적이 반드시 있습니다. 인간의 일이 아니라 하나님의 일을 믿고, 인간의 노력과 전략대로 움직이는 대신 하나님의 행하심에 초점을 맞춰야 합니다. 멈춤의 사건은 하나님이 하시는 일의 영광을 드러낼 것입니다.

환경을 의지하지 마십시오. 환경은 변합니다. 오늘은 순풍이 불어도 내일은 폭우가 몰아칠 수 있습니다. 사람도 믿지 마십시오. 이익 따라 변하고 계산 따라 움직이는 것이 인간입니다. 사람을 따라가면 언젠가 실망하게 됩니다. 그러나 하나님은 끝까지 사랑하십니다. 약속하신 일은 무슨 일이 있어도 반드시 성취하십니다. 신실하신 하나님을 붙잡고 나아가면 지금의 멈춘 발걸음도 기적으로 바뀔 것입니다.

호세아 7장 8-16절

에브라임이 여러 민족 가운데에 혼합되니 그는 곧 뒤집지 않은 전병이로다 이방인들이 그의 힘을 삼켰으나 알지 못하고 백발이 무성할지라도 알지 못하는도다 이스라엘의 교만은 그 얼굴에 드러났나니 그들이 이 모든 일을 당하여도 그들의 하나님 여호와께로 돌아오지 아니하며 구하지 아니하도다 에브라임은 어리석은 비둘기같이 지혜가 없어서 애굽을 향하여 부르짖으며 앗수르로 가는도다 그들이 갈 때에 내가 나의 그물을 그 위에 쳐서 공중의 새처럼 떨어뜨리고 전에 그 회중에 들려준 대로 그들을 징계하리라 화 있을진저 그들이 나를 떠나 그릇 갔음이니라 패망할진저 그들이 내게 범죄하였음이니라 내가 그들을 건져 주려 하나 그들이 나를 거슬러 거짓을 말하고 성심으로 나를 부르지 아니하였으며 오직 침상에서 슬피 부르짖으며 곡식과 새 포도주로 말미암아 모이며 나를 거역하는도다 내가 그들 팔을 연습시켜 힘 있게 하였으나 그들은 내게 대하여 악을 꾀하는도다 그들은 돌아오나 높으신 자에게로 돌아오지 아니하니 속이는 활과 같으며 그들의 지도자들은 그 혀의 거친 말로 말미암아 칼에 엎드러지리니 이것이 애굽 땅에서 조롱거리가 되리라

있는 모습 그대로.

이솝우화 중에 '여우와 신 포도' 이야기가 있습니다. 하루는 여우가 길을 가다가 담장 높은 곳에 심긴 포도나무를 봤습니다. 가지에 포도가 주렁주렁 달려 있는데 그것을 따 먹을 수가 없었습니다. 여우의 키를 넘는 높은 곳에 열매가 달렸기 때문입니다. 여우는 여러 번 시도해 봤지만 결국 포도를 따지 못합니다. 그래서 친구들에게 이렇게 말합니다. "저 포도는 틀림없이 실 거야." 자기 능력이 부족해서 얻지 못한 것을, 원치 않아 갖지 않는 것처럼 변명한 것입니다. 요즘 세상에는 신 포도를 비난하는 여우의 자세로 살아가는 사람이 많습니다. 그런 사람들은 자기가 갖지 못한 것이나 성취하지 못한 목표에 대해 "저건 해봐야 별 볼 일 없을 거야"라며 변명하고 합리화합니다.

독일 작가 에리히 케스트너(Erich Kästner)는 여우 우화를 현대판 포도 이야기로 재구성했습니다. 여우는 수없이 노력한 끝에 마침내 포도를 따는 데 성공합니다. 주변에서 지켜보던 친구 동물들이 박수를 치고 환호를 보냅니다. 드디어 성공을 축하할 수 있게 됐습니다. 그런데 여우가 포도를 먹어 보니 정말 포도가 신맛이었습니다. 여우는 포도가 시다고 불평했을까요? 아닙니다. "세상에 이렇게 달고 맛있는 포도가 있다니!"라고 감탄하는 척하면서, 시어서 먹기도 힘든 포도를 연신 따 먹다가 결국 위궤양으로 죽었다고 합니다.

에리히 케스트너의 이야기는 자신에게 정직하지 못한 현대인들의 허구를 지적하는 듯합니다. 현대인은 행복하지 않으면서 행복한 척합니다. 가지지 못했으면서 가진 척합니다. 마음이 아프고 고통스러우면서 그렇지 않은 듯 가장합니다. 이렇게 자신을 가장하고 합리화하면서 자신이 아름답고 멋지다고 착각하는 것입니다. 하지만 자기 위장은 대단히 위험한 태도입니다. 자신의 진짜 모습을 보지 못한 채 가짜 자신에게 속을 가능성이 크기 때문입니다. 포도가 시면 시다고 말해야 합니다. 인생이 힘들고 아프면 아프다고 해야 합니다. 아픔을 아프다고 정직하게 고백하면 적어도 치료는 가능합니다. 하나님 앞에서 정직하고 자신에 대해 꾸밈이 없어야 회복의 기회가 있습니다.

오늘날에는 그리스도인도 자신을 과대포장하고 위장합니다. 자신을 거룩한 하나님 백성인 것처럼 과시합니다. 영성학자 달라스 윌라드(Dallas Willard)는 그의 책 《하나님의 모략》(The Divine Conspiracy, 복있는사람 역간)에서 이를 무늬 신앙, 광고문 신앙(ad balloon faith)이라고 표현했습니다. 광고문 신앙은 사람들을 상대로 광고하듯 과시하지만 실상은 아무것도 볼 것이 없는 신앙입니다. 예수님이 이스라엘 백성을 책망하실 때 열매 맺지 못하는 무화과나무에 비유하신 것과 같은 맥락입니다. 잎만 무성하고 정작 열매가 없는 이스라엘은 겉모양만 그럴듯한 현대 종교인의 위선과 닮았습니다. 이런 이들에게는 하나님의 역사가 일어날 수 없습니다. 하나님을 만나 그분이 주시는 진정한 변화를 경험하고 싶다면 가식의 껍데기를 벗고 정직한 모습으로 하나님께 나아가야 합니다.

껍데기 신앙을 벗기 위해서는

이스라엘 백성은 겉모양만 그럴듯하지 실상은 그 마음이 하나님에게서 떠났습니다. 그 결과 에브라임은 여러 민족 가운데에 혼합되었습니다. 즉 북 왕국 이스라엘은 이방 사람들과 섞여 그들의 문화를 받아들이고 혼합하게 되었습니다. 이방 문화를 받아들였다는 것은 이방 신들을 함께 섬기게 되었다는 뜻입니다.

이런 이스라엘의 모습을 호세아는 '뒤집지 않은 전병'에 비유합니다. 전병은 판판한 떡인데, 우리 식으로 하면 빈대떡과 비슷합니다. 호세아가 볼 때 이스라엘은 뒤집어 굽지 않은 전병, 한쪽만 구운 빈대떡과 같았습니다. 빈대떡을 앞뒤로 뒤집어 굽지 않고 한쪽만 구우면 어떻게 됩니까? 위쪽은 멀쩡해 보여도 아래쪽은 시커멓게 타 버립니다. 호세아는 전병에 빗대어 이스라엘의 영적 이중성을 지적한 것입니다.

이스라엘의 외형은 그럴듯합니다. 거룩해 보입니다. 그들은 하나님을 섬기고, 제사를 드리고, 율법을 공부했습니다. 겉으로는 문제가 전혀 없습니다. 오히려 신실하고 생생한 민족 같습니다. 그런데 실상은 죄악과 부패로 가득해, 하나님의 심판의 불에 이미 타들어 가는 지경입니다. 이스라엘이 차라리 하나님을 몰랐다면 정직해질 기회나 있었을 것입니다. 하나님을 모르는 비신자라고 회개하고 돌아올 기회라도 있었을 것입니다. 하지만 하나님을 마음에 두지 않았으면서 믿는 척했기 때문에, 이스라엘 역사는 더 황폐해졌습니다. 호세아는 이 때문에 이스라엘이 "이방인들이 그의 힘을 삼켰으나 알지 못하고 백발이 무성할지라도 알지 못하는도다"라고 지적합니다. 이방인과 섞여 살면서 이방의 영향을 받다 보니 이스라엘의 고유한 생명력이 점점 퇴색해지고 있었던 것입니다. 백발이 무성하다는 것은 생명이 마지막에 이르렀음을 묘사합니다. 그런데 이스라엘은 지금 자신들이 어떤 위치에 있는지조차 모릅니다. 너무나 부패해서 민족의 역사가 벼랑 끝에 와 있음을 인식하지 못했습니다.

이처럼 겉모양은 멀쩡해도 속은 부패한 채 하나님을 떠난 이스라엘은 껍데기만 자랑하고 있습니다. 특히 이스라엘의 교만은 그 얼굴에 드러났습니다. '교만'은 정확히 말해서 거짓된 자랑입니다. 실제는 자랑거리가 없는데 있는 척 자랑하는 것입니다. 이런 껍데기 신앙의 특징은 하나님을 부르긴 해도 하나님께 돌아오지 않습니다. 외형은 하나님 백성 같아 보이지만 실상은 하나님을 떠난 것입니다.

다음으로 하나님을 떠난 이스라엘은 어리석은 비둘기같이 지혜가 없어서 애굽을 향해 부르짖고 앗수르로 향합니다. 즉, 방향성을 상실한 채 목적지와 상관없는 애굽이나 앗수르를 향해 나아간다는 것입니다. 이들을 위해 하나님이 준비하신 것은 심판입니다. 이스라엘을 그물로 잡고 떨어뜨려서 징벌하겠다고 말씀하십니다. 여기에 껍데기 신앙의 위험이 있습니다. 하나님을 떠났으면서도 하나님을 섬기는 척하고, 하나님을 마음에 두지 않았으면서 제사를 드리고 선민 됨을 자랑한 이스라엘의 껍데기 신앙은 결국 패망으로 이어집니다.

껍데기 신앙을 조심해야 합니다. 중심에 진짜가 없는데도 겉모습만 꾸며서 자신을 과시하려는 성향을 버려야 합니다. 진짜를 가진 사람은 꾸미지 않아도 됩니다. 정말 가져야 할 본질을 가지지 못했기 때문에 외모를 꾸미는 데 몰입하는 법입니다. 교회도 마찬가지입니다. 교회가 정말 가져야 할 복음을 가졌다면 교회 건물이나 성도 수를 자랑할 이유가 없습니다. 정말 가져야 할 예수 그리스도의 복음과 십자가는 제쳐 두고 외형을 꾸미는 데만 투자하는 게 현대 교회의 문제입니다. 화려한 건물과 재정을 교회의 성공 기준인 것처럼 말하는 시대를 경계해야 합니다.

중세 가톨릭 교회가 무너진 이유가 무엇입니까. 가톨릭 교회 역시 처음에는 순수했습니다. 하나님을 사랑하고 예배를 사모했습니다. 그런데 교회가 강성해지자 세상의 권력과 물질이 들어오기 시작했습니다. 교황의 권세가 세상 황제를 능가하게 되었습니다. 세상이 교회를 채우기 시작하자 그들은 교회를 꾸미기 시작했습니다. 교회 건물을 장식하고 화려한 외모를 자랑하기 시작했습니다. 그러나 정말 있어야 할 복음이 사라지자 교회는 텅 빈 건물로만 남은 것입니다.

얼마 전 어느 신문에서 가톨릭 신부의 글을 읽다가 충격을 받았습니다. 로마가톨릭교회가 망한 것은 세속주의가 교회 안에 들어왔기 때문인데, 아이러니하게도 가톨릭교회를 개혁했다는 개신교 역시 그 전철을 밟고 있다는 내용이었습니다. 개혁 교회가 한때는 개혁의 대상으로 삼았던, 외형을 꾸미고 권력을 자랑하며 세상적인 힘을 자랑하는 과거 교회의 허물을 따라가는 것은 위험한 적신호입니다. 하나님은 포장에 속지 않으십니다. 우리의 외모를 보지 않으십니다. 우리가 아무리 거룩한 척해도 하나님은 연기에 속지 않으십니다. 교회와 성도는 정말 가져야 할 복음의 핵심을 지녀야 합니다. 모든 껍데기와 가면을 벗고, 진짜를 만나야 합니다. 그래야 하나님이 준비하신 참된 영적 세계의 축복으로 들어갈 수 있습니다. 어떻게 하면 자신을 포장하려는 위선의 껍데기를 내려놓고 정직한 모습으로 하나님 앞에 나아갈 수 있겠습니까?

정직히 대면하라

껍데기를 벗고 하나님 앞에 나아가기 위해서는 먼저 정직한 직면이 필요합니다. 정직한 직면이란 자신에 대해서는 물론, 하나님에 대해서도 필요한 자세입니다. 자기 모습을 들여다보는 것을 즐기는 사람이 있습니까? 굉장한 나르시스트가 아니라면 자기 모습을 보는 것은 기꺼운 일이 아닙니다. 자신의 실체가 누추하고 더러운 것을 알기 때문입니다. 하지만 자신을 정직하게 들여다보지 않으면 문제는 해결되지 않습니다.

하나님이 북 왕국 이스라엘의 문제를 해결하려고 하실 때 "에브라임의 죄와 사마리아의 악"(호 7:1)이 드러납니다. 에브라임은 북왕국에 포함된 열 지파를 지칭하고, 사마리아는 북 왕국의 수도입니다. 즉 에브라임의 죄나 사마리아의 악은 결국 북 왕국 이스라엘의 죄악을 가리키는 말입니다. 그런데 이들의 죄악은 가려져 있었습니다. 하나님이 해결을 위해 다가가셨을 때 비로소 드러났습니다. 치료의 첫 번째 단계는 상처를 드러내는 것입니다. 하나님이 우리의 죄를 드러내실 때 고통스럽다고 피하거나 변명하며 덮으면 치유할 수 없습니다. 힘들고 고통스러워도 상처를 봐야 합니다. 자신의 실체를 보지 않고는 하나님께 정직하게 나아갈 수 없습니다.

에스겔 선지자는 하나님이 멸망한 이스라엘 민족을 다시 회복하시는 놀라운 환상을 보고 기록했습니다. 마른 뼈처럼 무너진 군대가 다시 회복되어 하나님 나라의 큰 군대가 되는 환상입니다. 그런데 이 환상을 보기 위해 에스겔이 먼저 가야 했던 곳이 있습니다. 바로 골짜기입니다. 죽은 뼈로 가득 찬 골짜기입니다. 적나라하게 얘기해서 해골이 쌓여 있는 곳입니다. 시신의 살이 썩고 문드러져 잿덩이가 되었다가 그마저 바람에 날아가고 남은 것이 해골입니다. 하나님은 에스겔에게 해골 골짜기를 지나가라고 분부하십니다. 왜 그러셨을까요? 그냥 이스라엘을 회복시켜 주시면 얼마나 좋을까요? 그러나 하나님은 그렇게 하시지 않습니다. 에스겔 개인으로서는 고통스러운 순간이지만, 해골같이 부서진 민족의 처참한 현장을 통과해 가야만, 고통스러운 현실을 직면한 후에야만, 하나님의 회복이 일어나기 때문입니다.

우리 삶도 마찬가지입니다. 정직하게 죄를 인정해야 구원의 역사가 일어납니다. 현대인은 죄에 대한 설교를 싫어합니다. 교회 나오는 것도 피곤한데, 죄 지었다고 자꾸 꾸짖으면 부담스럽고 듣기 힘들 것입니다. 그래서 교회라도 잘 나오라고 칭찬과 격려를 부어 주는 강단이 많습니다. 긍정적인 이야기, 복 받는 비결이 차고 넘칩니다. 그러다 보니 죄를 선포하는 일이 드물어졌습니다. 죄라는 단어조차 나오지 않습니다. 듣기 좋게 포장되고 위장된 다른 표현들을 씁니다. 대표적인 단어가 '상처'입니다. 죄는 내가 저지른 일이라 타협의 여지가 없지만, 상처라고 말하면 나를 피해자로 만들 수 있습니다. 죄를 저지른 자신보다 자신에게 상처 준 다른 사람을 탓함으로써 죄의 대가를 피하려는 것입니다. 이것이 오늘날 설교의 위기라고 생각합니다.

아무리 보기 싫어도 죄는 죄입니다. 인정하지 않으려고 다른 단어로 포장해도 죄는 죄에 불과합니다. 따라서 죄를 해결하는 다른 방법은 없습니다. 자신이 죄인임을 인정하고 죄의 근본 해결자이신 예수 그리스도께 나아가는 것밖에 없습니다. 십자가를 붙들지 않고 회복을 바라서는 안 됩니다. 애써 자신을 포장하고 위장해서 넘어가려는 영성으로는 회복과 구원을 볼 수 없습니다.

복음서 중에 상당히 충격적인 본문이 있습니다. 바로 바리새인에 대한 말씀입니다. 복음서를 많이 접한 현대 기독교인에게는 바리새인이 죄인의 대표처럼 여겨지지만, 사실 그 시대에 바리새인들이 받던 평가는 지금과 상당히 다릅니다. 바리새인은 예수님 당시 경건주의 운동을 주도한 무리입니다. 히브리어 '파라슈'에서 파생한 '프라쉼'이 어원입니다. 문자적으로 '분리된 자들'을 뜻합니다. 세상 사람들과 분리되고 구별된 자들이란 점에서 경건한 사람들이라 불렸습니다. 그런데 예수님은 경건한 바리새인들을 향해 이렇게 말씀하십니다. "세리들과 창녀들이 너희보다 먼저 하나님 나라에 들어가리라"(마 21:31). 당시 분위기에서 말도 안 되는 소리입니다. 바리새인들은 매일 율법을 묵상하고, 일주일에 두 번씩 금식했습니다. 사람들을 반드시 구제했고, 안식일을 지켰습니다. 하나님 성전에 나가서 거룩한 목소리로 두 손을 들고 기도하는 사람들인데, 세리나 창녀 같은 시정잡배들보다 영적으로 낫지 못하다고 한 것입니다. 창녀나 세리들이 깨끗하다는 뜻이 아닙니다. 물론 객관적인 죄의 수치나 분량으로 따지면 창녀나 세리들이 더 많은 죄를 지었을 수도 있습니다. 하지만 예수님의 관심사는 죄의 분량이 아닙니다. 누가 하나님 앞에 정직한가를 보십니다. 바리새인이나 세리나 하나님 앞에서 죄인이라는 사실에는 구분이 없습니다. 하지만 세리들은 하나님 앞에서 정직하게 자신이 죄인이라고 자백했기 때문에 하나님 나라 백성으로 인정받은 것입니다. 그러나 거룩한 척하며 자신의 실체를 인정하지 않고 위장하려 드는 바리새인들은 예수님 관점에서는 천국 시민이 아니었습니다.

힘들어도 자신을 똑바로 바라보십시오. 자기 허물을 봐야 합니다. 죄인 됨을 인정하고 예수님께 나아가야 합니다. 그때 변화가 일어납니다. 그때 진정한 치유가 시작됩니다. 하나님 앞에 나아가려면 먼저 자신을 정직하게 들여다봐야 합니다.

전심을 다해 갈망하라

다음으로 껍데기를 벗고 하나님 앞에 나아가기 위해서는 전심을 다한 갈망이 필요합니다. 하나님을 만난 것으로 끝나지 않고 그분을 향해 전심을 다해 갈망하며 부르짖어야 합니다.

이스라엘의 문제는 성심으로 하나님을 부르지 않는 것이었습니다. 이스라엘 백성도 하나님의 이름을 부르긴 했습니다. 예배 시간이나 기도할 때나 말씀을 읽으면서 하나님 이름을 불렀을 것입니다. 그런데 성심을 다하지는 않았습니다. 마음 중심으로부터 전심을 다해 부르지 않았다는 것입니다. 절반의 신앙은 대단히 위험합니다. 철저한 회개가 아닌 적당한 회개는 삶을 더 악화시킬 수 있습니다. 사람 몸에 난 종기는 뿌리까지 도려내야 합니다. 상처만 건드리고 손을 놓으면 오히려 상처가 곪아 버립니다. 뿌리를 뽑는 것이 아프기는 해도 완전한 치료로 가는 지름길입니다. 하나님과 우리 관계에서도 온 힘을 다해 제대로 회개해야 합니다. 가슴 깊은 곳에서부터 하나님을 불러야 합니다. 그때 하나님의 새 역사가 일어날 것입니다.

그런데 이스라엘 백성은 그렇게 하지 않았습니다. 적당히 했습니다. 하나님 이름을 성심 없이 부르며 오직 침상에서 슬피 부르짖었습니다. 침상에서 우는 까닭이 뭡니까. 인생이 고달파서 슬퍼했다는 뜻입니다. 침상에서 자신을 자학하며 울적함을 달래느라 하나님을 부르는 것입니다. 또 이 백성은 곡식과 새 포도주를 얻기 위해 모였습니다. 절기의 기쁨을 만끽하고 즐기기 위한 것입니다. 마땅히 소산을 주신 하나님께 감사하기보다 자신의 수고를 치하하고 즐기는 데 몰두합니다.

인생에 문제가 생길 때 침상에서 운다고 문제가 해결되지 않습니다. 인생의 닫힌 문이 열리는 것은 문제를 해결할 유일한 능력자이신 하나님께 전심을 다해 부르짖을 때뿐입니다. 그냥 부르짖는 것이 아니라, 이 기회를 놓치면 다시는 기회가 없는 것처럼 인생을 걸고 하나님의 이름을 불러야 합니다. 전심을 다해 주님을 향해 나아가면 하늘이 열립니다. 기적이 나타납니다. 지금까지 체험하지 못한 하나님의 능력의 세계가 우리 앞에 펼쳐질 것입니다.

조용히 기도할 때도 있지만, 부르짖으며 기도할 때도 있어야 합니다. 가정과 자녀와 풀리지 않는 인생의 숙제를 하나님 앞으로 가져와 역사해 주시도록 갈망하며 부르짖으십시오. 하나님을 만나기 위해서는 전심을 다해 하나님을 불러야 합니다.

하나님께 돌아오라

마지막으로 껍데기를 벗고 하나님 앞에 나아가기 위해서는 인생의 참지존자이신 하나님께 돌아와야 합니다. 인생의 마지막 정착지로서 닻을 내리고 뿌리를 내려야 할 곳은 가장 높으신 하나님 앞입니다. 이스라엘 백성은 돌아오긴 했지만 '높으신 자'에게로 돌아오지 않았습니다. 호세아 선지자가 반복적으로 질타하는 이스라엘 백성의 특징은 뭐든 전심을 다하지 않고 살짝만 하고 만다는 것입니다. 하나님을 부르긴 부르는데 전심으로 부르지 않고, 돌아오긴 돌아왔는데 높으신 하나님 앞이 아닌 다른 곳이었습니다. 종교적인 외형은 있는데, 진정한 내면의 반응은 없습니다. 그래서는 진정한 변화가 일어나지 않습니다.

이스라엘이 돌아와야 할 곳은 '높으신 자'입니다. '높으신 자'는 히브리어로 '엘 엘리온', 영어로 '지존자'(The most high)라고 번역되는 하나님의 별명입니다. 하나님은 지극히 높으신 분입니다. 우리가 돌아와야 할 곳이 이 하나님의 품입니다. 모든 이름 위에 뛰어나신 하나님, 천지 만물을 다스리시는 하나님, 우리를 살게도 하시고 죽게도 하시는 하나님, 우리를 부하게도 가난하게도 하시는 하나님, 우리를 세우기도 낮추기도 하시는 하나님께 돌아와야 합니다. 지존자 하나님께 돌아올 때 인생의 해답이 있습니다.

불행히도 이스라엘은 하나님 대신 애굽을 향하고 있습니다. 하나님의 백성이 애굽으로 돌아오면 애굽 사람들이 환영하겠습니까? 그렇지 않습니다. 애굽은 오히려 이스라엘을 조롱하고 비웃습니다. 신앙생활을 하는 사람들이 가끔 세상에 나가 허심탄회하게 세상 사람들과 어울린다고 생각해 보십시오. 목사가 술자리에서 사역자의 의무 같은 것은 잊어버리고 함께 술 마시며 세상에 맞춰 주면 세상 사람들이 통 큰 사람이라고 존경합니까? 그렇지 않습니다. 속으로 비웃습니다. 저런 게 믿음이냐, 저런 게 목사냐고 손가락질합니다. 예수님도 소금이 그 맛을 잃어버리면 버려져 사람들에게 짓밟힌다고 말씀하셨습니다. 소금은 소금다울 때 가치가 있습니다. 하나님을 믿는 사람은 어디서든 하나님을 믿는 사람다워야 합니다. 세상과 타협하고 세상으로 나아가는 것은 지혜로운 길이 아닙니다. 하나님의 백성으로서 그분의 백성답게 세상을 변화시켜야 합니다. 그리스도인은 자신을 창조하신 참 높으신 지존자 하나님께 돌아와야 인생의 해결책을 얻을 수 있습니다.

누가 높으신 분입니까. 우리의 인생을 인도하고 다스리시는 분은 누구입니까. 청와대나 백악관이나 물질이나 명예나 권세가 되어서는 안 됩니다. 우리의 지존자는 한 분뿐입니다. 엘 엘리온 하나님, 우리를 창조하시고 다스리시고 주관하시는 하나님께 인생을 맡기고 그분께 믿음의 뿌리를 내리시기 바랍니다.

　주님 앞에 나와 있는 우리는 어떤 모습입니까. 아직도 뭔가 위장하고 포장해서 거룩하게 보이려는 유혹이 남아 있습니까? 이걸 깨뜨리지 않으면 하나님을 만날 수 없습니다. 하나님과 우리 사이를 가로막는 죄를 인정하고 하나님만이 인생의 유일한 해답임을 고백하며 돌아오시기 바랍니다. 다 해결된 후에 나오는 게 아닙니다. 지금 있는 모습 그대로 나와야 합니다. 그러면 하나님이 그 모습을 받으시고 은혜와 축복을 허락하실 것입니다.

　유명한 전도자 무디(D. L. Moody)가 어느 부흥 집회에서 구원에 관해 설교한 후에 있었던 일이라고 합니다. 결신자를 초청하는 시간이 됐는데 허름한 옷차림의 소녀가 중앙으로 걸어 나왔습니다. 누가 봐도 초라한 행색에, 며칠이나 목욕을 안 했는지 냄새도 나고 더러운 소녀였습니다. 소녀는 아마 학교도 다니지 못했을 것입니다. 어쩌면 고아일지도 모릅니다. 이렇게 초라한 행색의 소녀가 중앙으로 걸어 나와 무디에게 물었습니다. "하나님은 저같이 못나고 무식하고 버림받은 인생도 사랑하실까요?" 그때 무디가 소녀에게 선포했습니다. "그럼. 하나님은 너를 있는 그대로 받아주신단다"(Yes. He will take you as you are). 그날 소녀는 무디의 품에서 예수님을 만나고 구원을 받았습니다. 이를 곁에서 지켜본 엘리자베스 헤밀턴(E. H. Hamilton)이 감동을 받아 찬양시를 쓰고 데이비드 생키(I. D. Sankey)가 곡을 붙여 만든 찬송이 〈나 주의 도움 받고자〉입니다. 있는 모습 그대로 주님 앞으로 나오시기 바랍니다. 가장하지 말고 있는 그대로 나와 예수 그리스도의 은혜와 사랑을 구하십시오. 그러면 주님이 새 역사를 시작하실 것입니다.

창세기 16장 6-14절

아브람이 사래에게 이르되 당신의 여종은 당신의 수중에 있으니 당신의 눈에 좋을 대로 그에게 행하라 하매 사래가 하갈을 학대하였더니 하갈이 사래 앞에서 도망하였더라 여호와의 사자가 광야의 샘물 곁 곧 술 길 샘 곁에서 그를 만나 이르되 사래의 여종 하갈아 네가 어디서 왔으며 어디로 가느냐 그가 이르되 나는 내 여주인 사래를 피하여 도망하나이다 여호와의 사자가 그에게 이르되 네 여주인에게로 돌아가서 그 수하에 복종하라 여호와의 사자가 또 그에게 이르되 내가 네 씨를 크게 번성하여 그 수가 많아 셀 수 없게 하리라 여호와의 사자가 또 그에게 이르되 네가 임신하였은즉 아들을 낳으리니 그 이름을 이스마엘이라 하라 이는 여호와께서 네 고통을 들으셨음이니라 그가 사람 중에 들나귀같이 되리니 그의 손이 모든 사람을 치겠고 모든 사람의 손이 그를 칠지며 그가 모든 형제와 대항해서 살리라 하니라 하갈이 자기에게 이르신 여호와의 이름을 나를 살피시는 하나님이라 하였으니 이는 내가 어떻게 여기서 나를 살피시는 하나님을 뵈었는고 함이라 이러므로 그 샘을 브엘라해로이라 불렀으며 그것은 가데스와 베렛 사이에 있더라

나를 보시는 하나님.

미국인이 사랑하는 책 《영혼을 위한 닭고기 스프》(Chicken Soup for the Soul, 푸른숲 역간)에 마크 앤더슨이라는 공군 조종사 이야기가 나옵니다. 앤더슨의 부인 수잔은 눈 수술을 받다가 그만 실명을 하고 말았습니다. 멀쩡하던 사람이 갑자기 앞을 못 보게 되었으니 얼마나 답답하고 힘이 들겠습니까. 책을 볼 수도 없고, 익숙한 집안에서조차 돌아다니기 힘들고, 바깥을 출입하기는 더더욱 어려워진 것입니다. 그런데 수잔은 재활훈련을 마치자마자 전에 다니던 직장을 계속 다니겠다고 말합니다. 비록 앞을 볼 수는 없지만 하던 일을 계속 하겠다는 것입니다. 그때부터 남편은 아침마다 아내를 직장에 데려다주고 퇴근할 때 데려오는 일을 시작했습니다. 그런데 몇 주간 도와주던 남편이 어느 날 갑자기 냉정히 선포합니다. 내일부터는 도와줄 수 없으니 혼자 출근하라는 것입니다. 부인에게는 여간 섭섭한 말이 아닐 수 없습니다. 연약해진 자신을 느닷없이 내팽개치니 분한 마음도 들었을 것입니다. 그러나 남편이 너무 단호해서 달리 방법이 없었습니다.

다음 날부터 수잔은 넘어지고 부딪치면서 혼자 버스를 타고 출근했습니다. 처음에는 힘이 들었지만 몇 주 하다 보니 익숙해졌습니다. 하루는 버스 운전사가 수잔에게 무심코 이런 말을 던졌습니다. "부인은 참 좋은 남편을 두신 것 같습니다." 수잔이 깜짝 놀라 무슨 뜻인지 묻자 운전사가 말합니다. "아니, 그동안 모르셨어요? 부인이 아침저녁으로 차에 탈 때마다 남편이 함께 타셨는데요." 사실 남편이 아내와 함께 버스를 타고 오가면서 아내를 지켜본 것입니다. 남편은 아내가 스스로 독립할 수 있도록 이처럼 배려하며 도운 것입니다.

우리는 인생이 너무 힘들고 어려운데 혼자 버려진 것 같다고 느낄 때가 많습니다. 하지만 아무리 힘든 상황에서도 누군가 나를 지켜보고 돌봐 주고 있다면 안심할 것입니다. 언제나 우리를 지켜보시며 어려운 위기가 닥쳐오면 도와주고 건져 주시는 분이 있습니다. 그분은 바로 우리를 사랑하시는 하나님입니다. 물론 때로는 인간이 이런 역할을 할 수도 있습니다. 마크 앤더슨처럼 남편이 아내를 도와주고 지켜 주는 역할을 할 때가 있지만, 인간의 도움은 언제나 한계가 있습니다. 한눈을 팔 수도, 때로는 잠을 잘 수도 있고, 도움 자체도 한계가 있을 수 있습니다. 그러나 하나님은 그렇지 않습니다. 이스라엘을 지키시는 이는 졸지도 주무시지도 않습니다. 사람들은 눈을 뗄지라도, 하나님은 절대 눈을 떼지 않으십니다. 한순간도 졸지 않으면서 우리를 지켜보시며 우리에게 도움이 필요할 때 나타나 가장 적절한 방식으로 도와주시는 분, 이 하나님을 만나야 합니다. 하나님을 만나야 광야

같은 인생길에서 넘어지지 않고 바르게 달려갈 수 있습니다.

엘 로이 하나님의 축복

　아브람의 아내 사래는 자신이 임신을 못하자 애굽인 여종 하갈을 남편에게 주어 아들을 낳게 합니다. 사실 사래는 하나님의 약속을 알고 있었습니다. 하나님이 아브람과 사래에게 후사를 주겠다고 약속하셨기 때문입니다. 그런데 그 약속을 기다리는 시간이 10년이나 지나고 말았습니다. 아무리 믿음이 커도 초조한 마음이 들지 않을 수 없는 세월입니다. 몸은 늙어 가는데 아무 징조도 보이지 않자 사래가 묘안을 짜냈습니다. 바로 자기 몸종인 하갈을 남편에게 주어 대신 아들을 보는 것입니다. 그러나 이것은 그릇된 결과를 가져온 불신앙적 선택이었습니다. 하나님의 때를 기다리지 않고, 인간의 방식으로 하나님의 방법을 대신하려 했기 때문입니다.

　우리의 생각과 하나님의 때가 다를 수 있습니다. 그럴 때 하나님의 때를 기다리는 것이 바른 신앙입니다. 마음대로 때를 결정하고 조급하게 일을 처리하면 잘못을 범하기 마련입니다. 또 하나님이 분명히 약속하셨는데 그것을 인간의 해석으로 뒤집는 것은 잘못된 선택입니다. 하나님은 사래의 몸에서 날 자녀가 후손이 된다고 하셨습니다. 하나님이 말씀하셨으면 어떤 상황에서도 그것을 끝까지 믿어야 합니다. 어쩌면 사래는 하나님이 약속은 하셨지만 못하시는 일도 있구나 의심했을지도 모릅니다. 하나님의 능력을 의심했기에 인간적인 방법으로 하갈을 통해 자식을 갖기로 한 것입니다.

사래의 인간적인 선택으로 어떤 결과가 나타납니까? 첫째, 불행의 씨앗이 잉태되었습니다. 하갈의 아들은 이스마엘입니다. 오늘날 무슬림이 조상으로 기리는 인물입니다. 현대까지 분쟁의 중심이 되는 민족이 바로 그때 잉태된 것입니다. 둘째, 아브라함 가정에 불화가 일어났습니다. 하갈이 잉태를 하자 분위기가 달라졌습니다. 아기를 갖기 전까지만 해도 순종적이던 하갈이 목이 곧아지고, 말투가 달라집니다. 사래가 속이 상해 남편을 힐난합니다. 그러자 아브람은 견디다 못해 사래에게 당신의 여종이니 마음대로 처분하라며 책임을 회피합니다. 그때부터 사래는 하갈을 학대하기 시작합니다. 물리적으로 상처나 아픔을 주는 것은 물론, 심리적으로 괴롭히고 못살게 굴었을 것입니다. 하갈은 견디다 못해 임산부의 몸을 이끌고 무작정 광야로 도망칩니다.

이런 불행은 모두 사래의 불신앙적 선택에서 시작된 것입니다. 무언가를 결정할 때 언제나 믿음으로 첫 단추를 꿰어야만 마지막 결론도 아름다울 수 있습니다. 처음을 잘못 시작하면 다음에 아무리 고치려 해도 수정이 안 됩니다. 게다가 한 번 시작된 불신앙의 관습은 멈추지 않고 악화일로를 걷는 법입니다. 잉태가 불화를, 불화가 학대를, 학대가 광야로의 탈출을 야기했습니다.

아브람 가정에 일어난 일련의 사건들 속에 중요한 사실이 들어 있습니다. 이 모든 일을 하나님이 보고 계셨다는 것입니다. 하나님은 비정하게 내쫓는 사래의 모습은 물론, 비참하게 쫓겨나야 했던 하갈의 모습도 지켜보고 계셨습니다. 그리고 아브라함의 가정에만 특별한 은혜를 베푸신 것이 아니라, 광야로 쫓겨난 미천한 종 하갈에게도 동일하게 은혜와 도움을 베푸셨습니다. 하나님은 특정한 사람들만 편애하고 그들에게만 은총을 베푸시는 분이 아닙니다. 아브람이나 이스라엘 민족만 축복하시는 분도 아닙니다. 미약해 보이는 이방 계집종, 학대받고 쫓겨나서 사라져도 상관없을 작고 연약한 여인의 아픔도 지켜보시고 은혜를 베풀어 주십니다. 광야로 쫓겨난 하갈은 여호와의 사자를 만나는데, 여호와의 사자는 곧 하나님입니다. 선택받은 이스라엘 백성도 아닌 애굽의 여종 앞에 하나님이 나타나 주신 것입니다. 그리고 하갈에게 어떻게 인생길을 걸어가야 할지 방향을 알려 주시고 새롭게 살아갈 힘을 주셨습니다.

　미천하고 보잘것없는 자신을 돌봐주신 하나님을 하갈은 '살피시는 하나님'이라 부릅니다. 히브리어로 '엘 로이'라 합니다. 성경에는 하나님 이름이 엘 샤다이, 여호와 샬롬, 여호와 이레 등으로 등장합니다. 엘 로이는 '보시는 하나님'이라는 뜻입니다. 광야에 혼자 던져진 하갈을 보시고 찾아오셔서 적절한 해답을 주시고 다시 회복시켜 주신 하나님은 하갈을 지켜보는 분이었습니다. 우리 인생에도 돌봐 주는 이 하나 없는 외롭고 힘겨운 시간이, 고통과 아픔의 시간이 있습니다. 그러나 엘 로이 하나님이 지금도 우리를 보고 계십니다. 엘 로이 하나님은 우리를 위해 축복을 마련해 놓고 계십니다.

최선을 준비하신다

　엘 로이 하나님이 주시는 축복은 최선의 길을 준비하신다는 것입니다. 어디로 가야 할지 몰라 방황할 때, 어떤 길이 최선인지 알려 주신다는 뜻입니다. 여호와의 사자는 사래의 집에서 도망쳐 나온 하갈에게 질문합니다. "사래의 여종 하갈아 네가 어디서 왔으며 어디로 가느냐." 이것은 우리 인생을 향한 하나님의 궁극적인 질문입니다. 아마도 모든 사람이 알고 싶어 하는 인생의 답일지도 모릅니다. 우리는 과연 어디에서 와서 어디로 가는 것입니까. 하나님은 우리 인생의 형편을 너무나 잘 아시기에 이런 질문을 던지신 것입니다. 하갈이 대답합니다. "여주인 사래를 피하여 도망하나이다."

공교롭게도 마침 하갈의 이름 뜻이 '도망자'입니다. 도망자 하갈은 하나님께 하소연합니다. "저는 주인집에 머물고 싶었지만, 여주인의 학대를 견딜 수 없어서 도망치는 중입니다." 하갈은 문제가 찾아오면 도피하는 인생을 살았습니다. 불행이 찾아오면 그것을 피해 숨기부터 했습니다. 문제가 생길 때마다 포기하고 도망친다고 인생의 문제가 해결됩니까? 결코 해결되지 않습니다. 하나님은 이것을 잘 아시기 때문에 하갈을 부르신 것입니다. 그리고 하갈에게 믿음으로 다시 부딪치라고 말씀하십니다. "네 여주인에게로 돌아가서 그 수하에 복종하라." 하갈의 '여주인'은 사래인 동시에 문제 자체입니다. 하나님은 하갈에게 도망치게 만든 그 문제로 돌아가라고 하십니다. 그리고 사래에게 '복종하라'고 명하십니다. 《메시지 완역본》(The Message, 복있는사람 역간)은 이 부분을 "주인의 학대를 견디고 참으라"(Put up with her abuse)라고 옮기고 있습니다. 이것이 하나님의 처방전입니다. 문제를 피해 도망가려는 하갈에게, 아픔의 현장을 피해서 도망치지 말고 다시 문제 속으로 들어가되, 문제는 개선되지 않으니 힘들지만 참고 견디라는 것입니다. 그리고 하갈이 문제를 참고 견딜 수 있도록 도와주겠다고 약속하십니다.

하나님의 길은 이런 식입니다. 인간의 관점에서 보면 도무지 이해할 수 없지만 결국 하나님의 길이 옳은 길입니다. 바르고 합리적인 것처럼 보여도 인간이 선택한 길은 구부러져 있습니다. 하나님의 길만이 바릅니다. 하나님만이 우리 인생의 모든 것을 알고 계십니다. 그런 하나님이 제안하시는 길이 언제나 최선입니다.

다윗은 하나님이 인생을 얼마나 잘 아시는지 이렇게 고백합니다. "여호와여 주께서 나를 살펴보셨으므로 나를 아시나이다"(시 139:1). 이때 '살펴보다'가 하갈이 부른 하나님의 이름 '엘 로이'입니다. 하나님은 우리를 언제나 자세히 살펴보셔서 우리의 모든 것을 아십니다. 다윗은 이어 고백합니다. "주께서 나의 앉고 일어섬을 아시고 멀리서도 나의 생각을 밝히 아시오며 나의 모든 길과 내가 눕는 것을 살펴보셨으므로 나의 모든 행위를 익히 아시오니 여호와여 내 혀의 말을 알지 못하시는 것이 하나도 없으시니이다 주께서 나의 앞뒤를 둘러싸시고 내게 안수하셨나이다"(시 139:2-5). 하나님은 밤낮도 가리지 않고 우리가 하는 말을 다 듣고 계십니다. 홀로 작게 속삭이는 말까지도 다 들으십니다. 이처럼 우리를 속속들이 알기에 우리를 보호하실 수 있습니다. 우리의 앞과 뒤와 과거와 미래를 아시는 분이기에, 하나님이 가라고 하시는 길은 언제나 바른 길입니다. 그러므로 마음에 들지 않고 이해가 안 돼도 하나님이 가라고 명하시는 길을 가고, 또 멈추라고 하면 멈추십시오. 하나님의 말씀에 순종해서 발을 내디디면 결과는 하나님이 책임지십니다.

척 스윈돌(Chuck Swindoll) 목사의 설교에서 들은 브루스 윌킨슨(Bruce H. Wilkinson)에 관한 내용입니다. 그는 달라스신학교를 졸업하고 하워드 헨드릭스(Howard G. Hendricks)라는 유명한 교수 밑에서 공부한 보수적인 침례교 목사입니다. 그가 25년 동안 이끌었던 사역은 성경을 가르치고 성경 공부에 필요한 자료와 훈련을 제공하는 일(WTB: Walk Through the Bible)이었습니다. WTB는 전 세계 곳곳에 세워져서 말씀에 목마른 사람들을 위해 의미 있는 사역을 감당했습니다. 그런데 25년쯤 지나자 사역에 문제가 터지기 시작했습니다. 지도자인 브루스 윌킨슨에 대한 루머가 생기면서 문제가 걷잡을 수 없이 커져서 결국 사임할 지경에 이르렀습니다. 그때 하나님이 브루스 윌킨슨에게 아프리카로 가라고 말씀하셨다고 합니다. 인간적으로 이해할 수 없는 해결책 아닙니까. 문제를 풀려면 미국에 남아야지 아프리카로 가 버리면 어쩌자는 것입니까. 그는 납득할 수 없었지만, 하나님의 말씀이 더 강력히 마음을 울려 결국 아프리카에 가 보게 되었답니다.

아프리카 남부에서 그가 목격한 것은 에이즈라는 질병이 휩쓸고 지나간 끔찍한 참상이었습니다. 어린이 1,300만 명이 에이즈로 죽었습니다. 하루 평균 8,000명이 죽어 나갔습니다. 그런데 속수무책입니다. 아무도, 아무것도 할 수 없는 상황이었습니다. 브루스 윌킨슨은 자신도 모르게 하나님께 부르짖었다고 합니다. "하나님, 도와주십시오. 제게 돈이 필요합니다. 이들을 섬길 수 있도록 물질을 주십시오." 그때 하나님께 기도하며 하나님이 주신 특별한 지혜로 쓴 책이 2000년에 발간돼 국제적인 베스트셀러가 된 《야베스의 기도》(The Prayer of Jabez, 디모데 역간) 입니다. 이 작은 책에 상상도 할 수 없는 뜨거운 반응이 일었습니다. 브루스 윌킨슨은 책의 판매 수익으로 아프리카 선교 단체(Dream for Africa)를 세웠고, 요하네스버그로 이주해 아프리카 어린아이들을 섬기기 시작했습니다.

사람들은 인생길이 막히면 모든 것이 끝장났다고 생각하는데, 사실 그렇지 않습니다. 길이 막히면 그것으로 끝나는 것이 아니라 하나님이 준비하신 새 길이 열립니다. 우리의 계획이 좌절되면 하나님이 준비하신 더 위대한 계획이 시작됩니다. 따라서 주님이 말씀하실 때 순종하시기 바랍니다. 하나님이 가라고 하시면 가야 합니다. 멈추라고 하시면 멈춰야 합니다. 주님이 주시는 길이 최선임을 믿고 그 뜻에 따르는 자의 앞길은 하나님이 반드시 책임지십니다. 엘 로이의 하나님은 우리 앞길을 최선으로 인도하시는 분입니다.

생수의 샘을 준비하신다

엘 로이 하나님이 주시는 또 다른 축복은 생수의 샘을 준비하시는 것입니다. 하나님은 하갈에게 길을 알려 주셨을 뿐 아니라 광야에서 목말라 쓰러지지 않도록 샘을 준비하셨습니다. 광야를 통과하는 사람에게 가장 시급한 것은 금은보화나 부귀영화가 아닙니다. 빵과 음식도 필요하지만, 그보다 더 중요한 게 있습니다. 바로 물입니다. 물은 생명이기 때문입니다. 그래서 하나님은 광야로 접어든 하갈 앞에 샘을 준비하시고 하갈의 목마름을 채워 주십니다. 이를 경험한 하갈이 샘에 이름을 지어 부릅니다. '브엘라해로이'입니다. 브엘은 샘, 라해는 생명이 있다, 로이는 나를 살펴본다는 뜻으로, 이를 해석하면 '살아 계셔서 나를 지켜보시는 분의 샘'입니다.

인생길에서는 아무 샘물이나 마신다고 생의 갈증이 해소되지 않습니다. 살아 계신 분의 샘물을 마셔야 합니다. 지금도 살아 계셔서 나를 돌보시고 역사하시는 하나님의 샘물이 필요합니다. 그래야 생기를 얻고 살아날 수 있습니다. 세상에도 목을 축일 만한 음료는 많습니다. 그 가운데는 좋은 것도 있고 나쁜 것도 있지만, 어떤 음료든지 세상이 주는 것은 다시 갈증을 느끼게 돼 있습니다. 영혼의 갈증을 해소해 주는 음료는 없습니다. 살아 계신 이의 샘에서 나오는 물만이 영원토록 목마르지 않는 생수입니다.

예수님은 수가 성에서 사마리아 여인을 만나셨습니다. 여인이 무엇 때문에 한낮에 우물로 왔습니까? 야곱의 샘에서 물을 긷기 위해서입니다. 야곱의 샘은 인간이 판 샘입니다. 누구의 이름을 붙였든 사람이 판 샘에서 나오는 물은 아무리 마셔도 다시 갈증을 느끼게 됩니다. 여인은 매일 한낮에 사람들의 눈을 피해 야곱의 샘에서 물을 길어 갔지만, 여전히 가슴 깊숙한 곳에 갈증을 담고 있었습니다. 그때 예수님이 여인에게 말씀하십니다. "이 물을 마시는 자마다 다시 목마르려니와 내가 주는 물을 마시는 자는 영원히 목마르지 아니하리니 내가 주는 물은 그 속에서 영생하도록 솟아나는 샘물이 되리라"(요 4:13-14). 예수님이 주시는 물은 단순한 물이 아니라 생명을 주는 물입니다. 이 물을 마셔야 살아날 수 있습니다. 아무리 지치고 피곤하고 탈진했을지라도 주님의 생수를 마시면 다시 회복돼 일어날 수 있습니다.

교회도 마찬가지입니다. 참으로 교회가 교회다워지는 비결은 교회에 생수가 흐르는 것입니다. 사람을 살리는 생수의 강이 흘러야 합니다. 조직을 잘 짜거나 좋은 프로그램을 운영한다고 되는 일이 아닙니다. 좋은 건물과 수만 명의 교인이 있어도, 그것이 역사를 이루지 않습니다. 교회에는 하나님의 생수의 강이 흘러야 합니다. 이 생수의 강이 바로 복음입니다. 예수 그리스도만이 주실 수 있는 복음의 생수를 마셔야 다시 생명을 회복하고 일어날 수 있습니다.

한편 생수는 성령이 주시는 능력이기도 합니다. 예수님은 "나를 믿는 자는 성경에 이름과 같이 배에서 생수의 강이 흘러나오리라"(요 7:38)라고 말씀하셨습니다. 이때 배에서 흘러넘치는 생수는 우리가 받게 될 성령입니다. 그러므로 답답한 일이나 힘든 일을 당하더라도 세상으로 뛰쳐나가지 마십시오. 힘들고 지칠수록 하나님의 보좌 앞으로 나와 주님만이 주실 수 있는 생수를 받아 마십시오. 그때 지친 영혼이 다시 소생하여 하나님의 뜻을 향해 달려갈 수 있습니다. 엘 로이 하나님은 우리 앞에 최선의 길을 여실 뿐 아니라, 목말라 힘겨운 우리에게 영원히 마르지 않는 생수를 공급해 주십니다.

앞길을 인도하신다

엘 로이 하나님이 주시는 마지막 축복은 미래의 방향을 준비하시고 앞길을 인도하시는 것입니다. 우리는 앞날을 알 수 없습니다. 장차 어떤 일이 벌어질지 아무도 모릅니다. 오직 하나님만이 우리 운명을 결정하십니다. 나만이 내 인생의 개척자라고 말하는 사람들이 있습니다. 내 인생은 내가 개척한다는 사고방식입니다. 내가 노력하고 힘쓰면 인생이 열린다고 하는데, 그것은 착각입니다. 우리는 인생의 앞길을 결정할 수가 없습니다. 아무리 계획해도 앞날을 주관할 수 없습니다. 이것은 전적으로 하나님께 달려 있습니다. 하나님의 뜻대로 결정되는 것입니다.

이스마엘의 운명도 마찬가지입니다. 하나님의 사자는 이스마엘이 사람 중에 '들나귀같이' 되리라고 예언하십니다. 들나귀는 인간의 손에 길들여지지 않고 마음대로 야생을 뛰어다니는 야생 짐승을 말합니다. 인생이 들나귀 같으면 그의 손이 모든 사람을 치고 모든 사람의 손이 그를 치게 됩니다. 즉, 투쟁하며 살아가는 삶이 됩니다. "그가 모든 형제의 동방에서 살리라"(12절, 개역한글)라고 했으니 이스마엘의 후손은 오늘날 중동 동쪽에 있는 아랍 민족이라고 할 수 있습니다. 여기에 묘사된 이스마엘의 앞날은 그리 밝지 않습니다. 암담해 보일 지경입니다. 그런데 이것을 결정하신 분은 하나님입니다. 한 가지 은혜는 이런 민족과 후손이라도 하나님의 은혜 안으로 들어오기만 하면 회복될 수 있다는 것입니다. 솔직히 우리도 과거에는 그들과 똑같은 존재였습니다. 우리도 이방인으로, 하나님의 주권 바깥에 있던 사람들입니다. 바울은 우리 모두가 이스라엘 나라 밖의 사람으로 "약속의 언약들에 대해 외인이요 세상에서 소망이 없고 하나님도 없는 자"(엡 2:12)였다고 증거합니다. 그런 우리가 예수 그리스도를 만나고 하나님 안으로 들어오는 순간 우리의 미래가 하나님의 자녀라는 축복으로 바뀐 것입니다.

그러므로 스스로 인생을 개척하려고 하지 마십시오. '내 인생은 나의 것'이라고 장담하지 마십시오. 자기 인생을 책임지고 앞길을 개척하는 대신 자신을 하나님께 드리십시오. 그리스도를 통해 하나님 안으로 들어오십시오. 그러면 하나님이 우리의 앞길을 밝고 빛나게 하십니다.

미국 남침례교신학교에서 목회학을 가르친 웨인 오츠(Wayne Oates) 교수가 이런 일화를 이야기했습니다. 2차대전이 끝나고 독일에 고아가 많이 생겼다고 합니다. 전쟁은 원래 젖먹이와 어린아이에게 더욱 고통스러운 사건이 아닙니까. 전쟁 통에 갑자기 부모를 잃은 아이들이 밤만 되면 잠을 자지 않고 슬프게 울었다고 합니다. 아무리 달래도 소용이 없고, 꾸짖고 화를 내도 울음을 그치지 않았답니다. 이를 지켜본 한 사람이 이렇게 제안합니다. "아이들이 잠을 자지 않고 계속 운다면 잠자리에서 빵 한 조각씩 쥐어 주십시오. 그럼 울음을 그칠 것입니다." 실제로 그렇게 했더니 아이들이 울음을 그치고 잠을 자더랍니다. 왜 아이들이 밤만 되면 잠을 자지 못하고 울었겠습니까. 내일에 대한 확신이 없기 때문입니다. 부모가 있으면 안심하고 잘 수가 있습니다. 아침을 걱정할 필요도, 생존을 염려할 필요도 없습니다. 그런데 나를 돌봐 줄 엄마 아빠도 없는 고아들은 내일에 대한 확신이 없기 때문에, 밤만 되면 불안감으로 잠들지 못하고 울 수밖에 없습니다. 그들의 손에 안겨진 떡 한 조각이 실낱같은 희망이 되어 아이들을 꿈나라로 인도해 준 것입니다.

  하나님은 우리를 고아처럼 버려두지 않겠다고 약속하셨습니다. 아무도 도와주는 이 없이 홀로 던져져 외롭고 처참한 인생 같다고 한탄하는 사람도 하나님이 지켜보고 계십니다. 결코 빈손 들고 울게 두지 않으십니다. 하나님의 사랑과 은혜를 안겨 주시고, 사람 대신 하나님이 영원한 목자가 되어 미래를 인도해 주십니다. 모두가 이 하나님을 만나기를 바랍니다. 한순간도 눈을 떼지 않고 우리를 살펴보시는 하나님, 우리가 어디에 어떻게 던져졌을지라도 모든 사정을 아시고 달려오시는 하나님이 우리의 이름과 생각과 눈물과 고통을 아십니다. 도망치는 대신 하나님을 향해 부르짖으십시오. 믿음으로 주님을 붙잡을 때 문제가 떠나가고 위기가 떠나갑니다. 광야 한복판에도 샘이 터져 나오고 새로운 미래를 꿈꾸게 될 것입니다.

사무엘상 3장 1-10절

아이 사무엘이 엘리 앞에서 여호와를 섬길 때에는 여호와의 말씀이 희귀하여 이상이 흔히 보이지 않았더라 엘리의 눈이 점점 어두워 가서 잘 보지 못하는 그때에 그가 자기 처소에 누웠고 하나님의 등불은 아직 꺼지지 아니하였으며 사무엘은 하나님의 궤 있는 여호와의 전 안에 누웠더니 여호와께서 사무엘을 부르시는지라 그가 대답하되 내가 여기 있나이다 하고 엘리에게로 달려가서 이르되 당신이 나를 부르셨기로 내가 여기 있나이다 하니 그가 이르되 나는 부르지 아니하였으니 다시 누우라 하는지라 그가 가서 누웠더니 여호와께서 다시 사무엘을 부르시는지라 사무엘이 일어나 엘리에게로 가서 이르되 당신이 나를 부르셨기로 내가 여기 있나이다 하니 그가 대답하되 내 아들아 내가 부르지 아니하였으니 다시 누우라 하니라 사무엘이 아직 여호와를 알지 못하고 여호와의 말씀도 아직 그에게 나타나지 아니한 때라 여호와께서 세 번째 사무엘을 부르시는지라 그가 일어나 엘리에게로 가서 이르되 당신이 나를 부르셨기로 내가 여기 있나이다 하니 엘리가 여호와께서 이 아이를 부르신 줄을 깨닫고 엘리가 사무엘에게 이르되 가서 누웠다가 그가 너를 부르시거든 네가 말하기를 여호와여 말씀하옵소서 주의 종이 듣겠나이다 하라 하니 이에 사무엘이 가서 자기 처소에 누우니라 여호와께서 임하여 서서 전과 같이 사무엘아 사무엘아 부르시는지라 사무엘이 이르되 말씀하옵소서 주의 종이 듣겠나이다 하니

인생의 밤을 깨우는 소리.

　　　　　　　　　　　　미국 예화에 시골 쥐와 도시 고양이 이야기가 있습니다. 시골에 사는 시골 쥐가 먹고사는 것이 힘들어서 도시로 이사했습니다. 도시에는 남이 먹다 남은 찌꺼기라도 있지 않을까 생각하고 생계유지를 위해 도시로 올라간 것입니다.

　시골 쥐가 도착한 첫날 밤, 예상치 않은 상황이 발생합니다. 한밤중에 도시 뒷골목을 서성이는 고양이를 만난 것입니다. 고양이도 먹을 것이 없어서 헤매다가 시골 쥐를 발견하고 달려들었습니다. 시골 쥐는 있는 힘을 다해 도망쳐서 가까스로 쓰레기통 뒤에 있는 작은 구멍 속에 몸을 숨겼습니다. 거기서 숨을 죽인 채 고양이가 돌아가기를 기다렸습니다. 그야말로 쥐 죽은 듯 기다린 것입니다. 잠시 후 고양이가 있던 곳에서 개 짖는 소리가 들려왔습니다. 쥐는 생각합니다. '아하! 고양이가 떠났구나.' 왜냐하면 고양이와 개는 같이 어울릴 수 없는 천적이기 때문입니다. 서로 상극인 처지에 같은 장소에 같이 있을 리가 없지 않겠습니까. 그래서 쥐는 안심하고 밖으로 나왔습니다. 그런데 뜻밖에도 고양이는 돌아가지 않고 그 자리에서 기다리고 있었습니다. 금방 목숨을 잃을 지경이었지만 쥐는 궁금증을 못 견뎌 질문합니다. 분명히 개 짖는 소리를 들었는데 어떻게 고양이가 그 자리에 있었던 것이냐고 말입니다. 고양이는 회심의 미소를 지으며 이렇게 대답합니다. "이처럼 각박한 도시에서 살아남으려면 최소한 2개 국어는 구사할 수 있어야 한단다"(You got to be bilingual).

먹고살기 위해 고양이도 개 소리를 내야 하는 각박한 현실은 우리에게도 낯설지 않습니다. 인생에는 시간으로 비유하자면 캄캄한 밤에 해당하는 일이 닥쳐옵니다. 참으로 답답한 일들입니다. 아무도 원치 않지만 우리 삶에도 밤은 찾아오기 마련입니다.

깊은 밤, 들려오는 하나님의 음성

하나님이 택하신 백성 이스라엘도 영적으로 어두운 시대를 맞게 되었습니다. 사무엘 선지자가 아직 어린아이였을 때입니다. "아이 사무엘이 엘리 앞에서 여호와를 섬길 때에는 여호와의 말씀이 희귀하여 이상이 흔히 보이지 않았더라."

영적으로 어두운 시대에 나타나는 전형적인 현상이 있습니다. 먼저 말씀의 희귀 현상입니다. 말씀이 없는 것은 아닙니다. 말씀은 많은데 정작 들어야 할 말씀이 없는 것이 마지막 시대의 특징입니다. 아모스 선지자는 이스라엘에 임할 기근이 양식이 없어서나 물이 없어서가 아니라 여호와의 말씀을 듣지 못하기 때문이라고 했습니다. 지금 우리가 사는 시대는 과거 어느 때보다 말씀이 많은 시대입니다. TV를 틀어도 말씀을 들을 수 있고 수많은 책과 SNS를 통해서 수많은 말씀이 쏟아져 나오고 있습니다. 그런데 홍수가 나면 아무리 물이 많아도 정작 마실 물이 없는 것처럼, 마지막 시대에는 들어야 할 진정한 말씀이 없습니다.

또 영적으로 어두운 시대에는 '이상'이 보이지 않습니다. 이상이란 환상이나 비전으로 옮길 수 있는 단어입니다. 미래에 대한 꿈이 없다는 것입니다. 아무리 살펴봐도 앞이 보이지 않는 캄캄한 현실을 말합니다. 오늘날 젊은이들이 흔들 깃발이 없어서 방황하고 헤매는 현실은 우리 시대가 영적으로 어둡다는 증거입니다.

말씀이 멈추고 비전이 보이지 않는 암흑의 시대에, 지도자까지 판단력을 잃고 헤매고 있습니다. 당시 이스라엘을 인도하던 엘리 제사장은 눈이 어두워서 앞을 볼 수 없었습니다. 물론 나이가 많은 탓도 있지만 어두운 눈 때문에 판단력도 상실했던 것입니다. 이것이 이스라엘이 당면한 현실입니다. 그럼에도 불구하고 그들에게 한 가지 희망이 있었습니다. 그것이 3절입니다. "하나님의 등불은 아직 꺼지지 아니 하였으며." 모든 것이 캄캄하고 어두웠지만, 하나님의 등불은 아직 타오르고 있었다는 사실입니다.

이것은 두 가지 상반된 의미를 드러냅니다. 하나는, 아직 새벽이 오지 않았다는 뜻입니다. 저녁에 제사장이 성소에 들어가 불을 붙인 등불은 아침까지 타고 있어야 합니다. 다시 말해 등불이 꺼지지 않았다는 것은 여전히 밤이라는 것입니다. 새벽이 오지 않아 아직 캄캄한 것입니다. 동시에, 이것은 아직 희망이 남아 있다는 뜻입니다. 다른 곳에 있는 불이 모두 꺼진 한밤중에도 하나님의 등불만은 살아 있습니다. 그래서 성소로 나가기만 하면 하나님의 등불 앞에서 새 빛을 얻을 수 있는 것입니다.

인간의 시도가 모두 막혔다고 해서 인생이 끝난 것이 아닙니다. 정세가 불안하고 사업장이 문을 닫고 경제 위기가 닥쳤다고 해서 인생이 끝나지 않습니다. 중병에 걸렸다고 해도 삶은 끝난 것이 아닙니다. 하나님의 성소에는 아직 꺼지지 않은 하나님의 등불이 있기 때문입니다. 캄캄한 현실에서 성소를 향해 나아갈 용기가 필요합니다. 꺼지지 않는 하나님의 등불에 희망을 걸고 나아가면 그때 비로소 들려오는 음성이 있습니다.

"여호와께서 사무엘을 부르시는지라." 이것은 개인적으로는 사무엘을 선지자로 부르시는 장면입니다. 동시에 이것은 흑암 중에 있는 이스라엘 민족을 깨우시는 하나님의 음성입니다. 이스라엘 역사에 새 아침을 가져올 하나님의 부르심입니다. 사무엘이 등장함으로써 비로소 어둡고 혼란스러운 사사 시대가 끝나 새로운 왕정 시대(Kingdom Era)가 시작되었기 때문입니다. 사사 시대는 모두가 자기 마음대로 행하던 시대였습니다. 그래서 혼란과 무질서로 가득 찬 혼돈의 시대였습니다. 그런데 이제 하나님이 사무엘을 부르심으로써 혼란과 어둠이 종말을 고하고 하나님의 왕이 다스리는 새 역사를 열게 된 것입니다.

이 음성이 우리에게 필요합니다. 세상이 들려주는 음성이 아니라 하나님이 들려주시는 음성을 들어야 합니다. 비록 아무 희망이 없어 보일지라도 성소에서 들려오는 하나님의 음성을 듣고 그 말씀에 따라 삶을 재조명한다면 이 어둠을 뚫고 승리할 수 있습니다. 사람의 소리에 귀를 기울이면 인생은 결코 풀리지 않습니다. 어떤 음성에 자신의 인생을 걸고 있습니까?

때로는 사람의 의견도 필요합니다. 정치가의 의견, 경제 전문가의 의견을 들어야 할 때도 있습니다. 그러나 그런 음성이 인생의 어두운 밤을 해결해 주지 않습니다. 모든 것이 꽉 막혀 버린 답답한 밤을 뚫고 지나가 새 아침의 축복을 누리기 위해 들어야 하는 것은 하나님의 음성입니다.

하나님의 음성이 필요합니다. 성전에서 울려 퍼지는 하나님의 음성, 나를 부르시는 하늘의 음성을 들어야 어두운 현실을 이기고 일어설 수 있습니다. 그렇다면 하나님의 음성을 듣기 위해 필요한 것은 무엇입니까?

바른 곳에 있기

하나님의 음성을 듣고 싶다면 바른 곳에 있어야 합니다. 영적 위치가 바르지 않으면 절대로 하나님의 음성을 들을 수 없습니다. 사무엘이 하나님의 음성을 들은 곳은 '여호와의 전', 더 정확히 말하면 성막이었습니다. 아직 성전이 지어지기 전이기 때문입니다. 하나님의 음성을 들으려면 일단 성막 안으로 들어와야 합니다. 세상에 젖어 쾌락과 죄악의 장소에 있으면서 하나님의 음성을 들을 수는 없습니다. 내 삶의 위치, 마음의 위치를 분명히 해야 하나님의 음성을 듣게 됩니다. 예수님은 우리가 거해야 할 삶의 위치를 이렇게 말씀하십니다. "나는 포도나무요 너희는 가지라 그가 내 안에, 내가 그 안에 거하면 사람이 열매를 많이 맺나니 나를 떠나서는 너희가 아무것도 할 수 없음이라"(요 15:5).

포도나무이신 예수 그리스도 안에 거할 때 비로소 우리 삶은 바른 위치를 찾게 됩니다. 그래야만 열매를 맺고 하나님과 관계가 시작되는 것입니다. 많은 사람이 삶이 풍성해지기를 바라면서도 바른 곳에 있지 않기 때문에, 허다한 노력에도 불구하고 성공하지 못하는 것입니다.

요셉은 열일곱 살이라는 어린 나이에 애굽에 팔려갔지만 오히려 총리가 되고 당대 근동 지방 전체에 영향을 주는 위대한 인물이 되었습니다. 요셉의 성공 비결은 얼굴이 잘생겨서나 운이 좋아서가 아니었습니다. 요셉은 샘 곁에 심은 나무와 같았습니다. 그 나무의 가지가 어찌나 힘 있게 뻗어 갔는지 담장을 넘어갈 정도였습니다. 요셉이 성공할 수 있었던 비결은 한 마디로 그가 있어야 할 바른 위치에 있었기 때문입니다.

팔레스타인 지역은 땅이 척박합니다. 아무리 좋은 나무를 심어도 물이 부족하면 제대로 자라지 못합니다. 겨우 가시덩굴이나 왜소한 나무만 자랄 뿐입니다. 그런데 만일 좋은 나무를 샘가에 심으면 푸르고 무성하게 자라 수많은 열매를 맺을 것입니다. 요셉의 성공 비결은 그가 뛰어나서가 아닙니다. 그가 하나님 안에 즉, 샘가에 심어진 나무였기 때문입니다. 바른 곳에 있으면 어디를 가도 푸른 빛을 드러내며 생동감 넘치는 인생으로 쓰임 받게 됩니다.

우리 삶의 위치는 그리스도 안이 되어야 합니다. 아무리 세상

것을 많이 가져도 예수님 안으로 들어오지 않은 인생은 성공한 인생이 아닙니다. 하나님을 만날 수도 없고 하나님의 음성을 들을 수도 없습니다. 지금 무엇을 행하든 어디에 있든 가장 중요한 건 '과연 나는 그리스도 안에 있는가?'에 답할 수 있어야 한다는 것입니다.

한국에 계시는 어느 교수님의 간증을 들은 적이 있습니다. 좋은 가문 출신에 어릴 때부터 늘 1등만 할 정도로 머리가 좋아 일류 대학을 나온 재원이었습니다. 기업체를 운영하는 훌륭한 남편을 만나 결혼한 이후에도 부유하고 모자람 없이 인생을 살았습니다. 어릴 때부터 교회를 다니긴 했는데, 교회 나가는 게 나쁠 건 없지만 나가지 않아도 과히 불편할 것은 없다는 자세로 다녔다고 합니다. 머리가 좋아서 언제나 1등이고 돈이 많아서 원하는 것은 언제나 살 수 있으니 절박한 심정을 가져 본 적이 없다는 것입니다. 교회는 그야말로 취미 생활, 여가 생활이었던 셈입니다. 이런 자세로 바른 믿음 생활을 하기는 어려웠을 것입니다.

그런데 하나밖에 없는 딸아이가 갑자기 앓기 시작했다고 합니다. 괜찮아질 줄 알았던 병이 점점 악화되어 여러 큰 병원에 데려가 진단을 했는데 병명조차 제대로 알아내지 못하더라는 것입니다. 부유한 집이라 일본까지 아이를 데려갔지만 병을 고치지 못했습니다. 아이의 생명줄이 끊어지는 걸 보면서도 속수무책이었습니다. 누구를 찾아가 하소연을 해도 아이의 병을 고칠 수가 없었습니다. 이때 비로소 중요한 사실을 깨달았다고 합니다. 인생에는 내 마음대로 되지 않는 것도 있다는 사실을 말입니다. 돈이면 뭐든 된다고 생각했는데 사랑하는 딸아이의 생명을 건질 수 없는 돈은 아무 의미도 없었습니다. 세상이 부러워하는 학위를 얻었지만, 사랑하는 딸아이의 생명을 건지지 못하는 박사 학위는 아무 가치가 없었습니다. 이때부터 하나님 앞에 엎드려 회개하기 시작했습니다. 그동안 하나님 없이도 살 수 있다고 생각했던 교만한 마음을 용서해 달라고 회개한 것입니다.

이런 회개 기도를 몇 개월 간 계속하던 때에 권사님 한 분이 찾아오셨다고 합니다. 권사님은 이 가정의 안타까운 소식을 듣고 그저 기도해 주려고 오신 분이었습니다. 흔히 말하는 신유의 은사가 있는 것도 아니고 특별한 권능이 있어서가 아니라, 딱한 사정에 공감하고 위로하기 위해 왔다는 것입니다. 그렇게 권사님은 아이의 머리에 손을 얹고 기도하고 돌아갔습니다. 그런데 그 일이 있은 후부터 아이가 회복되기 시작했습니다. 불치병을 앓으며 죽음을 기다리던 아이가 살아났습니다. 그 후로 이 교수님은 마음을 내려놓고 주님을 따르며 하나님만 증거하는 종으로 변화되었습니다.

우리에게는 지성도 필요하고, 돈도 필요합니다. 하지만 참된 생명은 오직 그리스도에게만 있습니다. 그리스도 안에 있지 않으면 아무리 노력하고 애써도, 아무리 많은 것을 소유해도 생명의 자리에 이를 수 없고 하나님의 음성을 들을 수 없습니다. 하나님의 음성을 듣기 위해 우선 해야 할 일은 우리가 있어야 할 바른 위치, 그리스도 안으로 들어가는 것입니다. 그 자리에서 새 삶이 시작되고 하나님과 관계가 시작됩니다.

영적으로 집중하기

하나님의 음성을 듣기 위해서는 영적으로 집중해야 합니다. 마음의 초점을 하나님께 두어야 합니다. 사실 사무엘은 하나님이 자기를 부르고 계시는지 몰랐습니다. 처음부터 하나님의 음성을 알아듣지 못한 것입니다. 하나님이 세 번이나 부르셨지만, 엘리 제사장이 부르는 줄 알고 달려갔습니다. 하나님의 음성을 분별해 내기는 쉽지 않습니다. 사무엘처럼 성막 안에 있는 사람에게도 쉬운 일이 아니었습니다. 그렇다면 세상 속에서 분주히 살아가는 우리는 어떻겠습니까. 하나님의 음성을 분별하기란 결코 쉽지 않습니다. 마음을 하나님께 집중하지 않으면 하나님이 아무리 말씀하셔도 들리지 않습니다.

현대인의 삶은 마음을 흩트리고 혼란하게 하는 일이 많습니다. 마음에 집중하기가 결코 쉽지 않습니다. 청천벽력 같은 어려운 사건이 터져서 마음이 무너져 내리기도 하고, 때로는 누군가 무심코 던진 말 한마디에 마음이 산산조각 나기도 합니다. 사람들에게 위로받으려고 했다가 오히려 마음에 상처를 받는 경우가 흔히 일어납니다. 사람이 던지는 말 한마디가 깊은 아픔이 되기도 합니다. 의도하지 않았지만 무심한 말이 마음을 흩트리고 분산시킬 수 있습니다. 이런 주변 환경에 마음을 빼앗기지 않고 영적으로 하나님께 집중한다면 하나님의 음성을 들을 수 있습니다.

엘리야는 위대한 선지자였지만 영적으로 탈진한 일이 있었습니다. 엘리야는 우상숭배의 절정을 달리던 아합 왕 때 홀로 바알을 섬기는 무리와 대적해 하나님의 영광을 드러낸 용감하고 위대한 선지자입니다. 그런데 그는 갈멜 산에서 승리하자마자 크게 낙심합니다. 이세벨 왕비가 그를 죽이겠다고 협박하는 말을 들었기 때문입니다. 말 한마디에 낙심한 나머지 광야로 들어가 나무 아래 앉아 죽기를 간구했습니다. 하나님의 종이 죽겠다며 영적 자살을 선포한 것입니다. 이것으로 충분히 할 만큼 했으니 데려가 달라는 것입니다. 아마 열왕기상 17-19장에서 가장 이해하기 어려운 대목일 것입니다.

엘리야가 어떤 사람입니까. 그 어두운 시기에 갈멜 산 전투에서 850 대 1로 승리한 영웅입니다. 3년 6개월 동안 비가 오지 않았는데 갈멜 산 꼭대기에서 일곱 번 기도해서 비를 내리게 한 능력의 종입니다. 이렇게 용감하고 능력 많은 종이 어떻게 왕비가 던진 한마디 말에 죽여 달라고 기도할 만큼 나약해질 수 있습니까. 그것은 영적 탈진이었습니다. 사역에 너무 매달린 나머지 하나님께 집중하지 못하면 누구나 이런 현상을 경험할 수 있습니다. 열심히 뛰고는 결국 탈진해 쓰러지고 마는 것입니다.

하나님은 너무 열심히 하나님의 일을 하다가 하나님께 초점을 맞추지 못하고 영적으로 탈진한 엘리야를 회복시키십니다. 일단은 먼저 먹이십니다. 바로 어딘가로 보내지 않으시고, 그저 먹고 힘을 얻게 하십니다. 그 후 호렙 산으로 보내셨습니다. 호렙 산은 하나님의 임재가 있는 산입니다. 호렙 산 앞에 섰을 때 먼저 바람이 지나갔습니다. 반석을 부술 정도로 강력한 바람이 지나갔는데 그 바람 가운데 하나님은 계시지 않았습니다. 바람 후에 지축을 흔드는 큰 지진이 일어났는데 그 지진 가운데도 하나님은 계시지 않았습니다. 지진 후에 엄청난 불꽃이 일어났지만 불꽃 가운데도 하나님은 계시지 않았습니다. 이런 요란한 것이 전부 지나간 후에 세미한 하나님의 음성이 있었습니다. 하나님이 굉장한 사건 속에 임하실 것 같지만 그것은 인간의 편견입니다. 하나님은 엄청난 이벤트 가운데 임하실 것 같지만 그것은 인간의 착각입니다. 하나님은 세미하게 말씀하십니다.

하나님이 말씀하신 것은 엘리야가 해야 할 일이었습니다. 하나님 말씀을 듣고 일어나 하사엘에게 기름 부어 아람 왕으로, 예후를 이스라엘 왕으로, 엘리사를 자신의 후계자로 세우라는 명령이었습니다. 또 하나님이 엘리야를 위해 바알에게 무릎 꿇지 않은 7,000명을 남겨 놓았다고 위로하십니다. 엘리야는 완전히 탈진한 상태였지만 하나님의 음성을 듣고 다시 일어나 사역을 잘 마무리할 수 있었습니다. 우리 인생 가운데도 하나님은 세미하게 말씀하십니다. 하나님께 집중하고 그 음성을 사모하는 자에게 하나님은 하늘의 음성을 들려 주십니다.

싱가포르에서 믿음침례교회(Faith Community Baptist Church)를 담임하는 로렌스 콩(Lawrence Khong) 목사가 목회 초기의 어려움을 고백한 적이 있습니다. 성도 300명 정도가 모여 시작한 교회였는데, 언제부터인지 자꾸 성도가 줄어들었다고 합니다. 무슨 이유인지 한 주 한 주 계속 성도가 떠나기 시작했습니다. 이것이야말로 목회자의 피를 말리는 일입니다. 이런 일이 일어나면 대개 목사의 잘못을 질책하기 마련입니다. 교인들이 떠나는 것 자체도 너무나 큰 마음의 짐이고 아픔인데, 다른 성도들이 목사를 비난하고 힐난하는 것도 낙심되고 힘겨운 일이었습니다.

어느 날 로렌스 목사가 혼자 성경을 읽는데 그때 말씀이 마가복음 1장 9-11절이었다고 합니다. 예수님이 요단 강에서 침례 받고 올라오실 때 성령이 비둘기같이 임하고 하나님의 음성이 들려오는 장면입니다. "너는 내 사랑하는 아들이라 내가 너를 기뻐하노라"(11절). 이 말씀을 읽는 순간 실제로 하나님이 바로 자기 앞에 나타나셔서 이렇게 말씀하시는 것 같았다고 합니다. "교인들이 너를 떠나가느냐. 괜찮다, 내 아들아. 내가 너를 사랑한다, 내가 너를 기뻐한다. 사람들이 너를 비난하고 책망하느냐. 걱정하지 말아라, 내 아들아. 내가 너를 사랑한다. 내가 너를 기뻐한다."

아무리 사람들에게 고통과 상처를 받았더라도 하나님이 염려하지 말라고 하시면 그것으로 충분합니다. 하나님이 나를 사랑하시고 나를 기뻐하신다면 그것으로 족한 것입니다. 실제로 이 음성이 로렌스 목사를 탈진에서 일으켜 세우는 힘이 되었다고 합니다. 우리에게 이 음성이 필요합니다. 나를 대적하고 비난하고 고통을 안겨 주는 상처의 소리가 아니라 하나님이 나를 사랑하고 기뻐하신다는 언약의 음성을 들어야 합니다. 사람들의 평가에 인생을 걸어서는 안 됩니다. 하나님이 세상 그 누구보다 나를 존귀히 여기십니다. 이 음성을 들어야 주저앉아 있는 영혼이 일어날 수 있습니다. 계속 하나님의 꿈을 꾸며 하나님의 사역을 기쁨으로 감당할 수 있습니다. 하나님의 음성을 들을 수 있도록 마음의 초점을 하나님께만 맞춰야 합니다.

순종하기

하나님의 음성을 듣기 위해서는 순종해야 합니다. 하나님은 순종하는 자에게 음성을 들려주십니다. 순종하지 않는 자에게 말할 필요가 있습니까? 말해 봐야 듣지 않을 텐데 왜 말을 하겠습니까? 하나님은 순종할 용의가 있는 사람에게 말씀하시고 음성을 들려주십니다.

어린 사무엘은 마침내 하나님이 자신을 부르고 계심을 깨닫고 이렇게 대답합니다. "말씀하옵소서 주의 종이 듣겠나이다." 하나님이 무엇을 말씀하시든 들을 준비가 되어 있다는 것입니다. 하나님은 그분의 말씀을 듣고 순종할 용의가 있는 자에게 지금도 말씀하시고 역사를 나타내십니다.

구약성경에 수많은 인물이 등장하지만 하나님이 아브라함을 사용하신 이유는 간단합니다. 아브라함은 하나님이 말씀하시면 무조건 순종하는 인물이었습니다. 이것을 열린 순종이라고 할 수 있습니다. 재고 따지고 조건을 붙이는 것이 아니라 무조건 순종하는 것입니다. 가라면 가고, 서라면 서고, 자라면 자고, 먹으라면 먹습니다. 아브라함의 이 순종이 하나님을 기쁘시게 했습니다. 그래서 하나님은 아브라함에게 은혜와 말씀의 능력을 주셨습니다.

하나님이 왜 이사야 선지자를 사용하셨습니까? 하나님이 누가 우리를 위해 갈 수 있나 물었을 때, 이사야는 대답했습니다. "주님, 제가 여기 있습니다. 저를 보내 주십시오." 이것이 하나님의 마음을 기쁘시게 했고, 그래서 하나님은 이사야를 통해 놀라운 일들을 보여 주셨습니다.

오늘 이 시대에도 하나님은 순종할 사람들을 찾고 계십니다. 잘나고 가진 게 많은 사람이 아니라 순종할 수 있는 사람을 찾으십니다. 우리의 능력은 언제나 한계가 있습니다. 우리가 가진 능력으로 일하는 것이 아닙니다. 순종하면 하나님이 능력을 주시고 행하게 하십니다. 하나님 앞에서 순종할 용의가 있고, 그렇게 고백하고 순종하는 성도가 많아져야 할 것입니다.

 몇 년 전 해외 유학생 집회에서(KOSTA)에서 한 교수님이 해 주신 이야기가 기억납니다. 텍사스에 살고 있는 한 부자가 자기 집 뒤뜰에 있는 큰 정원과 수영장에 마을 사람 전부를 초대했다고 합니다. 그리고 수영장 안에는 피라니아라는 육식 물고기 수백 마리를 풀어 놨다고 합니다. 부자는 마을 사람들에게 이렇게 제안합니다. 누구든지 수영장에 뛰어들어 반대편까지 헤엄쳐 가는 데 성공하는 사람에게 자신의 재산 절반을 주겠다는 겁니다. 그 말이 떨어지자마자 한 청년이 뛰어들었습니다. 순식간에 피라냐가 몰려들어 청년의 몸을 물어뜯었지만, 청년은 피투성이가 되면서도 이를 뚫고 건너편에 도달하는 데 성공했습니다. 부자가 청년에게 말합니다. "내 재산 절반을 줄까, 아니면 내 딸을 줄까?" 그러자 청년은 씩씩거리면서 말합니다. "당신 재산도 싫고 당신 딸도 싫습니다. 나를 뒤에서 밀어낸 사람만 찾으면 됩니다." 청년은 누가 뒤에서 밀어서 뛰어든 것이었습니다. 본인이 기뻐서 뛰어든 게 아닙니다.

 하나님의 교회에도 누가 밀어서 뛰어드는 사람들이 있습니다. 그러나 하나님이 기뻐하는 사람은 억지로가 아니라 하나님을 사랑하기 때문에 기꺼이 기쁘게 뛰어드는 사람입니다. 이런 사람이 하나님께 순종할 수 있습니다. 하나님을 사랑한다면, 그 사랑을 표현해야 합니다. 주님이 분부하신 일에 최선을 다하고 순종함으로 하나님의 교회를 세우고 하나님 나라를 세워 가는 것입니다.

 텍사스의 프레스턴우드침례교회(Prestonwood Baptist Church)를 담임하는 잭 그레이엄(Jack Graham) 목사가 진행하는 방송 설교가 있습니다. 이 방송에서 그레이엄 목사가 자신의 어린 시절의 간증을 들려준 적이 있습니다. 그레이엄 목사가 늘 지나다니는 길에 큰 집이 한 채가 있고 그 집에는 무섭게 생긴 개 한 마리가 있었다고 합니다. 개는 사람들이 다가올 때마다 으르렁거리며 달려들었습니다. 어린 그레이엄은 너무 겁이 나서 도망을 치곤 했습니다. 그 집 앞을 지나가는 것이 공포 자체였습니다. 일부러 그 집을 멀리 돌아가기도 할 정도였습니다. 어느 날 이 사실을 아버지에게 털어놓자 아버지가 이렇게 충고를 해 주었습니다. "잭, 다음에 그 집 앞을 지나가는데 개가 또 달려들면 절대로 도망치지 마. 개가 달려들 때 너도 눈을 똑바로 뜨고 개를 쳐다보렴. 그럼 절대 너를 해치지 못할 거야."

무섭긴 했지만 아버지 말이니까 어린 그레이엄은 믿고 한 번 해 보았습니다. 다음에 그 집 앞을 지나가며 으르렁거리는 개를 아버지 말씀대로 똑바로 쳐다본 것입니다. 개가 어떻게 반응했겠습니까? 평소에 도망치던 어린애가 갑자기 눈을 똑바로 쳐다보자, 개는 더욱 화가 나서 집어삼킬 듯이 뛰어올랐다고 합니다. 그러더니 다음 순간 풀썩 주저앉았습니다. 알고 보니 개의 목에는 굵은 사슬이 걸려 있었습니다. 그 개는 묶여 있었던 것입니다. 아버지는 그걸 알았기 때문에 아들에게 두려워하지 말라며 개를 이길 수 있는 방법을 알려 주었던 것입니다.

우리 앞길에 어려운 일이 놓여 있고, 세상의 대적이 우리를 삼킬 듯이 달려들 때가 있습니다. 우리는 그것을 보고 두려워서 도망칩니다. 그러나 하나님은 이미 모든 대적을 결박해 놓으셨습니다. 원수는 묶여 있습니다. 수많은 불행과 저주가 나를 삼킬 듯이 몰려와도 두려워할 필요가 없습니다. 하나님이 모든 대적을 이미 결박해 놓으셨기 때문에, 우리는 그저 하나님의 음성을 듣고 순종하기만 하면 됩니다. 주님을 바라보며 믿음 가운데 하나님의 뜻을 향해 전진해 가야 합니다. 인생의 문제 앞에서 하나님 음성에 귀를 기울이고 그분의 뜻을 향해 나아가면 반드시 어둠을 뚫고 승리하는 인생이 될 수 있습니다.

아직 우리 인생의 밤은 끝나지 않았습니다. 우리 삶에는 아직도 해결되지 않은 문제가 많습니다. 가정의 위기, 재정의 위기, 미래의 위기 등 바라는 일들이 여전히 해결되지 않아 기다리고 있습니다. 그러나 절대로 염려하거나 두려워하거나 포기하지 말아야 합니다. 온 세상이 캄캄하고 어두울지라도 하나님 성소의 등불은 지금도 타오르고 있습니다. 우리가 하나님을 신뢰하고 믿음으로 성소를 향해 나가기만 하면, 하나님의 불빛을 발견할 수 있습니다. 하나님의 영광의 보좌 앞에서 주님의 음성을 듣고 다시 일어나 승리할 수 있습니다. 하나님의 음성에 인생을 걸어야 합니다. 좌절하지 말고 영광을 향해 달려가야 합니다.

하나님의 음성이 필요합니다.
성전에서 울려 퍼지는 하나님의 음성,
나를 부르시는 하늘의 음성을 들어야
어두운 현실을 이기고 일어설 수 있습니다——.

2

한밤중、
등불은 꺼지지 않았으니

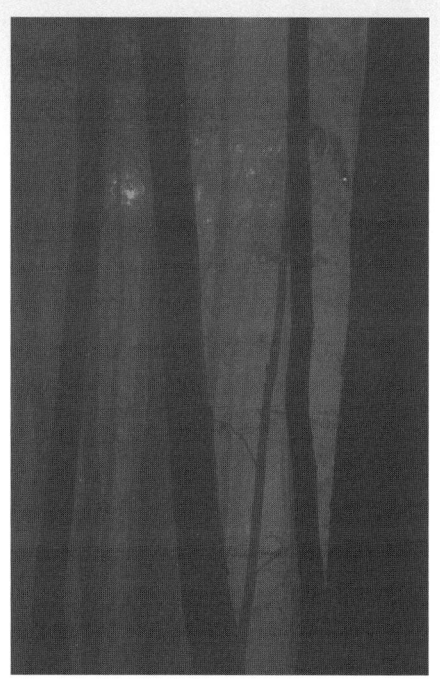

베드로후서 1장 12-21절

그러므로 너희가 이것을 알고 이미 있는 진리에 서 있으나 내가 항상 너희에게 생각나게 하려 하노라 내가 이 장막에 있을 동안에 너희를 일깨워 생각나게 함이 옳은 줄로 여기노니 이는 우리 주 예수 그리스도께서 내게 지시하신 것같이 나도 나의 장막을 벗어날 것이 임박한 줄을 앎이라 내가 힘써 너희로 하여금 내가 떠난 후에라도 어느 때나 이런 것을 생각나게 하려 하노라 우리 주 예수 그리스도의 능력과 강림하심을 너희에게 알게 한 것이 교묘히 만든 이야기를 따른 것이 아니요 우리는 그의 크신 위엄을 친히 본 자라 지극히 큰 영광 중에서 이러한 소리가 그에게 나기를 이는 내 사랑하는 아들이요 내 기뻐하는 자라 하실 때에 그가 하나님 아버지께 존귀와 영광을 받으셨느니라 이 소리는 우리가 그와 함께 거룩한 산에 있을 때에 하늘로부터 난 것을 들은 것이라 또 우리에게는 더 확실한 예언이 있어 어두운 데를 비추는 등불과 같으니 날이 새어 샛별이 너희 마음에 떠오르기까지 너희가 이것을 주의하는 것이 옳으니라 먼저 알 것은 성경의 모든 예언은 사사로이 풀 것이 아니니 예언은 언제든지 사람의 뜻으로 낸 것이 아니요 오직 성령의 감동하심을 받은 사람들이 하나님께 받아 말한 것임이라

무엇에 인생을 걸 것인가.

　　　　　　　　미국의 한 농부가 수십 년 동안 경마장에서 도박을 했습니다. 돈을 건 경주마가 우승을 하기만 하면 돈방석에 앉게 되는데 한 번을 맞추지 못하고 돈을 잃기만 했습니다. 그러던 어느 날 그가 선택한 경주마가 1등으로 들어왔습니다. 상금은 자그마치 2억 달러나 되었습니다. 당국에서는 당첨금을 지급하기 전에 먼저 당첨자에 대해 조사를 했습니다. 그런데 조사 결과 그가 찢어지게 가난한 농부라는 사실이 밝혀졌습니다. 가난한 농부에게 2억 달러나 되는 어마어마한 금액을 건네주면 혹시 심장마비로 죽지나 않을까 염려가 됐습니다.

　그래서 지혜를 발휘해 가톨릭 신자인 농부를 대신해 마을의 신부를 통해 상금을 전달하기로 했습니다. 신부가 농부를 만나서 대화를 합니다. "이번에도 경마에 돈을 거셨다지요? 그런데 만약에, 정말 만약 1등이라면 어떻게 하시겠습니까?" 농부는 시큰둥하게 대답합니다. "그럴 리가 있나요. 제가 지금까지 수십 년이나 경마에 투자했지만 한 번도 맞은 적이 없습니다." 그러자 신부가 다시 말합니다. "혹시 당첨이 되어서 2억 달러 정도를 상금으로 받게 되면 어떻게 하시겠습니까?" 농부는 잠깐 생각하더니 "만일 2억 달러에 당첨이 된다면 그중 1억 달러는 신부님께 드리고" 이 대화를 끝으로 한 사람이 쓰러져 심장마비로 죽었습니다. 넘어진 사람은 농부가 아니라 신부였습니다. 뜻밖의 횡재에 충격을 받은 것입니다.

누구나 삶을 거는 대상이 있습니다. 어떤 이는 돈에 인생을 걸고, 어떤 이는 공부에 인생을 겁니다. 또 어떤 이는 도박이나 로또 같은 불확실한 확률에 인생을 걸기도 합니다. 그런데 이런 것들이 행복한 삶을 보장해 줍니까? 결코 그렇지 않습니다. 이것들은 땅의 현상입니다. 얼핏 보면 좋은 것 같지만 위험합니다. 결과가 허망할 때가 많습니다. 이처럼 불확실하고 가변적인 세상 것에 인생을 걸면 위험합니다. 언제 그것이 떠나갈지 모르기 때문입니다. 전 생애를 걸어도 아깝지 않은 대상, 일평생을 걸어도 안전한 대상, 현재의 삶뿐만 아니라 미래와 영원한 삶까지도 책임질 수 있는 대상에게 우리 삶을 걸어야만, 삶이 안전하고 풍성할 것입니다.

전 인생을 다 걸어도 괜찮을 대상이 과연 무엇입니까? 그것은 바로 예수 그리스도와 그분의 복음입니다. 예수 그리스도 안에 우리가 추구하는 모든 것이 들어 있습니다. 거기에 참길이 있고 참생명이 있습니다. 십자가 복음에 우리가 살 길이 들어 있습니다. 그러므로 정말 우리 생애가 하나님 안에서 값지고 아름다워지기를 원한다면 복의 근원이신 예수 그리스도를 만나고 그분께 인생을 걸어야 합니다. 그분의 복음에 삶을 걸고 달려가야 우리 삶이 흔들리지 않고 값진 열매를 남길 수 있습니다.

복음에 삶을 걸기 위해

예수 그리스도와 그분의 복음에 삶을 걸고 달려가기 위해 필요한 것은 무엇입니까?

사도 베드로의 인생을 결정한 중요한 사건은 예수 그리스도와 그분이 남긴 복음의 진리입니다. 베드로는 일평생 이를 위해 살았을 뿐만 아니라 자신이 복음을 증거한 성도들 또한 진리 가운데 서 있기를 바랐습니다. 그래서 성도들에게 보내는 편지에 이렇게 씁니다. "너희가 이것을 알고 이미 있는 진리에 서 있으나 내가 항상 너희에게 생각나게 하려 하노라." 베드로가 말한 '이것'은 앞(11절)에 언급된 '구주 예수 그리스도의 영원한 나라에 들어가는 사건'을 말합니다. 즉 구원입니다. 예수님을 믿고 구원받아 천국에 간다는 사실은 이미 알고 있습니다. 이 복음의 진리를 알고 있지만, 한 번 알게 된 것으로 끝내지 말고 계속 상기하기를 바란다는 것입니다.

이미 구원받은 성도에게 복음의 진리를 계속 상기시키는 이유는 무엇입니까? 무엇보다 거짓 교사들의 공격 때문입니다. 진리를 왜곡하고 빼앗아가려는 잘못된 가르침이 교회 안에 들어왔기 때문입니다. 베드로후서는 거짓 가르침을 방어하기 위해 기록됐습니다. 이를 위해 지속적으로 복음의 진리를 강조하는 것입니다.

다른 이유는 복음의 진리는 받았지만 복음 안에서 복음의 진리를 행하며 살지 않기 때문입니다. 진리가 뭔지 모르는 게 아닙니다. 알면서도 실천하지 못하기 때문에 다시 기억나게 해 줘야 합니다. 알고 있는 내용을 제대로 실천할 수 있을 때까지 반복적으로 일러 주는 것, 그것이 설교입니다. 이것을 말한 사람이 윌리엄 바클레이(William Barclay)입니다. 설교란 이미 알고 있는 하나님의 말씀을 행할 수 있도록 상기시키는 행위라고 말입니다.

베드로가 성도에게 복음의 진리를 거듭 강조하는 까닭은 진리는 한 번 아는 것으로 끝나지 않고 반복해서 깨우쳐야 하기 때문입니다. 우선 베드로는 '이 장막에 있을 동안에' 성도를 일깨우기로 합니다. 장막이란 임시 거주지를 뜻합니다. 고대 이스라엘 사람은 유목 생활을 했기 때문에 거주지가 정해져 있지 않았습니다. 한곳에 집을 짓고 거처하는 대신 옮겨 다니며 장막을 세웠다가 접은 것입니다. 마치 임시 천막처럼 머물다가 떠나는 잠깐 동안의 거주지, 그것은 우리의 육신을 상징합니다. 육체는 영혼이 잠깐 머물다 가는 임시 거주지입니다.

베드로는 본인이 아직 육신을 갖고 살아 있는 동안에 부지런히 복음의 진리를 상기시키려고 노력한 것입니다. 베드로는 살아 있는 동안에 다른 일에 신경을 쓰지 않습니다. 오직 예수 그리스도와 복음의 진리를 일깨워 주는 사역에만 모든 것을 쏟았습니다. 또 베드로는 자신이 떠난 후에도 성도가 어느 때나 이 복음의 진리를 상기하기를 바랍니다. 생전의 베드로가 예수 그리스도와 그의 복음을 열심히 증거하면, 그가 죽고 나서도 그 복음의 증거는 가치 있게 남는다는 것입니다.

실제로 베드로가 세상을 떠나고 남은 복음서가 있습니다. 바로 마가복음입니다. 마가복음의 저자는 마가인데, 마가에게 그리스도의 생애와 사역을 알려 준 사람이 베드로입니다. 마가는 예수님의 수행 제자는 아니었습니다. 예수님을 직접 따라 다니면서 말씀을 듣거나 행적을 볼 기회는 없었던 것입니다. 그런 마가가 예수님의 행적을 기록하게 된 것은, 스승인 베드로가 들려준 이야기를 기억했기 때문입니다. 기독교 역사 초기 교부들 중에 이레나이우스(Irenaeus)나 파피아스(Papias) 같은 교부들이 마가복음을 베드로 복음이라고 부르는 이유가 이것입니다. 게다가 마가복음은 모든 복음서의 기초입니다. 성서학자마다 의견 차이는 있지만 마가복음이 가장 먼저 기록된 복음서라는 데는 대개 동의합니다. 복음서, 즉 가스펠이란 단어를 처음 사용한 것도 마가복음입니다. 복음서는 역사 기록이나 찬양이나 편지글과는 다른 특별한 장르인데, 그것을 마가복음이 시작했다는 것입니다.

베드로의 관심사는 오직 예수 그리스도와 그의 복음을 상기시키고 죽은 후에라도 그 가르침이 남는 것입니다. 베드로는 이를 위해 살았고, 죽었고, 또 기록된 글로 남았습니다. 예수 그리스도와 그의 복음에 생을 걸었기에, 갈릴리 벽촌 어부 출신의 베드로지만 기독교 역사상 가장 값지고 영광스럽게 쓰임 받았던 것입니다.

우리의 삶도 단순히 복음 듣고 구원받는 것으로 끝나서는 안 됩니다. 예수님을 믿고 구원받은 후에는 예수 그리스도와 그의 복음을 위해 남은 생애를 걸어야 합니다. 우리를 구원하신 하나님이 우리에게 바라시는 삶의 목적이 있습니다. 영원한 복음을 위해 쓰임 받는 것입니다. 우리 인생을 예수 그리스도와 그의 복음에 놓고 살아간다면, 삶의 방향이 바를 뿐 아니라 영광스러운 열매를 남기는 기회가 될 것입니다. 교회도 마찬가지입니다. 교회가 교회 되는 가장 핵심 요소는 복음의 열정입니다. 교회의 목적이 복음을 주변으로 밀어버리지 않았는지, 그래서 하나님의 영광을 가리는 것은 아닌지 점검해야 합니다. 하나님 앞에서 후회 없는 값진 생애가 될 수 있도록 예수 그리스도와 그의 복음에 생을 걸고 달려가려면 어떻게 해야 합니까? 베드로처럼 복음에 생을 걸기 위해 갖춰야 할 영적 자질을 살펴보겠습니다.

맡김의 영성

우리가 복음에 인생을 걸고 달려가려면 맡김의 영성이 필요합니다. 우리 삶을 주님께 맡기는 믿음이 있어야 합니다. 베드로는 복음으로 삶과 죽음에 대해 새로운 관점을 갖게 됐습니다.

"이는 우리 주 예수 그리스도께서 내게 지시하신 것같이 나도 나의 장막을 벗어날 것이 임박한 줄을 앎이라." '장막'은 육신을 말합니다. 베드로는 자신이 곧 죽게 될 것을 알았습니다. 이 서신을 기록하고 나서 얼마 지나지 않아 로마 당국에 체포돼 처형당할 것을 어렴풋이 의식했던 것입니다. 이것을 '주 예수 그리스도께서 내게 지시하신 것'이라고 했습니다. 즉 베드로는 자신이 우연히 어쩌다 죽는 게 아니라 그리스도가 지시하신 시점에 생을 마칠 것이라고 믿었습니다. 즉 베드로는 주님의 지시대로 최선을 다해 살아왔습니다. 적당히 살아가는 인생이었다면, 예수님이 이제 그만 살라고 정확히 지시해 주실 죽음의 시점을 깨달을 수 없었을 것입니다.

예수님은 십자가 죽음을 앞에 두고 베드로에게 미리 죽음에 대해 언질해 주셨습니다. "네가 젊어서는 스스로 띠 띠고 원하는 곳으로 다녔거니와 늙어서는 네 팔을 벌리리니 남이 네게 띠 띠우고 원하지 아니하는 곳으로 데려가리라"(요 21:18). 이것은 베드로가 언제 어떻게 죽을 것인가 미리 예고하신 말씀입니다. 젊을 때는 마음대로 다녔지만 늙어서는 사람들에게 얽매여 원치 않는 곳에서 죽을 것이라는 말씀은 얼핏 기분 나쁘게 들릴 수도 있지만, 사실 굉장한 보장을 확신해 주는 말씀입니다. 바로 젊어서 죽지 않는다는 것입니다. 늙어서 죽는 게 확실한 것입니다. 아마도 이 말씀을 들을 때 베드로가 30대였을 텐데 죽을 때는 60대 중반 정도가 됐습니다. 베드로는 약 30년을 걱정할 필요가 없습니다. 그 사이에 무슨 일이 벌어지더라도 절대로 일찍 죽지 않기 때문입니다. 그래서 베드로는 주님이 지목하신 대로 늙기 전까지 죽음을 걱정하지 않고 살아갔습니다.

실제로 헤롯 왕 아그립바 1세가 예수님의 제자 중 야고보를 먼저 처형하고 베드로는 감옥에 가둔 적이 있습니다. 유대인들이 환호하고 박수를 치니까 힘을 얻고 계속 그리스도인에게 박해를 가할 셈이었던 것입니다. 베드로는 깊은 감옥에 갇혀 두 군인 틈에 쇠사슬에 발목이 묶인 채 절대 도망가지 못하도록 철저히 결박당했습니다. 이제 날이 밝자마자 끌려가 참수형에 처할 예정이었습니다. 바로 그 전날 밤, 내일 날이 밝으면 끌려 나가 참수형을 당하게 될 베드로는 감옥에서 두 간수 사이에 누워 쇠사슬이 묶인 채 잠을 자고 있었습니다. 그냥 잔 것도 아니고 매우 편안하게 잤습니다. 어쩌면 코까지 골며 잤을지도 모릅니다. 완전히 잠에 곯아떨어진 것입니다. 베드로를 구원하러 온 천사가 옆구리를 쳐서 깨워야 할 정도로 깊이 잠들어 있었습니다. 어느 누가 내일 아침 끌려 나가 목이 잘리고 처참히 피 흘리며 죽어야 하는 상황에서, 오늘 저녁 태평하게 코를 골며 잘 수 있을까요. 상상조차 할 수 없습니다. 그런데 베드로는 그렇게 했습니다. 베드로의 성격 탓이라고 할 수도 있지만, 어떤 태평스러운 성격도 내일 아침 참수형을 놓고 편안하게 잠잘 수는 없습니다. 아마 베드로는 예수님이 '너는 늙어서 죽는다'고 하셨던 것을 기억하고 있었을 것입니다. 이 사건이 벌어졌을 때만 해도 아직 젊을 때라 아직은 죽을 때가 아니라고 확신했던 것입니다. 지금은 체포당해 내일이면 처형당할 것이 확실하고 차꼬에 묶여 있기 때문에 꼼짝달싹 할 수 없지만, 하나님이 처형당하기 전에 나를 건져 주실 것이라고 확신했던 것입니다. 이것이 맡기는 신앙입니다.

어떤 환경일지라도 상관없습니다. 상황이 얼마나 복잡하든 상관없습니다. 꼼짝달싹할 수 없이 묶여서 내일이면 죽어야 해도 상관없습니다. 주님이 늙어서 죽으리라 말씀하셨으면 결코 죽음을 두려워하지 않고 하나님 앞에 평강으로 나아가는 자세가 맡김의 영성입니다. 이런 믿음의 태도가 있어야 무슨 일을 당해도 당황하지 않습니다. 하나님이 책임져 주심을 믿기 때문에 절망의 사건에 얽매여도 괴로워하지 않습니다.

한편 베드로는 죽음이라는 사건 자체를 두려워하지 않았습니다. "내가 힘써 너희로 하여금 내가 떠난 후에라도 어느 때나 이런 것을 생각나게 하려 하노라." 떠난다는 것은 이별을 뜻합니다. 죽음을 대신해 쓴 표현입니다. 헬라어로 '엑소더스'를 사용했습니다. '길을 연다, 길을 떠난다' 등의 의미입니다. 이 단어를 제목으로 삼은 성경책이 출애굽기입니다. 애굽에서 노예로 생활하던 이스라엘 백성이 애굽을 떠나온 이야기이기 때문에 붙은 헬라어 제목입니다. 즉 출애굽 사건은 장소의 이동을 말합니다. 애굽에 살다가 애굽을 나와서 약속의 땅으로 옮겨 간 것이 엑소더스입니다.

베드로는 죽음을 그렇게 이해했습니다. 죽음은 여기에 살다가 다른 곳으로 장소를 이동하는 것이라고 여겼습니다. 많은 사람이 죽음은 모든 것을 잃어버리는 소멸이라고 생각합니다. 베드로는 약속된 천국에 소망을 두었습니다. 노예처럼 묶여 사는 애굽을 떠나 결박을 풀고 약속의 땅으로 들어가는 것처럼 이 세상을 떠나 하나님이 약속하신 천국으로 옮기는 것이 죽음입니다. 따라서 죽음 또한 하나님의 약속 안에 있는 것이라고 믿었습니다. 이런 인식을 가진 사람은 두려울 것이 없습니다.

살아도 주님 것이고, 죽어도 주의 품안에 있다는 사실을 믿으면 두려워하고 염려할 일이 없습니다. 오늘날 사람들의 걱정과 염려가 끊이지 않는 것은 이 땅의 삶만 생각하기 때문입니다. 무엇을 먹고 무엇을 입을까 염려하며 이 땅의 삶이 전부인 줄 알고 매달리기 때문에 두려워하는 것입니다. 그러나 베드로처럼 살아도 주님 것이고 죽어도 주님 소관이라고 믿으면, 삶에 무슨 일이 벌어지더라도 하나님이 책임지고 이끄시리라 믿을 수 있습니다. 이 믿음이 있기 때문에 무슨 일을 당해도 승리할 수 있습니다. 이것이 바로 맡김의 영성입니다.

체험의 영성

우리가 복음에 인생을 걸고 달려가려면 체험의 영성이 필요합니다. 예수님을 만나고 모든 문제를 주님께 맡길 뿐만 아니라 살아 계신 예수님을 실제로 경험해야 합니다. 복음은 전해 듣는 것만으로 충분하지 않습니다. 체험할 때 자신의 것이 됩니다.

"우리 주 예수 그리스도의 능력과 강림하심을 너희에게 알게 한 것이 교묘히 만든 이야기를 따른 것이 아니요 우리는 그의 크신 위엄을 친히 본 자라." 예수 그리스도의 능력과 강림하심은 교묘히 만든 이야기가 아닙니다. 예수님이 사역을 통해 보이신 기적의 능력과 죽으시고 부활하신 사건은 바로 복음의 핵심입니다. '교묘히 만든 이야기'는 직조물처럼 엮어서 만든 이야기, 우화를 말합니다. 상대방이 말도 안 되는 말로 공격하면 소설을 쓴다고 하지 않습니까. 이게 엮어서 만든 이야기입니다. 예수님의 복음은 그런 이야기가 아니라는 것입니다.

헬라어로 '무쏘스'(muthos)라는 말이 있습니다. 여기에서 신화(myth)가 파생했습니다. 헬라 사람들은 신화를 좋아했습니다. 헬라의 신들이 전부 신화의 주제입니다. 신화는 역사적 뿌리가 없습니다. 가상의 이야기입니다. 신화에는 역사적 근거도 없습니다. 그러나 예수 그리스도의 복음은 신화가 아닙니다. 역사 속에 뿌리내리고 있습니다. 예수님은 실제로 역사 가운데 오셨습니다. 이 땅을 거닐며 사신 분입니다. 예수 그리스도의 죽으심과 부활도 가상이 아니라 역사적 사건입니다. 이 사건을 목격한 사람들이 있기 때문입니다. 주님이 다시 오신다고 약속하셨기 때문에 이 또한 가상의 기대가 아니라 반드시 역사 속에 이루어질 사건입니다.

베드로는 예수님의 복음이 교묘히 꾸며서 만든 신화가 아니라 역사적 사건임을 증명하기 위해 자신이 경험한 일을 소개합니다. "지극히 큰 영광 중에서 이러한 소리가 그에게 나기를 이는 내 사랑하는 아들이요 내 기뻐하는 자라 하실 때에 그가 하나님 아버지께 존귀와 영광을 받으셨느니라 이 소리는 우리가 그와 함께 거룩한 산에 있을 때에 하늘로부터 난 것을 들은 것이라." 변화산의 체험을 언급한 것입니다. 예수님이 세 제자 베드로와 요한과 야고보만 데리고 산에 가셨을 때 산에서 예수님이 변화되셨습니다. 인간이 눈으로 볼 수 있는 보편적인 몸이 아니라 영화로운 몸으로 바뀌셨습니다. 너무나 영광스럽고 찬란히 광채가 나는 예수님의 모습은 장차 일어날 재림의 영광을 잠깐 맛본 것입니다. 극장에서 본편 영화를 보기 전에 보여 주는 예고편과 같습니다. 베드로는 비록 잠깐이지만 변화산에서 예수 그리스도의 변형을 보았고 하나님의 음성을 들었습니다. 찬란하고 영광스러운 장면을 직접 목격하고 경험한 것입니다. 이것은 어떤 것과도 바꿀 수 없는 황홀한 경험이었습니다. 부인할 수 없는 영적 체험이었습니다.

이런 경험이 있어야 복음에 확신을 가질 수 있고 그리스도를 담대히 전할 수 있습니다. 기독교 신앙은 단순한 이론이나 교리가 아닙니다. 체험입니다. 예수님을 직접 만난 체험 없이는 복음을 전할 수가 없습니다. 누구에게 뭔가를 소개할 때 가상적이고 막연한 언어로 증거할 수 있습니까? 자신이 예수님을 만나야 합니다. 직접 만난 체험이 있어야 주님을 증거할 수 있습니다.

하나님을 믿는 것은 이론이 아닙니다. 막연한 생각도 아닙니다.

하나님의 살아 계심을 경험하는 일입니다. 그래서 다윗은 여호와의 선하심을 맛으로 보고 알아야 한다고 했습니다. 하나님이 얼마나 선하고 위대하신지 직접 체험하라는 것입니다. 본인이 직접 체험하기 전에는 절대로 변화가 일어나지 않습니다. 하나님을 바로 섬기려면 하나님을 체험해야 합니다. 하나님의 만지심을 경험해야 복음을 증거할 때 자신의 간증이 터져 나옵니다. 위기를 만나더라도 당황하지 않고 위기를 넘길 수 있습니다. 그러므로 날마다 하나님의 보좌를 향해 나아가 하나님을 만나기 바랍니다. 하나님의 음성을 듣고 만지심을 경험하며 하나님과의 영적 비밀을 쌓아 가야 합니다. 그럴 때 하나님이 기뻐하시는 삶을 향해 달려갈 수 있습니다.

말씀의 영성

우리가 복음에 인생을 걸고 달려가려면 말씀의 영성이 필요합니다. "또 우리에게는 더 확실한 예언이 있어 어두운 데를 비추는 등불과 같으니 날이 새어 샛별이 너희 마음에 떠오르기까지 너희가 이것을 주의하는 것이 옳으니라." '더 확실한 예언'은 베드로가 경험한 변화산 체험보다 확실하다는 것입니다. 베드로는 변화산 경험을 가장 영광스럽고 황홀한 체험으로 예를 들었지만, 이보다 확실한 것이 있다고 말합니다. 바로 성경입니다. 구체적으로는 성경에 있는 메시아에 관한 예언입니다. 경험과 체험도 필요하지만, 아무리 시간이 흘러도 변함없이 권위를 지닌 것도 있어야 합니다.

기록된 말씀은 어두운 곳을 비추는 등불입니다. 이 시대가 어둡고 혼란스러운 까닭은 참된 빛이 없기 때문입니다. 어디로 가야 할지 모르는 이 시대에 유일한 진리의 빛, 절대적 진리의 빛은 하나밖에 없습니다. 하나님이 우리에게 주신 성경입니다. 캄캄한 밤에 샛별이신 예수님이 오실 때까지 주목해야 하는 것이 등불 같은 말씀입니다.

"먼저 알 것은 성경의 모든 예언은 사사로이 풀 것이 아니니 예언은 언제든지 사람의 뜻으로 낸 것이 아니요 오직 성령의 감동하심을 받은 사람들이 하나님께 받아 말한 것임이라." 성경의 성경 됨을 이처럼 명확히 밝혀 준 본문이 또 있습니까. 성경은 하나님의 말씀이라고 하지만, 실제로는 인간이 기록했습니다. 마태복음은 마태가 쓰고, 누가복음은 누가가 썼습니다. 바울 서신은 사도 바울이 썼습니다. 구약에 나오는 시편 대다수는 다윗이 썼습니다. 사람이 썼는데 왜 하나님 말씀이라고 부릅니까? 성령의 감동하심을 받은 사람들이 하나님께 받아서 기록했기 때문입니다. 인간의 뜻대로 적은 것이 아닙니다. 인간의 생각을 적은 것이 아니라 성령이 주시는 영감을 그대로 받아서 적은 것입니다. 그래서 인간이 썼지만 진정한 저자는 성령 하나님입니다.

그래서 하나님 말씀을 사사로이 풀어서는 안 됩니다. 자기 마음대로 입맛대로 풀면 안 됩니다. 반드시 성령의 조명을 받고 성령의 인도하심을 따라서 일점일획도 함부로 다루지 않고 바르게 풀어 나가야 합니다. 말씀은 혼미하고 어두운 인생을 밝히는 등불이기 때문입니다. 어느 누구도 우리를 절대적 진리로 인도할 수 없습니다. 모든 길은 상대적입니다. 그런데 오직 한 분 예수 그리스도만이 우리를 절대적 진리로 인도해 주십니다. 하나님이 주신 말씀만이 어둠 가운데서 우리에게 빛을 비춰 주고 우리를 안내하는 진정한 인도자입니다.

인생에서 어느 것 하나 확실한 것은 없습니다. 지금 갖고 있는 물질이나 자랑하는 명성은 언제 떠날지 모릅니다. 지금 건강하다고 장담하는 육신도 언제 병을 얻을지 모릅니다. 지금은 자신만만해도 미래는 아무도 모릅니다. 하지만 온 생애를 걸어도 흔들리지 않고 부끄럽지 않을 대상이 있습니다. 예수 그리스도와 그의 복음입니다. 예수 그리스도 안으로 들어와 그분을 인생의 주인으로 삼고 주님이 남기신 복음의 진리를 향해 믿음으로 달려간다면, 무슨 일을 당해도 쓰러지지 않고 하나님의 목적을 이루며 살아갈 수 있습니다. 예수 그리스도 안에 모든 능력과 자원과 축복이 담겨 있습니다.

우리 교회 혜린이는 여덟 살짜리 어린아이입니다. 백혈병에 걸려서 입원했는데 의식을 잃었습니다. 깨어나지 못하는 가운데 몸은 약해지고 숨도 제대로 쉬지 못했습니다. 의사는 부모에게 이미 가망이 없다고 선포했습니다. 산소마스크를 떼고 아이를 보내 주라고, 마음을 결정하라고까지 했습니다. 그때 부모의 심정이 어땠겠습니까? 인생에 이런 문제가 찾아올 때 무엇을 붙들어야 합니까? 의사의 손을 붙들면 낫게 해 줍니까? 약의 능력을 빌리면 치료해 줍니까? 아닙니다. 예수 그리스도를 붙잡는 것밖에 없습니다. 그분께 맡기고 기도하는 것 외에 인간이 할 수 있는 일은 없습니다. 전 교인이 일주일 동안 함께 간구하고 나서 혜린이가 깨어났습니다. 일반 병실로 옮기고 산소마스크를 떼고 눈을 깜빡거리며 눈물까지 흘렸다고 합니다. 하나님이 하신 일입니다.

자기 인생이라도 자신이 책임질 수 없습니다. 인생을 자신에게 걸지 마십시오. 능력이나 재력이나 권력에도 걸지 마십시오. 그것들이 우리 삶을 책임질 수 없습니다. 의사도, 정치가도, 경제가도 우리 인생을 책임질 수 없습니다. 오직 한 분, 죽으시고 부활하신 예수 그리스도밖에 없습니다. 우리는 모두 연약해서 질그릇같이 깨지기 쉬운 존재지만, 우리 안에 참보배이신 예수님이 살아 계시면 다시 일어나 하나님의 영광을 향해 달려갈 수 있습니다.

베드로후서 2장 15-18절

그들이 바른 길을 떠나 미혹되어 브올의 아들 발람의 길을 따르는도다 그는 불의의 삯을 사랑하다가 자기의 불법으로 말미암아 책망을 받되 말하지 못하는 나귀가 사람의 소리로 말하여 이 선지자의 미친 행동을 저지하였느니라 이 사람들은 물 없는 샘이요 광풍에 밀려 가는 안개니 그들을 위하여 캄캄한 어둠이 예비되어 있나니 그들이 허탄한 자랑의 말을 토하며 그릇되게 행하는 사람들에게서 겨우 피한 자들을 음란으로써 육체의 정욕 중에서 유혹하는도다

선택해야 할 길

〈챔피언 프로그램〉(The program)은 미국의 유명한 사이클 선수인 랜스 암스트롱(Lance Armstrong)을 다룬 영화입니다. 암스트롱은 미국 스포츠계의 최고 영웅 중 하나입니다. 그는 25세가 되던 1996년에 고환암에 걸려 죽음을 선고받았습니다. 아주 희소한 암인 데다, 병원을 찾았을 때는 이미 말기였던 것입니다. 암세포가 폐에서 복부와 뇌까지 퍼져서 의사가 말한 20%의 가능성은 희망을 주기 위해 던진 말일 뿐이지, 사실은 회복 불가능한 상태였습니다. 하지만 암스트롱은 포기하지 않고 암과 투쟁합니다. 그리고 놀랍게도 마침내 암을 이겨 냈습니다. 그로부터 겨우 3년 뒤인 1999년, 암스트롱은 투르 드 프랑스라는 유명한 사이클 대회에 참가합니다. 이 대회는 3주간 3,000킬로미터의 험악한 지형을 달리는, 지옥의 레이스로 불리는 사이클 대회입니다. 암스트롱은 여기에서 비유럽인 최초로 우승을 합니다. 이를 시작으로 2005년까지 내리 7년간이나 우승합니다. 랜스 암스트롱은 그야말로 불멸의 영웅이 되어, 가는 곳마다 환호를 받고, 인기에 걸맞게 돈방석에도 앉게 됩니다. 한마디로 성공의 정상에 오른 것입니다. 그런 암스트롱이 일순간 정상에서 떨어져 시대의 거짓말쟁이로 전락하게 됩니다. 대회에 출전할 때마다 약물을 복용했다는 사실이 드러났기 때문입니다. 2012년 암스트롱은 일곱 번의 우승 타이틀을 모조리 박탈당하고 스포츠계에서 영구 제명당하는 수치를 겪습니다. 좀 더 빨리 달리기 위해 해서는 안 될 편법을 사용했기 때문입니다.

인생은 길을 걷는 것에 자주 비유됩니다. 어떤 길을 걷느냐에 따라 누리는 것도 달라지고 열매도 달라집니다. 무엇보다 택하는 길에 따라 종착역이 달라집니다. 따라서 바른 길을 선택해야 됩니다. 그래야 열매도 아름답습니다. 그러나 오늘날 사람들은 바른 길보다는 빠른 길을 택하려고 합니다. 남들보다 한 발짝 앞서 가서 출세하고 돈 버는 것이 성공이라고 생각합니다. 좀 더 빨리 달리기 위해서라면 편법도 마다하지 않습니다. 하지만 빨리 달려서 정상에 올랐다면, 바르게 달리지 못했기에 순식간에 그 정상을 박탈당할 수도 있습니다.

우리는 빨리 달리는 것보다도 바르게 달리는 것을 배워야 합니다. 예수님을 믿고 그분을 따르는 제자들은 더욱 예수님이 걸어가신 바른 길을 선택해야 합니다. 어그러지고 혼란한 마지막 시대에 그리스도인이 어떻게 하면 주님이 기뻐하시는 바른 길을 선택할 수 있을지 질문해 봐야 합니다.

바른 길을 선택하는 데 필요한 것

성경에는 바른 길을 벗어나서 잘못된 길을 택했기 때문에 하나님께 책망받는 사람들이 나옵니다. 바로 거짓 교사들입니다. 그들의 삶의 행태는 '브올의 아들 발람의 길을 따르는 것'이었습니다. 원래 가야 할 바른 길을 벗어나 발람의 길을 따른 것입니다. 그렇다면 발람의 길은 어떤 길입니까? 민수기 22-24장에 발람의 길이 기록돼 있습니다. 이스라엘 백성은 애굽을 나와 광야를 헤맨 끝에, 가나안 땅을 목전에 두고 모압 평지에 진을 쳤습니다. 이제 요단 강만 건너면 가나안 땅입니다. 바로 그때 모압의 발락 왕이 이스라엘의 침공을 막기 위해 묘수를 짜고 있었습니다. 발락은 이스라엘이 이방 민족과 전쟁할 때마다 막강한 힘을 발휘해 전쟁에 승리하고 이방 족속을 진멸하는 것을 봤습니다. 이스라엘이 너무 두려웠기에, 이들이 쳐들어오기 전에 먼저 물리칠 책략을 고민했습니다. 그래서 찾은 것이 발람 선지자입니다. 발람 선지자에게 이스라엘 백성을 저주해 달라고 부탁한 것입니다.

발람이 살던 브돌 지역은 유프라테스 강 상류에 있는 곳으로, 모압 평지에서 640킬로미터나 떨어져 있었습니다. 아마도 발람은 이방 땅에 살면서 점을 치는 점술가였을 것입니다. 그런데 하나님을 만나게 됐습니다. 하나님을 알게 되고 하나님과 교통하는 가운데 하나님의 뜻을 파악하게 됐습니다. 모압 왕은 발람의 이런 배경을 알고 금은보화와 함께 귀족들을 보냈습니다. 일종의 복채인 셈입니다. 점 칠 때 원하는 점괘가 나오게 하기 위해 주는 돈을 말합니다. 즉 발락은 발람에게 돈을 주면서 그 대가로 이스라엘을 향한 저주가 통하게 해 달라고 요구한 것입니다. 발람은 이런 모압 왕의 요청을 거절합니다. 이스라엘 백성을 저주하는 것은 하나님 뜻이 아니며 점괘를 이용해 조작해서는 안 된다는 걸 알았기 때문입니다. 그러자 모압 왕은 더 많은 재물과 더 많은 고관을 보냅니다. 그리고 이 일만 잘 처리해 주면 높은 자리를 주겠다고까지 약속합니다. 발람이 제안에 솔깃했는지 하룻밤 말미를 달라고 청합니다. 그날 밤 하나님께 여쭤 보고 다음 날 아침에 답을 주기로 한 것입니다. 이스라엘을 저주하는 게 하나님 뜻인지 꼭 물어봐야 알 수 있습니까? 인생에서 어떤 것은 하나님 뜻을 구하기 위해 오래 기도해야 합니다. 하지만 하나님 백성을 저주하는 데 점술을 사용할 것인가 말 것인가는 굳이 물어볼 필요가 없습니다. 예컨대 거짓말을 할까 말까를 두고 철야 기도를 할 필요가 있습니까? 거짓말을 해야 하는 상황에 하나님의 뜻이 있는지 물어야 합니까? 간음하고 살인하고 도둑질해도 되는지 밤새워 기도하며 매달릴 필요는 없습니다. 자명하게 하나님 뜻이 아닙니다. 그러면 하지 않는 것이 옳습니다. 그런데 발람은 굳이 하나님께 물어봅니다. 가서는 안 될 길, 해서는 안 될 일 쪽으로 마음이 기울었기 때문입니다. 그 결과 발람은 자신도 망하고 이스라엘에도 해를 끼치는 악한 영향을 남깁니다.

발람이 이처럼 어리석은 짓을 한 이유는 물질에 마음을 빼앗겼기 때문입니다. 이것이 발람의 길입니다. 정당한 길이 아닐지라도 쉽게 돈 벌고 출세할 수 있다면 선택하는 것이 바로 발람의 길입니다. 양심도 버리고 하나님도 무시하고 자기 욕망을 채우는 데 도움이 된다면 기꺼이 달려가는 길이 바로 발람의 길입니다. 즉 발람의 길은 하나님이 기뻐하지 않는 길, 어그러진 길, 잘못된 길입니다. 그런데 오늘날 수많은 사람이 이 길을 선택합니다. 쉽게 원하는 것을 얻을 수 있기 때문입니다. 세상 사람은 발람의 길을 선택하고 어그러지고 잘못된 길을 선택한다 할지라도 우리는 달라야 합니다. 예수님을 따르는 제자라면 눈앞의 이익 때문에, 당장 손에 잡히는 단 열매 때문에 발람의 길, 어그러진 길을 선택해서는 안 됩니다.

우리가 꼭 기억해야 할 중요한 사실이 있습니다. 빠른 길보다 바른 길에 축복이 있습니다. 언제나 그렇습니다. 돌아가는 것처럼 보여도 바른 길을 가는 것이 결국은 더 빨리 가는 길입니다. 그 길이야말로 하나님이 함께 가시기 때문입니다. 개인이든 교회든 축복의 열매를 원한다면 바른 길을 택해야 합니다. 어그러지고 혼미한 세상에서 어떻게 하면 그리스도인의 바른 길을 선택할 수 있습니까? 바른 길을 택하는 데 필요한 원리를 살펴보겠습니다.

바른 열망

바른 길을 택하려면 마음의 열망이 바른 것이어야 합니다. 마음 속에 품은 열망이 바르다는 것은 무엇을 의미합니까? 사랑하고 마음을 쏟는 대상이 바른 것이어야 한다는 뜻입니다. 바른 열망이 바른 길로 인도합니다. 발람이 잘못된 길을 선택하게 된 기본 동기는 '불의의 삯을 사랑'했기 때문입니다. 불의의 삯이란 정당하지 않은 대가, 불의를 행함으로써 얻게 되는 이익을 말합니다. 발람은 이것을 '사랑'했습니다. '사랑'으로 옮긴 헬라어가 '아가파오'입니다. 이 단어의 명사형이 유명한 '아가페'입니다. 마음을 온통 쏟아부어 완전히 사랑하는 경우입니다. 그냥 좋아하는 정도가 아닙니다. 조금 마음이 끌리는 정도가 아니라 완전히 마음을 빼앗기는 것입니다. 이렇게 전적인 사랑은 하나님이 우리를 사랑하시는 정도에 해당합니다. 우리를 향한 하나님의 사랑은 전심으로 쏟아부은 것이기 때문입니다. 그래서 우리도 하나님을 아가페로 사랑할 수 있어야 합니다. 그런데 발람은 전심을 쏟아 사랑해야 할 대상으로 하나님이 아닌 물질을 택했던 것입니다. 하나님의 선지자라는 지위를 갖고 외적으로는 하나님을 믿는 자처럼 행할지라도 마음 중심에 하나님 대신 물질의 탐욕이 들어 있다면 하나님의 음성을 들을 수 없습니다. 설사 하나님 음성을 들어도 그에 거역할 수밖에 없습니다. 이것이 물질에 마음의 중심을 내줄 때 일어나는 현상입니다.

인간의 선택과 행위는 마음에서 시작됩니다. 마음속에 어떤 열정이 있고, 무엇이 마음 중심을 장악하느냐에 따라 그 사람의 행위가 결정됩니다. 따라서 마음 중심에 올바른 열망을 품어야 합니다. 마음이 물질로 가득 차 있다면 돈이 되는 방향으로 움직일 수밖에 없습니다. 무슨 일이든 돈을 위해 움직입니다. 마음 중심에 쾌락이 꽉 차 있다면 몸을 즐겁게 하고 삶을 즐기는 쪽으로 움직이게 돼 있습니다. 그런데 마음 중심이 하나님으로 가득 차 있다면, 하나님을 향한 사랑과 열정으로 행위를 결정하게 될 것입니다. 마음의 동기가 바르고 건강해야 합니다.

2015년 6월 17일 사우스캐롤라이나 찰스턴의 임마누엘 교회에서 총격 사건이 일어났습니다. 이 교회는 1816년 흑인 노예 출신의 목사가 세운 감리교회로, 미국 남부에서 가장 오래된 흑인 교회입니다. 이날 백인 청년이 교회로 들어가서 성경 공부를 하고 있는 사람들에게 총을 난사해 클레멘타 핑크니(Clementa Pinckney) 목사를 포함해 9명을 살해했습니다. 너무나 분명한 증오 살인이었습니다. 범인은 총에 맞아 이미 죽은 사람들에게 다시금 수십 발을 난사하는 참사를 벌였습니다. 왜 이런 일이 벌어졌습니까? 이것은 우발적으로 일어난 일이 아닙니다. 오랫동안 백인 청년의 마음에 쌓인 흑인에 대한 증오와 인종차별적 편견이 터져 나온 것입니다. 그의 마음을 사로잡은 것이 증오와 편견이었습니다.

반면에 희생당한 이들의 가족들은 너무나 대조적이었습니다. 그들의 마음 중심에 미움이나 증오가 아닌 하나님이 계심을 발견할 수 있었습니다. 범인이 처음 법정에 서던 날, 희생자 가족 모두도 법정에 같이 갔습니다. 그래서 범인의 얼굴을 똑똑히 볼 수 있었습니다. 어떤 심정이었겠습니까? 사랑하는 가족을 피투성이로 만든 범인이 눈앞에 있다면 어떻겠습니까? 소리를 지르거나 분노하거나, 뛰어가서 멱살이라도 잡지 않겠습니까? 그런데 이들은 그렇게 하지 않았습니다. 희생자 가족 전원이 범인을 용서하겠다고 고백했습니다.

가장 감동을 받은 것은 티완자 샌더스(Tywanza Sanders)라는 희생자 어머니의 고백이었습니다. 티완자 샌더스는 작년에 대학을 졸업하고 이발소를 열어 가족을 부양할 계획을 갖고 있던 청년이었습니다. 가난한 26살 흑인 청년이 성경 공부 모임에 나와 꿈과 소망을 키우고 있었는데, 인종주의자의 총구가 모든 희망을 죽여 버린 것입니다. 바로 그 청년의 어머니가 이렇게 고백했습니다. "제 몸 속에 있는 세포 하나까지 모두 아픕니다(Every fiber in my body hurts). 다시는 이전의 저로 돌아가지 못할 것 같습니다. 사랑하는 아들을 잃었기 때문입니다. 하지만 당신을 용서하려고 합니다. 하나님이 당신을 용서하시기 때문에 나도 당신을 용서합니다." 아무나 할 수 있는 고백이 아닙니다. 아들이 세상을 떠나고 십여 년쯤 지나면 혹시 할 수 있을지 모르겠습니다. 그러나 며칠 만에 어떻게 이런 말을 할 수 있습니까. 사랑하는 아들을 다시는 볼 수 없게 됐는데 그 범인을 용서하겠다는 것은 어렵습니다. 이런 고백을 하는 사람의 마음 중심에는 하나님이 계시다고 믿습니다. 신앙의 힘입니다.

마음 중심을 하나님이 사로잡고 계시면 용서할 수 없는 자도 용서할 수 있고 받아들일 수 없는 상황을 받아들이게 됩니다. 견딜 수 없는 고통과 슬픔이 감사와 찬양으로 바뀝니다. 그리스도인답게 바른 길을 걷기 원한다면 마음 중심을 하나님으로 채우고, 하나님이 우리 마음을 다스리시도록 해야 합니다. 하나님의 사랑과 열정으로 심령이 가득 채워질 때 비로소 바른 길을 향해 달려갈 수 있습니다.

바른 영적 안목

다음으로 우리가 바른 길을 향해 나아가려면 바른 영적 안목이 있어야 합니다. 마음만큼이나 눈도 바로 볼 수 있어야 바른 길로 갈 수 있습니다. 발람이 하나님이 원치 않는 길을 가려고 하자 가로막고 나선 게 있습니다. 사람이 아니라 나귀입니다. "자기의 불법으로 말미암아 책망을 받되 말하지 못하는 나귀가 사람의 소리로 말하여 이 선지자의 미친 행동을 저지하였느니라."

발람은 나귀에게 책망받은 최초의 선지자가 됐습니다. 나귀는 발람의 행위를 '미친 행동'이라고 했습니다. 하나님의 선지자가 미물인 나귀에게 책망을 받았으니 얼마나 수치스러운 상황입니까? 발람은 하나님의 뜻이 아닌 줄 알면서도 물질이 탐나서 아침에 길을 나섰습니다. 나귀를 타고 길을 떠났습니다. 그때 하나님의 사자가 칼을 들고 길 한가운데 섰습니다. 발람을 치기 위해 서 있었던 것입니다. 발람은 천사를 보지 못했지만 나귀는 천사를 알아봤습니다. 그래서 길을 벗어나서 밭으로 뛰어듭니다. 이런 상황을 전혀 알지 못하는 발람은 화를 내면서 나귀를 채찍으로 때립니다. 한두 번이 아니라 세 번씩이나 때렸습니다. 그러자 너무나 억울한 나귀가 입을 열어서 발람을 책망하는 기상천외한 일이 벌어진 것입니다. 성경에 나오는 인간의 가장 수치스러운 장면으로 꼽을 만합니다. 그렇지 않아도 스킵 하이지그(Skip Heitzig)라는 한 성경주석가가 발람의 이름을 '구약성경 수치의 전당'(Old Testament Hall of Shame)에 올렸습니다. 훌륭한 일이나 기록을 세워 보통 사람과 다른 위대함을 증명한 사람을 모아 '명예의 전당'을 만들지 않습니까. 이와 반대로 도무지 있을 수 없는 부끄럽고 수치스러운 인물을 모아 '수치의 전당'을 만들었습니다. 여기에 발람이 들어갈 만하다는 것입니다. 발람이 인간답지 못한, 짐승보다 못한 존재로 기록된 이유는 무엇입니까? 나귀도 볼 수 있는 천사를 눈치채지 못할 만큼 영적 눈이 감겨 있었기 때문입니다. 물질에 눈이 멀면 하나님이 보이지 않습니다. 눈에 비늘이 씌워지면 아무것도 볼 수 없기 때문입니다.

　바울이 청년 시절에 이런 경험을 했습니다. 부활하신 예수님을 충격적으로 대면한 직후, 뭔가가 눈을 가로막아서 사흘간 아무것도 보지 못했습니다. 바울은 한때 하나님을 섬긴다는 명목으로 열심히 그리스도인을 잡아 죽이며 핍박했습니다. 바리새인의 율법주의에 눈이 가려 있었던 것입니다. 하나님이 아나니아를 보내 안수하게 하시자, 그제서야 바울의 눈에서 비늘이 벗겨지면서 볼 수 있게 되었습니다. 즉 이때부터 바울은 진짜 봐야 할 복음의 길을 보고 그리스도인의 사명에 눈을 뜬 것입니다.

우리 눈도 비늘이 가리고 있을 수 있습니다. 탐욕이라는 비늘이 눈을 가리면 양심이 보이지 않습니다. 인간성이 보이지 않는 것입니다. 교만이나 이기심이라는 비늘이 눈을 덮고 있으면 겸손이 보이지 않습니다. 사람됨이 보이지 않는 것입니다. 우리 눈을 가리는 비늘은 너무나 많습니다. 허영심의 비늘, 거짓의 비늘, 가식의 비늘 등 셀 수 없이 많습니다. 이런 비늘을 모두 벗겨 버려야 비로소 하나님과 영적 세계가 보입니다. 아직 영적 세계를 보지 못한다면 하나님의 보좌를 향해 나아가야 합니다. 성령의 만지심을 받아야 합니다. 바울이 안수를 받고 눈에서 비늘이 벗겨진 것처럼 성령이 임재하실 때 비늘이 벗겨지면서 하나님의 세계를 보게 됩니다.

영적인 눈을 뜨게 해 달라고 간구하십시오. 주의 영광을 보고, 하나님의 보좌를 보고, 예수 그리스도의 길을 볼 수 있어야 합니다. 세상의 타락한 길 대신 주님이 가신 길을 볼 수 있어야 합니다. 타락한 시대에 바른 길로 가기 위해서는 마음의 열망이 새로워지고 영적인 눈을 떠서 하나님의 세계를 볼 수 있어야 합니다.

바른 삶의 내용

우리가 바른 길을 향해 나아가려면 추구하는 삶의 내용이 달라져야 합니다. 바른 것을 추구해야 합니다. 바른 목표가 있어야 바른 방향으로 달릴 수 있습니다. 거짓된 발람의 길을 가는 자들이 추구하는 삶의 내용은 다음과 같습니다. "이 사람들은 물 없는 샘이요 광풍에 밀려가는 안개니 그들을 위하여 캄캄한 어둠이 예비되어 있나니 그들이 허탄한 자랑의 말을 토하며 그릇되게 행하는 사람들에게서 겨우 피한 자들을 음란으로써 육체의 정욕 중에서 유혹하는도다."

'물 없는 샘'은 속임수로 가득한 삶의 행태를 말합니다. 근동 지방은 물이 귀합니다. 사막을 여행하는 나그네가 멀리서 샘을 발견하고 물을 얻으려고 달려왔는데, 샘만 있지 물이 없는 것입니다. 겉모양은 그럴듯한데 정말 있어야 할 생수가 없는 인생입니다. '광풍에 밀려가는 안개'도 유사한 표현입니다. 우리말은 '안개'지만 영어 성경(KJV) 중에는 '구름'으로 옮겼습니다. 구름은 구름인데 광풍 뒤에 있는 구름입니다. 보통 이렇게 요란법석 천둥이 치고 번개가 번쩍이면 거기서 소나기가 쏟아져야 합니다. 그런데 소리만 요란하지 비를 내리지 못하고 떠내려가는 구름입니다. 이는 거짓 선지자의 위선적인 삶을 상징적으로 표현한 것입니다. 외형은 그럴듯하고 뭔가 있어 보이는데 막상 살펴보면 아무것도 없는 것입니다.

이것이 오늘날 교회의 모습은 아닌지 반성할 필요가 있습니다. 요란한 것을 많이 설치해 놓았지만 사람들에게 진정 필요한 복음의 생수가 말라 버렸다면 얼마나 실망스럽습니까. 소리는 요란한데 정작 있어야 할 예수 그리스도가 없다면 얼마나 하찮겠습니까. 참된 그리스도인과 참된 교회의 징표가 있어야 합니다.

발람을 따르는 이들은 '허탄한 자랑의 말'을 토합니다. 이들은 껍데기만 자랑하기 때문에 이들이 하는 말은 모두 빈말입니다. 자랑하며 떠벌리지만 실체는 아무것도 없는 이들이 사람들의 마음을 사로잡을 수 있는 것은, 음란으로 육체의 정욕에 빠지게 미혹하기 때문입니다. 이것이 발람이 했던 일입니다. 발람은 이스라엘 백성을 저주하기 위해 갔지만 저주할 수 없었습니다. 하나님이 하나님의 백성을 저주하라고 가만 내버려 두지 않으셨기 때문입니다. 그래서 발람이 이스라엘 진영이 보이는 곳에 올라가서 퍼부은 것은 저주가 아니라 축복이었습니다. 혹시 장소를 잘못 골랐나 해서 다른 곳으로 옮겼지만 똑같은 일이 벌어집니다. 세 번이나 그렇게 반복하자 모압 왕이 화를 냅니다. 그렇게 많은 물질을 안겨 주고 데려왔는데 이스라엘을 저주하는 대신 축복을 하고 있으니 답답한 것입니다. 그때 발람은 이스라엘을 저주하는 게 불가능함을 깨닫고 이스라엘을 붕괴할 수 있는 비결을 알려 줍니다. 모압의 여자들로 이스라엘 남자를 유혹하게 하는 것입니다. 그래서 이스라엘 남자들을 모압 신에게 제사하는 데 참여시키는 것입니다. 고대사회에서 이방인의 제사는 단순한 제사가 아니라, 음란 행위가 동반되는 일이었습니다. 여기에 이스라엘 남자들을 참여시킨 것입니다. 하나님은 이에 진노하셔서 염병을 내리십니다.

  이것이 발람의 길이 추구하는 삶입니다. 사람들을 살리고 축복하는 대신 죽이고 파괴하는 것입니다. 이렇게 이스라엘 백성을 죽음에 몰아넣은 발람은 결국 자신도 끌려 나와 죽임을 당합니다. 발람의 길은 다른 사람은 물론 자신도 죽이는 길입니다. 상대도 망하고 자신도 망하는 길입니다. 하나님이 우리를 망하게 하라고 부르셨습니까? 아닙니다. 우리도 살고 다른 사람도 살리라고 부르셨습니다. 하나님이 아브라함을 부르신 이유는 세상의 모든 족속을 위한 복의 통로가 되라는 것이었습니다. 우리는 아브라함의 영적 후손입니다. 그리스도인은 스스로 생명을 얻을 뿐만 아니라 자신이 받은 생명을 다른 사람에게 나눠 주어 모두를 살리는 사람입니다. 이것이 바로 우리가 추구해야 할 진정한 가치 있는 바른 길의 모습입니다. 한 번밖에 살 수 없는 인생에서 어떤 영향을 끼치고 어떤 열매를 남기며 살아가고 있습니까? 하나님의 생명과 축복을 나누어 주어야 합니다. 자신뿐만 아니라 다른 사람들도 복을 누리게 하는 것이 하나님이 우리를 부르신 목적입니다.

최태섭 장로는 한국유리공업주식회사라는 회사를 세우고 경영한 회장입니다. 원래 이북에서 살다가 월남해서 온갖 궂은 일을 하면서 고생을 했다고 합니다. 우유를 배달하고 자동차 공장에서 허드렛일을 하면서도 한 가지 늘 간직했던 마음가짐은 하나님을 믿는 바른 믿음으로 살아야 한다는 것이었습니다.

고생 끝에 서울의 한 은행에서 융자를 받아 소규모 사업을 시작했을 때, 6·25 전쟁이 터졌습니다. 서울에 있던 사람들이 전부 피란을 가야 하는 상황이었습니다. 그런데 최태섭 회장은 피란길에 은행을 찾아갔습니다. 그러고는 자기가 빌린 돈을 갚겠다면서 돈 가방을 내놓은 것입니다. 아무 돈이라도 챙겨서 도망쳐야 하는 전쟁통에 거꾸로 돈을 갚겠다고 하니, 은행 직원이 깜짝 놀랐습니다. "아니, 빌린 돈을 갚겠다고요? 아시다시피 지금 전쟁통이고 솔직히 말해서 융자 장부가 어디 있는지도 모릅니다. 그러니 굳이 이렇게 하지 않으셔도 됩니다." 그런데 최태섭 회장은 장부가 있든 없든 빌린 돈은 갚아야 한다고 주장했습니다. 그렇게 돈 가방을 내놓고는 돈을 받았다는 영수증만 써 달라고 부탁했습니다. 할 수 없이 은행 직원은 영수증을 써 주고 자기 인감도장을 찍어 주었다고 합니다.

이런 행동이 이해가 됩니까? 전쟁통에는 은행 서류도 사라지지 않겠습니까? 사실 전쟁이 터져서 목숨이 왔다 갔다 하는 판국에 누가 빌린 돈을 신경이나 씁니까? 속된 말로 정직이 밥 먹여 주는 것도 아니고, 바르게 산다고 목숨이 보장되는 것도 아니지 않습니까? 그런데 최태섭 회장은 전쟁 중에도 바른 믿음으로 사는 사람이었습니다. 드디어 전쟁이 끝나고, 이번에는 제주도에서 사업을 시작했습니다. 원양어선을 구입해야 하는데 돈이 없어 은행에 융자를 청하러 갔습니다. 수중에 돈은 전혀 없고 담보물도 아무것도 없는데 은행에서 돈을 빌려줄 리가 없습니다. 그래서 거절을 당하고 나오다가, 혹시나 해서 전쟁 때 받았던 영수증을 내놓았습니다. 그랬더니 은행 직원이 깜짝 놀랍니다. "아, 당신이 바로 그분이군요. 피란 중에도 빚을 갚고 간 사람이 있었다는 얘기를 저도 들었습니다." 한마디로 은행가에 전설이 된 것입니다. 직원은 이런 전설의 주인공이라면 현재 형편이 어려워도 융자해 줄 만하다고 판단했습니다. 그래서 은행장을 만나게 주선해 주고 결국 융자 허락을 받게 됩니다. 이렇게 시작된 사업이 한국유리라는 굴지의 회사가 된 것입니다.

여기까지만 해도 참 감동적인데, 또 한 가지 마음에 와 닿는 부분이 있습니다. 이렇게 큰 기업을 키워 낸 분이 세상을 떠날 때 자신의 재산 전액을 사회에 환원했습니다. 최태섭 회장은 살아생전에 국제기아대책본부의 한국 후원기관을 세워 아프리카에서 죽어가는 사람들을 돕는 데 헌신하기도 했습니다. 자신이 번 돈은 하나님을 섬기는 일에 사용하고, 세상을 떠날 때는 모든 것을 사회에 남기고 떠난 것입니다. 한국 땅에 최태섭 회장 같은 그리스도인이 있었다는 게 얼마나 자랑스러운지 모르겠습니다. 이런 분만 있다면 한국에는 얼마든지 희망이 있다고 생각합니다.

많은 사람이 한국 사회에 희망이 없다고 비판하면서, 어둡고 혼미한 현실을 탄식합니다. 하지만 한국 사회가 어두워진 것은 세상 때문이 아닙니다. 세상은 원래 타락했습니다. 세상 정치는 원래 부패했습니다. 그들 때문에 한국이 망한 게 아닙니다. 바른 길에 서야 할 그리스도인이 하나님의 길을 버리고 타락한 길을 선택하기 때문에 한국 사회에 희망이 사라진 것입니다. 우리가 바른 길로 돌아오지 않으면 한국이 살아나지 못합니다. 우리가 믿음의 길로 돌아오지 않으면 회복은 일어나지 않습니다. 한국이 경제 대국이 됐다고 말하지만, 하나님의 백성이 바로 살지 않으면 한국은 하나님 영광을 위해 쓰임 받을 수 없습니다.

우리는 한 번뿐인 인생을 살고 있습니다. 세상 사람들이 빨리 가라고 재촉하고, 지름길이 유행이고, 수단 방법 가리지 않고 1등만 하라고 떠민다 해도, 우리가 그들과 똑같은 길을 택한다면 희망은 어디에도 없습니다.

바른 길로 가야 합니다. 예수님이 가신 길이 바른 길입니다. 세상의 영광을 향한 길이 아니라 십자가를 지는 길이 바른 길입니다. 예수님이 희생하고 죽으심으로 말미암아 온 인류가 살아나지 않았습니까. 절망 가운데 신음하는 세상이 예수님 때문에 생명을 얻을 수 있도록, 우리가 바른 길을 가야 합니다. 아무리 시대가 타락하고 어두워도 복음 받은 성도가 하나님의 부르심을 향해 바르게 살아간다면, 그곳에 희망이 있습니다. 하나님 나라의 영광이 회복될 것입니다.

말라기 1장 1-5절

여호와께서 말라기를 통하여 이스라엘에게 말씀하신 경고라 여호와께서 이르시되 내가 너희를 사랑하였노라 하나 너희는 이르기를 주께서 어떻게 우리를 사랑하셨나이까 하는도다 나 여호와가 말하노라 에서는 야곱의 형이 아니냐 그러나 내가 야곱을 사랑하였고 에서는 미워하였으며 그의 산들을 황폐하게 하였고 그의 산업을 광야의 이리들에게 넘겼느니라 에돔은 말하기를 우리가 무너뜨림을 당하였으나 황폐된 곳을 다시 쌓으리라 하거니와 나 만군의 여호와는 이르노라 그들은 쌓을지라도 나는 헐리라 사람들이 그들을 일컬어 악한 지역이라 할 것이요 여호와의 영원한 진노를 받은 백성이라 할 것이며 너희는 눈으로 보고 이르기를 여호와께서는 이스라엘 지역 밖에서도 크시다 하리라

냉소의 자리에 사랑을.

　　　　　　　　　　냉소주의를 뜻하는 Cynicism은 원래 고대 그리스 철학의 키니코스 학파, 즉 견유학파를 지칭하는 용어입니다. 이들의 학풍은 자연과 일치하는 삶을 추구하는 것이었습니다. 그런데 오늘날 냉소주의는 주어진 현실이나 세상에 대해 빈정대고 비관하는 태도로 변했습니다. 라브리공동체 대표 빔 리트께르끄(Wim Rietkerk)는 그의 책 《믿을 수만 있다면》(If Only I Could Belive, 홍성사 역간)에서 이를 '미소 띤 허무주의'라고 표현했습니다. 웃고는 있지만 마음이 공허합니다. 미소는 짓는데 그 속에 차가움과 삐딱함이 있는 것입니다. 그래서 무슨 일이든 방관자처럼 부정적인 반응을 보입니다. "어디 해 볼 테면 해 봐. 대신 너희들끼리 알아서. 나는 많이 해 봤어. 그건 안 될 거야." 실컷 얘기하고 나서 "그래서 뭐?" 하며 코웃음 치는 것이 전형적인 냉소주의적 태도입니다. 냉소주의는 위험합니다. 열정을 빼앗기 때문입니다. 부정적이고 삐뚤어진 마음을 따라 삶의 방향도 삐뚤어지기 때문입니다. 냉소주의의 이면에는 '불신'이 있습니다. 사회를 믿지 못할 때 사회에 대해서 냉소적이게 되고, 정치가들을 믿지 못할 때 정치에 대해서 냉소적이게 됩니다. 사람을 믿지 못하고 사랑을 믿지 못한다면, 그에 대해 냉소적일 수밖에 없습니다.

지금 한국 사회는 불신으로 가득 차 있습니다. 정치에 대한 불신은 도를 넘어섰다고도 할 수 있습니다. 우스갯소리로 한국에서 국회의원에 출마해 당선하면 세 번 놀란다고 합니다. 첫째 '나 같은 사람도 뽑히는구나' 싶어서 놀라고, 둘째 국회에 들어가 보니 대부분이 자기 같은 사람이라 놀라고, 셋째 그럼에도 불구하고 나라가 돌아간다는 사실에 놀란다고 합니다. 심지어 정치가들은 국민이 자기 말을 믿어 주면 깜짝 놀란답니다. 자기도 믿지 않는 말을 국민이 믿어 주니까 놀라운 것입니다. 이처럼 불신이 팽배하니 정치에 냉소할 수밖에 없습니다.

그런데 사회구조나 정치 상황이나 대인관계에서 냉소적인 것보다 더 위험한 것은 하나님에 대해 냉소하는 것입니다. 하나님 말씀과 약속과 사랑을 불신하고 냉소하는 태도는 우리 삶을 붕괴할 수도 있습니다. 얼마나 많은 그리스도인이 영적 냉소주의에 빠져서 신앙의 열정을 상실한 채 살아가는지 모릅니다. 마지못해 교회는 가지만 습관상 예배 자리에 앉아 있을 뿐, 감격도 뜨거움도 없습니다. 신앙의 근처까지 왔지만 주변만 겉돌고 만다면 믿음의 세계 안에 깊이 들어가지 못합니다. 이게 심해지면 하나님도 떠나고 교회도 떠날 수도 있습니다.

영적 냉소주의에 빠진 사람들은 그 이유를 일어나는 이유를 아마도 외부에서 찾을 것입니다. 오늘날 교회에서 행하는 잘못된 모습들에 실망해서 하나님에 대해서도 냉소적인 마음을 갖게 되었다고 말입니다. 모두가 인정하는 대로 오늘날 교회는 너무나 세속화됐습니다. 물량화되고 타락한 현실에 실망한 사람들이 교회를 향해 마음의 문을 닫고 있습니다. 또 한편으로는 같은 교인들이 주는 시험 때문에 냉소주의에 빠지기도 합니다. 교회에서 열심히 봉사하던 사람이 하루 아침에 넘어지고 타락하는 것을 보고 시험에 빠지기도 합니다. 이런 외적인 요소가 하나님과 우리 사이를 가로막는 심각한 문제라는 점은 부인할 수 없습니다.

그러나 영적 냉소주의의 가장 근본적인 이유는 사실은 자신과 하나님의 관계에 있습니다. 하나님을 바로 알고 그분의 사랑을 제대로 안다면 결코 냉소주의에 넘어갈 수 없습니다. 하나님과 관계가 깨졌기 때문에 냉소하게 되는 것입니다. 종교가 언제는 타락하지 않았습니까. 과거 어떤 교회가 거룩하고 깨끗하기만 했습니까? 구약성경의 이스라엘 백성은 거룩했습니까? 현재 교인보다 성결하다고 말할 수 있습니까? 예수님 시대의 종교는 깨끗했습니까? 타락한 교회를 근거로 영적 냉소주의를 정당화할 수 없습니다. 사람이 주는 시험이 문제라면 다윗을 보십시오. 일국의 왕으로 영적 거장이었던 다윗이 어떻게 무너졌습니까? 간음과 살인 교사를 저질렀습니다. 다윗이 잘못된 길을 갔다고 이스라엘 백성 전체가 하나님을 떠나기로 집단 결의한다면 그게 옳은 일입니까?

외적 요소가 영향을 미치는 것은 사실이지만 좀 더 근본적인 원인은 하나님과 나와의 관계에 있습니다. 우리가 하나님의 사랑을 바로 알고 그분을 바르게 안다면, 환경이 변하고 사람들이 시험과 상처를 안겨 줘도 그것을 뛰어넘을 수 있습니다. 교회를 오래 다녔어도 교회와 거리를 두고 하나님과 거리를 둔 채 믿음 안으로 깊이 들어오지 못하면, 신앙의 패배자로 살 수밖에 없습니다.

냉소주의를 뛰어넘을 하나님의 사랑

하나님은 말라기 선지자를 통해 영적 냉소주의에 빠진 이스라엘 백성에게 경고하십니다. 고대 사회에서 '경고'는 심판의 선포(oracle)를 뜻합니다. 즉 선지자가 전달하는 하나님의 경고는 심판의 예고편 같은 것입니다. 말라기는 구약성경의 마지막 책입니다. 메시아가 오시기 전에 하나님이 남겨 주신 마지막 예언으로, 주전 420년 무렵에 기록되었습니다. 이때는 스룹바벨이 세운 성전이 완공되고 약 100년의 시간이 흐른 시점입니다.

이스라엘 백성이 바벨론 포로로 사로잡혔다가 본국으로 돌아왔을 때, 고향 땅은 폐허가 돼 있었습니다. 기근이 찾아와서 먹을 양식도 없습니다. 생존 자체가 어렵고 힘들었습니다. 그런데 하나님은 스룹바벨에게 성전을 지으라고 말씀하십니다. 백성이 주춤하자 하나님은 학개와 스가랴 선지자를 보내 비전을 선포하셨습니다. 지금은 고통과 수치 가운데 있지만, 성전을 짓고 나면 하나님의 영광이 찾아오고, 예루살렘이 회복되고 이스라엘이 온 나라 족속의 중심이 되어 옛날처럼 회복될 수 있다는 것입니다. 백성은 선지자들의 예언과 약속의 말씀을 믿고 성전 건축에 전심을 기울입니다.

자신들은 먹지도 못하면서 성전 건축을 위해 헌금을 드립니다. 이렇게 해서 성전을 완공합니다.

자, 그럼 약속한 대로 번영이 찾아왔습니까? 10년, 20년 기다렸지만 아무 일도 일어나지 않았습니다. 한 세대, 두 세대가 바뀌는데도 마찬가지였습니다. 심지어 100년의 세월이 흘렀는데 이스라엘 백성의 삶은 여전히 궁핍하고, 외적의 압력은 여전히 거세고, 미래를 향한 희망은 보이지 않습니다. 좋은 날이 오리라는 기대까지 접어야 하니 오히려 더 힘들고 어려운 실정입니다.

이런 상황에서 하나님 믿어 봐야 소용없다고 느끼는 건 당연합니다. 말씀에 순종해도 영광이 오지 않는다면, 믿음은 그야말로 헛짓이라는 결론에 이를 수밖에 없습니다. 아마 말라기 시대 이스라엘 백성의 마음속에는 이런 불신이 차곡차곡 쌓였을 것입니다. 그래서 하나님이 사랑을 표현하시자 이들은 냉소적으로 반응합니다. "여호와께서 이르시되 내가 너희를 사랑하였노라 하나 너희는 이르기를 주께서 어떻게 우리를 사랑하셨나이까." 누가 사랑한다고 고백하는데, 거기에 대고 "정말?"이라고 되묻는 심정입니다. 믿을 수 없다는 것입니다. 하나님이 우리를 사랑한다면 이런 고통이 계속될 리 없다는 것입니다. 하나님을 믿으면 모든 어려움과 궁핍한 현실이 해결되는 게 맞지 않은가, 이런 고통이 계속되는 것은 하나님이 우리를 방치하시기 때문 아닌가 냉소하게 되는 것입니다.

일반적으로 그리스도인은 어려움을 만나면 처음에는 하나님께 매달립니다. 하나님을 열심히 섬기면 언젠가 응답해 주시겠지 기대하면서 교회 안으로 들어와 마음잡고 견딥니다. 그런데 모처럼 다잡은 마음을 사람들이 찌르기 시작합니다. 그 상처가 아파서 결국 교회를 떠나기도 합니다. 믿음 생활을 하면서 하나님과 교회에 회의와 실망감을 느껴 보지 않은 사람은 거의 없을 것입니다. 하지만 그걸 넘겨야 합니다. 우리 뜻대로 이루어지지 않는 삶의 현실 때문에 하나님과 말씀을 냉소하는 한, 하나님이 원하시는 신앙의 깊은 체험은 할 수가 없습니다. 예수님을 믿고 따르는 삶을 선택했는데 마음속에 불신앙적인 냉소주의가 가득 차 있다면 일평생 패배자로 살 수밖에 없습니다. 부정적이고 불만에 가득 찬 마음으로는 하나님의 영광에 합당한 삶을 살지 못한 채 삶을 낭비할 가능성이 큽니다. 그래서 냉소주의를 넘어서야 합니다. 냉소적인 신앙을 넘어서기 위해서는 하나님 사랑에 대해 제대로 알아야 합니다. 하나님 사랑을 세 가지 중요한 측면에서 살펴보겠습니다.

하나님 사랑을 확신하라

냉소주의 신앙을 넘어서려면 우선 하나님 사랑의 본질을 알아야 합니다. 진짜 하나님의 사랑을 체험해야 환경의 고통을 넘어설 수 있습니다. 우리가 신앙생활에서 겪는 문제의 대부분은 결국 사랑의 확신이 없어서 일어난 문제들입니다. 즉 하나님의 사랑에 자신이 없기 때문입니다. 하나님의 사랑을 확신하지 못한다면 결코 문제를 넘어설 수 없습니다.

하나님은 이스라엘 백성의 냉소적인 반응에 대해 변론하십니다. "여호와가 말하노라 에서는 야곱의 형이 아니냐 그러나 내가 야곱을 사랑하였고 에서는 미워하였으며 그의 산들을 황폐하게 하였고 그의 산업을 광야의 이리들에게 넘겼느니라." 하나님이 에서와 야곱 간에 있었던 이야기를 꺼내시는 이유는 하나님 사랑의 본질을 알려 주기 위해서입니다. 쌍둥이였던 에서와 야곱은 태어나는 순간부터 경쟁을 벌였고 간발의 차이로 에서가 형이 됐습니다. 하지만 하나님은 에서가 아닌 야곱을 사랑하셨습니다.

사도 바울은 하나님이 야곱을 리브가의 태중에서부터 더 사랑하셨다고 증거합니다. 쌍둥이가 태어나서 말도 좀 하고 행동하는 것을 보고 나서 어느 하나를 더 사랑하게 됐다면 이해가 됩니다. 그런데 하나님은 이들이 태어나기도 전에 어머니 뱃속에 있을 때 이미 야곱을 택하시고 사랑하셨다고 하십니다. 이것은 하나님 사랑의 무조건적인 면을 설명해 줍니다. 우리가 뭔가를 잘했기 때문에 사랑하시는 게 아닙니다. 우리의 점수를 보고 사랑하기로 결심하신 것이 아닙니다. 선한 일이든 악한 일이든, 어떤 행동을 했든지 하나님은 아무 조건 없이 우리를 택하시고 사랑해 주셨습니다.

이스라엘 백성이 이를 깨닫지 못하면 결코 하나님께 돌아올 수 없습니다. 하나님이 이스라엘을 택하시고 사랑하시는 것은 다른 민족에 비해서 도덕적으로 우수하거나 잘났기 때문이 아닙니다. 하나님이 일방적으로 조건 없이 택하셨습니다. 이것이 하나님 사랑의 본질입니다. 우리 가운데 잘나서 하나님의 자녀가 된 사람이 있습니까? 아무도 없습니다. 우리가 모두 죄인일 때 하나님이 우리를 사랑하셨습니다. "사랑은 여기 있으니 우리가 하나님을 사랑한 것이 아니요 하나님이 우리를 사랑하사 우리 죄를 속하기 위하여 화목제물로 그 아들을 보내셨음이라"(요일 4:10). 하나님이 먼저 시작하셨습니다. 하나님이 먼저 다가와 우리가 뭔가 요구하기도 전에 하나밖에 없는 독생자 예수를 화목제물로 내어 주셨습니다. 우리가 하나님의 사랑과 은혜를 받을 자격이 전혀 되지 않았을 때 그렇게 하셨습니다. 이 사실을 깨닫는다면 하나님의 사랑 앞에 황송함을 느낄 것입니다. 죄송한 마음을 갖게 될 것입니다. 우리는 하나님 앞에서 악하고 추한 존재인데, 어떻게 하나님은 우리를 사랑하실 수 있습니까? 하나님의 일방적이고 무조건적인 사랑의 선포 앞에 황송하고 죄송한 마음을 가질 때, 여기서부터 진정한 영적 회복이 시작될 것입니다. 그래서 하나님의 사랑을 깨달을 필요가 있습니다.

베드로가 진짜 예수님의 사랑을 알게 된 것은 역설적이지만 그가 크게 실패한 직후입니다. 베드로는 예수님의 부름을 받고 수제자로 생활했습니다. 그런데 예수님이 체포당하실 때 앞장서서 막지는 못하고, 오히려 예수님을 세 번씩이나 부인했습니다. 그것도 예수님 면전에서 예수님을 거부하고 배신했습니다. 이는 돌이킬 수 없는 실수였고, 스스로에게도 상처가 된 사건이었습니다. 아마도 베드로는 이제 끝이라고 생각했을 것입니다. 더 이상 예수님과 관련된 일을 할 수 없을 거라고 생각했을 것입니다. 그래서 실제로 전부 내버리고 디베랴 바닷가로 돌아갔습니다. 옛날에 하던 대로 고기 잡는 어부로 돌아간 것입니다. 그런데 전부 끝난 줄 알았던 그 때, 예수님이 베드로를 찾아오십니다. 그리고 아무 소득도 없이 빈손으로 돌아온 베드로에게 물으십니다. "네가 나를 사랑하느냐?" 한 번만 물으신 게 아니라 세 번이나 반복해 물으십니다. 세 번 예수님을 배신했던 베드로는 "내가 주님을 사랑하는 것을 주께서 아십니다"라고 고백합니다. 그러자 예수님이 양을 먹이라는 사명을 주셨습니다. 베드로의 회복은 이때 시작됐습니다.

하나님은 우리가 최악으로 내려갈 때 찾아오십니다. 하나님이 우리를 붙들어 주셨던 그 은혜의 순간을 기억한다면 남은 평생을 주님을 위해 달려갈 수 있습니다. 베드로는 십자가에 거꾸로 매달려 처형을 당했다고 합니다. 그 순간까지 오직 한 분 예수님만 위해서 살았습니다. 우리에게 이런 사랑의 경험이 필요합니다. 하나님이 나를 어떻게 사랑하셨는지 깨닫는다면, 환경이나 사람들과 상관없이 주님을 위해 달려 나갈 수 있습니다.

하나님 사랑을 경험하라

다음으로 냉소주의 신앙을 넘어서려면 하나님 사랑의 본질을 이해할 뿐만 아니라 그 사랑의 실제를 경험해 봐야 합니다. 즉 하나님 사랑의 현실성을 직접 체험해 봐야 한다는 것입니다. 하나님의 사랑은 추상적이지 않습니다. 아주 생생한 '리얼'입니다. 우리 삶의 현실 속에서 실제로 행해 주시는 사랑이기 때문입니다. 그래서 하나님의 현실적이고 실제적인 사랑을 경험으로 알아야 합니다.

하나님은 이스라엘을 위해 말로만 사랑하지 않으시고 실제적인 은혜를 베푸셨습니다. 이스라엘의 원수 에돔의 산을 황무케 하고 그들의 산업을 광야의 이리들에게 붙이셨습니다. 에돔이 아무리 재건을 위해 발버둥쳐도 만군의 여호와는 그것을 허물어뜨리실 것입니다. 이를 본 사람들이 에돔을 가리켜 악한 지역이요, 여호와의 영원한 진노를 받은 백성이라 할 것입니다.

하나님은 에서의 후손인 에돔 자손에게도 진노하셨습니다. 에돔은 '붉다'는 뜻인데 에서의 별명이기도 합니다. 하나님은 에돔 자손이 살고 있는 성읍을 다 허물고 광야로 내몰겠다고 하십니다. 그들이 힘을 내 다시 성을 지으면 다시 또 허물어 영원히 살 수 없는 곳으로 만들어 버리겠다고 하십니다. 하나님이 좀 과하신 게 아닌가 생각할 수도 있습니다. 아무리 밉보인 에서의 후손이라지만 한 번도 아니고 영원히 진노하실 필요가 있습니까? 그런데 야곱의 후손과 에서의 후손은 단순히 경쟁하는 혈연관계가 아니라 영적으로 대적하는 원수 관계였습니다. 즉 야곱의 후손은 하나님의 백성을 대표하고, 에서의 후손은 적그리스도의 백성, 하나님을 대적하는 자들을 대표합니다. 야곱과 에서의 대결은 하나님 나라의 백성과 악한 백성의 대결로 진행된 것입니다.

사실 이스라엘 백성이 애굽에서 나와서 가나안 땅에 들어갈 때 제일 먼저 그 길을 막아선 자들이 에돔 자손입니다. 약속의 땅으로 들어오지 못하게 한 가장 큰 장애물이었습니다. 이후에도 에돔 자손은 이스라엘에 한을 품고 이스라엘이 잘못될 때마다 즐거워했습니다. 조금 미워한 정도가 아니라 한을 품은 것입니다. 그래서 주전 586년 남 왕국 유다마저 바벨론에게 완전히 멸망당하고 예루살렘 성전이 불타는 심판을 받을 때 손뼉을 치고 좋아합니다. 유다 역사상 가장 비참한 심판의 날에 형제의 편을 드는 대신, 바벨론 편에서 멸망을 도운 것입니다. 아마도 그들은 바벨론을 위해 부역했던 것 같습니다. 바벨론 군대가 예루살렘 성을 수탈하고 유다인들을 잡아서 포로로 끌고 가는 데 일조를 한 것입니다.

이스라엘의 역사에서 이것은 결코 잊을 수 없는 배신이고 상처입니다. 그런데 이것도 모자라 유다인이 포로로 끌려가고 남은 땅에 바로 에돔 사람들이 들어와서 살았습니다. 이들이 남아 있는 유다인과 어울려 살면서 이들 사이에 혼혈족이 생겨나는데, 이 후손이 이두메인입니다. 이두메인 가운데 가장 유명한 사람이 헤롯 대왕입니다. 헤롯은 로마에 의해 유대 지역을 다스리는 분봉 왕으로 임명됐지만 순수한 유대인이 아니라, 에돔 자손의 피가 섞인 이두메인이었습니다. 그래서 유대인의 왕이 태어났다는 동방박사들의 말에 그렇게 놀랐던 것입니다. 자신은 정통성이 없으니 새로 태어난 아기가 자신의 자리를 위협하리라 지레 겁을 낸 것입니다. 그래서 누구인지 모르는 아기를 제거하기 위해, 근방에 새로 태어난 두 살 미만의 아기를 모조리 죽여 버립니다. 이런 아동 학살은 워낙 전무후무하기 때문에 흔히 헤롯은 사탄의 특징을 가진 인물로 묘사됩니다. 하나님을 대적하고 메시아를 막아서는 죄악은 인간으로서 할 수 없는 지독한 죄이기 때문입니다. 이런 인물이 에돔 족속의 후손이라는 것은 단순한 우연이 아닙니다. 에돔은 하나님 나라인 이스라엘을 막아서는 대적이었고, 그 후손은 아기 예수를 살해하려 했습니다.

　에돔이 하나님 백성을 대적하고 괴롭게 했기 때문에, 하나님은 때가 되면 에돔을 멸망시키시겠다고 약속하셨습니다. 지금 이스라엘을 괴롭히는 에돔은 결국 하나님 손에 심판을 당하게 된다고 확증하신 것입니다. 이것이 하나님의 사랑입니다. 하나님은 멀리 계시지 않고 우리의 현실 안에 들어와 계십니다. 추상적인 차원에서 사랑한다고 말씀만 하시는 게 아니라 우리의 실제적인 문제 안에서 우리를 도우시고 보호하시고 원수를 갚아 주십니다. 또 하나님은 궁극적으로 모든 문제가 합력해 선이 되게 하십니다. 이게 하나님 사랑의 현실적이고 실제적인 측면입니다. 하나님 사랑이 실제적이기 때문에 이에 기대 우리는 인생의 어려운 문제를 실제로 해결해 나갈 수 있는 것입니다.

유정옥 사모님이 쓴 《울고 있는 사람과 함께 울 수 있어서 행복하다》라는 책이 있습니다. 이 책에는 신앙으로 잘 자란 아들이 대학을 졸업하고 군대에 갔을 때 있었던 일화가 나옵니다. 아들이 군대에서 아주 악질 고참을 만났습니다. 아들은 어릴 때부터 천식을 앓고 있었는데, 고참이 이 사실을 알고 일부러 괴롭혔다고 합니다. 아침마다 식사도 하기 전에 완전무장을 하고 연병장을 한 바퀴씩 돌게 한 것입니다. 일반인도 연병장을 돌면 숨이 차고 힘든데, 천식을 앓는 사람은 오죽하겠습니까. 그래서 제대로 밥을 삼킬 수가 없었다고 합니다. 그 모습을 보면서도 시간이 다 됐다면서 밥을 치워버리는 바람에 밥도 제대로 못 먹는다는 것입니다.

이런 일을 당한 아들이 휴가를 나왔다가 어머니에게 이 사실을 알렸습니다. 어머니 마음이 얼마나 아픕니까. 금이야 옥이야 키운 아들이 군대에 가서 이런 일을 당하고 있으니 너무 속상했을 것입니다. 그러나 어머니는 아들을 붙잡고 신앙으로 타일렀습니다. "무슨 일을 당해도 절대로 대적하지 말고 하나님을 믿는 믿음으로 순종해라. 내가 너를 위해 할 수 있는 다른 것은 없지만, 한 가지 너를 위해 약속하마. 이제부터 네가 연병장을 도는 시간이 되면 나도 반드시 일어나서 너를 위해 기도하겠다." 아들이 군대로 돌아가고 나서 어머니는 아들이 연병장을 돌 시간만 되면 어김없이 일어나서 하나님께 기도했습니다.

두 달 후에 아들에게서 편지가 왔습니다. 편지의 첫 마디가 할렐루야였습니다. 좋은 소식이 온 것입니다. 아들이 두 달이나 하루도 쉬지 않고 그렇게 뛰었더니 천식이 사라졌다는 것입니다. 연병장을 계속 돌다 면역이 생겨서인지 어릴 때부터 늘 앓았던 천식을 이겨 낸 것입니다. 그래서 아들이 연병장을 돌면서 엉엉 울었답니다. 하나님의 은혜에 너무나 감사했기 때문입니다. 그리고 내친 김에 고참을 찾아가서 고맙다고 경례를 했답니다. 지금까지 천식을 앓고 있었는데 당신이 고쳐 주셨다고, 너무너무 감사하다고 했답니다. 고참이 얼마나 미안하고 무안했겠습니까. 그래서 다시는 괴롭히지 않고 화합하게 됐다는 이야기입니다.

하나님 사랑은 추상적이지 않습니다. 우리가 안고 있는 실제적인 문제를 다루십니다. 구체적으로 참여하고 개입하셔서 우리가 할 수 없는 일을 대신 행해 주십니다. 그래서 전능하신 하나님을 믿으면, 어떤 삶의 현장에서도 그분의 사랑으로 어려움을 극복할 수 있습니다. 환경에 상관없이 하나님 사랑 때문에 일어나 뛰게 됩니다. 그 무조건적인 사랑이 실제적임을 알아야 합니다. 하나님 사랑은 우리의 현실 속에 나타나는 실제입니다.

하나님 사랑의 비전을 보라

냉소주의 신앙을 넘어서려면 하나님 사랑의 비전을 봐야 합니다. 하나님의 사랑을 통해 미래의 꿈과 비전을 볼 수 있다면 현실의 어둠도 극복하고 일어날 수 있습니다. 하나님께 냉소적으로 반응하던 이스라엘은 결국 눈으로 보게 될 것입니다. 그리고 여호와는 이스라엘 지역 밖에서도 크신 분임을 알게 될 것입니다. 이스라엘이 하나님 하신 일을 보고 크게 외친다는 것입니다.

"여호와께서는 이스라엘 지역 밖에서도 크시다." 여호와의 이름이 이스라엘을 넘어 온 열방 가운데 선포된다는 것입니다. 바로 우리를 구원하기 위해 오실 메시아의 비전을 담고 있는 선언입니다. 비록 지금 현실은 어둡고 답답하지만, 언젠가 메시아가 이 땅에 오시면 온 열방이 하나님의 이름을 선포하며 하나님께 돌아오게 될 것입니다. 이런 비전을 볼 수 있다면 힘겨운 현실 앞에서 냉소하는 대신, 현실을 극복할 힘을 얻을 수 있지 않겠습니까.

우리는 언제 하나님께 실망합니까? 우리의 실망이 십자가에 못 박히신 예수님을 바라보는 제자들의 충격과 실망에 비교할 수 있습니까? 제자들은 3년이나 예수님을 따라다녔습니다. 자신들이 가진 것을 모두 버리고 예수님 한 분께 인생을 걸었습니다. 예수님이 가르치시는 걸 배웠고, 분부하는 곳으로 갔고, 풍랑과 광야를 헤맬 때도 예수 그리스도가 이루실 하나님 나라의 꿈과 비전을 바라보며 왔습니다. 그런 예수님이 당국에 붙잡혀 십자가형을 받고 죽는 모습을 볼 때 얼마나 허무했겠습니까. 메시아가 자기들 눈앞에서 체포당하고 처절하게 돌아가신 것을 어떻게 이해할 수 있겠습니까. 아마 그동안 예수님을 따라다니며 견딘 세월이 무의미한 헛수고로 느껴졌을 것입니다. 아무런 소망도 남지 않았을 것입니다. 예수님을 믿어 봤자 아무 소용이 없다고 깊이 절망했을 것입니다.

그래서 제자들은 숨었습니다. 실망감 때문이었습니다. 하지만 예수 그리스도가 십자가에 달려 돌아가시고 3일 후에 인류의 역사가 바뀌었습니다. 십자가를 통해 하나님이 준비하신 인류 구원 계획이 완성됐다는 사실을 알았다면 제자들이 숨어만 있었겠습니까. 예수님은 십자가에서 돌아가셨지만 부활의 영광이 기다리고 있었습니다. 부활의 영광 후에는 하늘 문이 열리고 성령이 모든 제자의 머리 위에 임재하시는 역사가 준비되어 있었습니다. 그 후에는 성령으로 무장한 예수님의 제자들이 땅끝까지 흩어져서 온 열방 가운데 복음을 증거하리라는 것이 십자가의 비전, 그리스도인의 비전이었습니다. 이걸 알았다면 제자들은 실망하지 않았을 것입니다.

우리도 마찬가지입니다. 하나님은 왜 나를 위해 아무것도 하시지 않느냐고 오해하지 마십시오. 하나님은 지금도 일하고 계십니다. 우리 눈에 보이지 않을 뿐, 하나님은 우리가 알지 못하는 신비로운 일들을 지금도 하고 계십니다. 그것을 통해 우리 삶은 더욱 풍성하고 아름다워질 것입니다. 전에 경험하지 못한 새로운 차원의 축복을 얻게 될 것입니다. 그러므로 하나님의 행하심을 믿고 비전을 바라보며 하나님의 사랑을 신뢰해야 합니다.

비관적이고 부정적이며 냉소적인 태도를 버리고 열정적인 믿음을 회복해야 합니다. 하나님은 한 번도 우리를 버리신 적이 없습니다. 우리가 하나님을 떠난 것입니다. 하나님은 한 번도 우리를 향한 사랑을 멈추신 적이 없습니다. 언제나 거기 계셨습니다. 우리가 삶이 힘들어서 하나님으로부터 등을 돌린 것입니다. 그러나 하나님은 여전히 우리를 사랑하십니다. 상처 없는 사람은 없습니다. 신앙생활에서 상처받고 하나님께 버림받았다고 오해하느라 우리 마음은 상처와 실망으로 가득합니다. 그래서 마음이 굳고 냉소적으로 변했습니다. 이제 우리 마음속의 아픔을 하나님 앞에 내려놓고 하나님 사랑을 향해 달려 나가시기 바랍니다. 하나님의 사랑을 알고 경험하고 그 속에 있는 비전을 깨달으시기 바랍니다.

열왕기하 25장 1-12절

시드기야 제구 년 열째 달 십 일에 바벨론의 왕 느부갓네살이 그의 모든 군대를 거느리고 예루살렘을 치러 올라와서 그 성에 대하여 진을 치고 주위에 토성을 쌓으매 그 성이 시드기야 왕 제십일 년까지 포위되었더라 그해 넷째 달 구 일에 성 중에 기근이 심하여 그 땅 백성의 양식이 떨어졌더라 그 성벽이 파괴되매 모든 군사가 밤중에 두 성벽 사이 왕의 동산 곁문 길로 도망하여 갈대아인들이 그 성읍을 에워쌌으므로 그가 아라바 길로 가더니 갈대아 군대가 그 왕을 뒤쫓아 가서 여리고 평지에서 그를 따라잡으매 왕의 모든 군대가 그를 떠나 흩어진지라 그들이 왕을 사로잡아 그를 리블라에 있는 바벨론 왕에게로 끌고 가매 그들이 그를 심문하니라 그들이 시드기야의 아들들을 그의 눈앞에서 죽이고 시드기야의 두 눈을 빼고 놋 사슬로 그를 결박하여 바벨론으로 끌고 갔더라 바벨론 왕 느부갓네살의 열아홉째 해 오월 칠 일에 바벨론 왕의 신복 시위대장 느부사라단이 예루살렘에 이르러 여호와의 성전과 왕궁을 불사르고 예루살렘의 모든 집을 귀인의 집까지 불살랐으며 시위대장에게 속한 갈대아 온 군대가 예루살렘 주위의 성벽을 헐었으며 성 중에 남아 있는 백성과 바벨론 왕에게 항복한 자들과 무리 중 남은 자는 시위대장 느부사라단이 모두 사로잡아 가고 시위대장이 그 땅의 비천한 자를 남겨 두어 포도원을 다스리는 자와 농부가 되게 하였더라 하나님의 만지심—。

　　　　　　　　　　육신의 병을 고치려면 좋은 의사를 찾아가서 바른 진단과 바른 처방을 받아야 합니다. 그래야 올바른 방향으로 치유가 진행됩니다. 만약 잘못된 진단으로 엉뚱한 처방전을 받으면, 쉽게 고칠 병도 악화돼 건강을 망칩니다. 요즘 한국 의사들은 진료하기가 쉽지 않아 골머리를 앓는다고 합니다. 환자들이 너무 똑똑하기 때문입니다. 병원 오기 전부터 이미 인터넷으로 병의 증세와 원인을 파악하고, 어떻게 치유할 것인지 정보도 꿰뚫고 와서 의사에게는 처방전 사인만 요구한다는 것입니다. 과연 환자가 의사를 제쳐 놓고 스스로 진단하고 처방해도 괜찮은 것입니까? 병은 의학 전문가가 진단해야 합니다. 그래야 바른 처방이 나오고 바른 치료가 가능합니다.

　인생에 주어지는 문제를 진단하고 처방하는 것도 마찬가지입니다. 인생의 문제는 육신에 찾아오는 병뿐 아니라, 심령 속 뒤틀림 때문에 깨지고 망가진 경우도 많습니다. 인생이 직면하는 가장 심각한 문제는 죄악입니다. 죄라는 병은 심령 가운데 깊이 숨겨져 눈에 보이지 않습니다. 하지만 보이지 않는 죄의 병이 심령을 상하게 하고 곪아 터지게 합니다. 이런 병을 처리하려면 아무나 찾아가서는 안 됩니다. 내 심령을 잘 아는 분, 내 병을 정확하게 진단하고 그에 대한 해결책을 주실 분을 찾아야 합니다.

인생의 문제를 잘 아시고, 바른 처방으로 치료해 주실 분은 하나님 한 분밖에 없습니다. 하나님은 우리를 창조하셨기 때문에 우리를 잘 아십니다. 육체와 관련된 것만이 아니라 영과 혼에 관해서도 잘 아십니다. 그뿐만 아니라 하나님은 전능하시기 때문에 병을 고칠 수 있는 유일한 분입니다. 따라서 삶에 문제가 생겼다면 사람을 찾기보다 진정한 해결사이신 하나님을 찾아야 합니다. 그리고 하나님이 주시는 처방전을 잘 받아, 처방대로 문제를 처리해야 회복과 치유가 일어날 수 있습니다.

하나님이 내리시는 처방전

열왕기서 마지막 24-25장은 요시야 왕 이후 왕조의 말기 현상을 기록하고 있습니다. 요시야 왕은 유다의 마지막 선한 왕입니다. 그가 므깃도에 나갔다가 죽임을 당하고 나서, 유다 왕조는 급격히 붕괴됩니다. 약 23년 동안 왕이 네 명이나 교체됐으니 얼마나 혼란스럽고 무질서했겠습니까. 먼저 요시야 왕이 죽고 아들 여호아하스가 왕위에 올랐지만, 3개월 만에 애굽 왕에게 끌려가 죽습니다. 그러자 동생인 여호야김이 왕위에 올라 11년을 통치했지만 그 역시 바벨론에 끌려갑니다. 그 후 여호야김의 아들 여호야긴이 왕위에 오르지만, 3개월 만에 바벨론의 포로가 되어 끌려갑니다.

그 후 시드기야가 마지막 왕이 됩니다. 시드기야는 여호야긴의 삼촌이므로, 요시야 왕의 아들일 것입니다. 시드기야 왕은 지난 11년 6개월 동안 앞선 세 왕이 어떤 행로를 걸었는지 직접 눈으로 봤습니다. 세 왕이 애굽과 바벨론을 상대로 정치 게임을 벌이다가 나라가 패망하고 포로가 되어 끌려가는 모습을 목격했습니다. 게다가 당시 하나님의 신실한 종이었던 예레미야 선지자가 직접 하나님의 말씀을 들려주었습니다. 그렇다면 지금이라도 하나님께 돌아와 하나님을 붙들어야 합니다. 그러나 시드기야는 그렇게 하지 않았습니다. 여전히 하나님을 떠나 악을 자행하고 정치적인 해결책만 찾아 몸부림쳤습니다.

그 결과 시드기야 왕 9년, 주전 588년에 바벨론이 다시 침공합니다. 바벨론의 느부갓네살 왕이 모든 군대를 거느리고 예루살렘으로 올라와서 진을 치고 사면으로 토성을 쌓았습니다. 이 포위 기간이 2년입니다. 고대사회에서 성이 포위당했다면 성 안에 있는 사람들이 겪게 될 일은 뻔합니다. 식량이 먼저 떨어지고 마실 물이 고갈되고, 기근과 굶주림이 반복됩니다. 게다가 통치자는 혼자 살겠다고 한밤중에 성벽에 구멍을 뚫고 군사를 거느리고 도망칩니다. 성 밖을 에워싸고 지키던 바벨론 군사들이 이들을 발각하고 추격해서 결국 시드기야 왕을 잡아 바벨론 왕 앞에 세웁니다. 시드기야의 아들들은 죽고, 시드기야는 두 눈이 뽑힌 채 바벨론으로 끌려갑니다.

왕만 비참한 게 아닙니다. 예루살렘 성도 붕괴되고 멸망했습니다.

유다는 하나님이 다스리시는 신정왕국이었습니다. 어떻게 신정왕국이 이렇게 처참히 멸망할 수 있습니까. 당시 국제 정세로 설명하는 견해도 있습니다. 남쪽 애굽과 북쪽 바벨론이 쟁투를 하다가 605년 갈그미스 전투에서 바벨론이 승리하여, 유다가 이 두 강대국 사이에 껴서 희생 제물이 되었다는 것입니다. 하지만 더 근본적인 원인은 국제 정세보다 하나님과의 관계에서 찾아야 합니다. 하나님은 선지자를 보내 유다에게 수차례 경고하셨습니다. 하지만 유다는 죄악 가운데 깊이 빠져 끝까지 돌이키지 못했습니다. 마치 지나치게 늘어난 스프링이 복원력을 잃고 되돌아오지 못하는 것처럼, 유다도 깊은 죄악에 빠져 하나님께 되돌아오지 못한 것입니다.

이렇듯 객관적으로 유다의 죄가 분명한데도, 본인들은 이것을 잘 몰랐습니다. 내부가 곪아서 상할 대로 상했는데, 이런 현실을 깨닫지 못하고 열방들 사이에서 정치 게임이나 하려고 한 것이 시드기야의 패착입니다. 이런 상황에서는 유다를 회복할 방법이 없기 때문에 하나님은 특단의 처방을 내리십니다. 바로 바벨론을 통해 대신 심판하신 것입니다.

하나님이 바벨론을 사용해 유다를 심판하신 것은 우연한 사건이 아닙니다. 유다를 다시 살릴 수 있는 유일한 길이기 때문에 바벨론을 들어 심판하신 것입니다. 하나님의 심판은 유다가 망하고 지구상에서 사라지게 하려는 것이 아닙니다. 이 극단의 조치를 통해 궁극적으로 유다를 회복시키고, 죄악을 떠나 정결하게 만드시려는 계획이었습니다.

우리 눈에는 하나님의 심판이 너무 가혹해 보일 때가 있습니다.

하지만 하나님이 채찍을 가하고 아픔을 안겨 주시는 것은 우리를 망하게 하려는 뜻이 아닙니다. 우리를 정말로 사랑하시기 때문에, 이 방법을 통하지 않고는 고칠 수 없기 때문에 참된 처방을 예비하신 것입니다. 따라서 인생에 문제가 생겼다면 하나님의 처방전을 꼭 받아야 합니다. 사람이나 세상보다 먼저 하나님께 나아가서 하나님의 처방전을 받고 그대로 따른다면, 아무리 몰락한 인생이라도 다시 새롭게 변화될 수 있습니다.

환부를 도려내는 처방

하나님의 처방전은 먼저 환부를 도려내는 것입니다. 하나님의 치유 과정에서 첫 단계는 아프고 상한 부분을 도려내는 것입니다. 문제가 있을 때 덮고 지나간다면 문제를 해결할 수 없습니다. 문제의 핵심을 발견해서 곪은 부분을 도려내야 회복이 가능합니다.

남유다 왕국은 더 이상 손도 쓸 수 없을 만큼 절망적인 상황에 이르렀습니다. 왕을 폐위하고 백성을 포로로 내주는 것으로는 유다 민족의 문제를 근본적으로 풀 수 없었습니다. 문제의 근본적인 원인은 백성 내부에 있었기 때문입니다. 그래서 하나님은 특별한 일을 시행하십니다. 그것은 바벨론의 느부갓네살 왕이 통치한 지 19년 되던 해, 다섯째 달 7일에 일어났습니다. 주전 586년 다섯째 달 7일을 말합니다. 유다력에서 다섯째 달은 아브(Ab) 월로 현대력 7-8월에 해당합니다. 예레미야 선지자는 이날을 10일이라고 했습니다. 이날은 디아스포라 시대 랍비들에 의해 9일로 조정되어 현재는 아브 월 9일이고, 예루살렘 멸망일로 지켜지고 있습니다.

유다 민족이 이날을 멸망의 날로 여기는 까닭은 바벨론 군대가 여호와의 전과 왕궁을 불사르고 예루살렘의 모든 집을 귀인의 집까지 불살랐기 때문입니다. 하나님의 성전까지도 불살라 버렸습니다. 오늘날 우리가 봐도 충격적인데, 당시 유대인들에게는 얼마나 충격적이었겠습니까. 어떻게 하나님께서 당신 백성이 이방인에게 짓밟히고 하나님의 성전이 불타는 것을 두고 보실 수 있었습니까? 사실 이것이 유다 민족이 가장 이해하기 힘든 점이었습니다. 당시 유다 민족은 성전만 건재하다면 나라가 절대 망하지 않는다는 신념 같은 게 있었습니다. 어떤 상황에서도 하나님의 성전만 보호하면 최후의 멸망은 오지 않는다는 소위 '성전불패' 사상이 있었습니다. 그래서 성전을 떠받들었습니다. 앗수르가 쳐들어오든 바벨론이 쳐들어오든, 자신들이 어떤 악을 범하든 하나님이 성전 곁에서 지켜주신다고 맹신하고 살았습니다. 그런데 바로 그 성전이 불탄 것입니다.

성전은 유다 종교의 핵심입니다. 유대교의 영성센터입니다. 성전에서 드리는 제사와 예배는 유다인 삶의 핵심입니다. 그런데 가장 중심부가 바벨론에 의해 불탔으니, 무엇이 남았겠습니까? 유다는 착각한 것입니다. 성전을 건물로 본 것입니다. 그래서 건물만 잘 지키면 하나님이 보호하신다고 생각했습니다. 하지만 성전이 중요한 건 건물 자체가 아니라, 그 안에 임재하시는 하나님 때문입니다. 솔로몬이 성전을 지을 때 얼마나 화려하게 지었습니까. 성전 기둥마다 금을 바르고 찬란한 보석으로 장식했습니다. 그러나 아무리 금칠을 하고 보석으로 장식을 해도 성전에 하나님이 계시지 않다면,

그건 이미 성전이 아닙니다.

유다 왕들이 범한 죄 중에 가장 악하다고 평가받는 것이 성전 안에 우상을 세운 일입니다. 가장 악한 왕이라고 여겨지는 므낫세 왕은 성전 안에 이방 신을 위한 제단을 세웠습니다. 하나님의 성전 한복판에 일월성신을 섬기는 제단이 있고 아세라 목상과 바알 신상이 서 있는데, 이것이 어떻게 하나님의 성전입니까? 외형상으로나 이념적으로나 거룩한 성전인 척하면서 실제로 하나님이 싫어하시는 우상으로 가득 차 있는 예루살렘 성전은 껍데기에 불과했습니다. 예수님 당시 유대 종교 지도자들이 가장 악을 자행한 장소도 성전이었습니다. 성전 안에서 장사치들이 가난한 사람들을 착복하고 있었습니다. 종교 지도자들은 성전 장사로 자기들 배를 불린 것입니다. 가장 거룩한 성전이 죄악과 더러움으로 가득 차 있는 형편이었습니다.

하나님은 이런 영적 아이러니를 아셨습니다. 하나님은 우리 껍데기에 속지 않으시기 때문입니다. 우리가 외형을 아무리 꾸민다 해도 하나님은 거기 속지 않으십니다. 하나님은 그 속에 무엇이 있는지 보기를 원하십니다. 그래서 하나님은 유다의 종교 중심지 성전에서 사악한 악을 깨끗하게 도려내십니다. 바벨론 군대를 통해 성전을 불태우신 것입니다.

하나님이 원하시는 것은 우리 심령에 하나님의 임재와 거룩함이 있는 것입니다. 우리 심령에 성전이 있습니까? 하나님의 처소가 있습니까? 그래야 하나님이 우리를 받아 주십니다. 우리가 드리는 예배가 진실로 살아 있는 바른 예배가 되려면 하나님이 예배에 임재하셔야 합니다. 마음에는 하나님이 없으면서 입술로 하나님을 찬양하는 것이 무슨 가치가 있습니까? 하나님을 떠난 종교 활동이 하나님 앞에 무슨 감동이 되겠습니까?

한국 교회가 각성해야 할 필요가 여기 있습니다. 한국 교회의 외형과 규모와 같은 껍데기가 하나님과 무슨 상관이 있습니까? 하나님이 관심을 두시는 것은 교회 안에 무엇이 있는가입니다. 하나님 앞에서 회복되기를 원한다면 자신의 중심을 점검하십시오. 죄가 있다면 먼저 보혈 앞에 내려놓고 은혜를 간구해야 합니다. 그래야 새로워지는 것입니다. 심령 가운데 있는 죄의 환부를 도려내는 것이 하나님의 첫 번째 처방전입니다.

고난의 용광로로 들여보내시는 처방

하나님의 다음 처방전은 고난의 용광로로 들여보내시는 것입니다. 유다 민족의 근본 문제인 성전이 불탄 후에도 고난은 끝나지 않았습니다. 하나님은 바벨론 군대가 마음껏 유다 민족을 노략하도록 허락하십니다. 군대는 예루살렘 성벽 사면을 헐고 성중에 남아 있는 백성과 바벨론 왕에게 항복한 자와 무리의 남은 자를 잡아갔습니다. 유다인이 바벨론의 포로가 된 것입니다. 바벨론은 유다인들을 세 차례에 걸쳐 포로로 잡아갑니다. 먼저 여호야김 왕 때(주전 605년) 유다의 젊은이들을 많이 잡아갔습니다. 그때 끌려간 인물 중에 다니엘과 세 친구가 있었습니다. 다음은 여호야긴 왕 때(주전 597년) 왕과 함께 많은 지도층을 끌고 갔습니다. 그중에 에스겔 선지자가 있었습니다. 세 번째로 주전 586년 예루살렘에 남아 있던 주민 대부분을, 빈천한 사람들만 남겨 놓고 거의 전부 포로로 끌고 갔습니다.

바벨론 포로 기간은 유다 민족의 수난기입니다. 주권을 잃어버리고 땅을 빼앗기고 머나먼 이방 땅으로 끌려가는 고초를 겪었습니다. 외적으로는 이 기간이야말로 유다 역사에 있어서 가장 어둡고 수치스러운 수난의 시간입니다. 하지만 하나님은 이 기간 동안에 유다 민족을 새롭게 정화시키십니다. 즉 바벨론 포로 기간 70년은 하나님이 유다 민족을 새롭게 빚어내시기 위해 죄의 찌꺼기를 제거하시는 용광로의 시간이라고 할 수 있습니다.

실제로 유다 민족은 바벨론에 포로로 끌려가서 지금까지 하지 않았던 일을 시작합니다. 먼저 하나님의 율법을 모아들입니다. 제각각 중구난방인 여러 율법을 새로운 관점에서 집대성하기도 합니다. 그것이 우리가 현재 갖게 된 구약성경입니다. 바벨론에 포로로 잡혀간 인물 중에는 성전에서 하나님을 섬기던 제사장과 레위인이 많았습니다. 유다의 명망 있는 종교 지도자들은 왜 유다 민족이 이렇게 비참하게 망했는지 질문하지 않을 수 없었습니다. 그리고 이유를 찾았습니다. 그것은 하나님 말씀에 순종하지 않았기 때문이었습니다. 따라서 유다 민족이 다시 살아나기 위해 말씀으로 율법으로 돌아가는 대각성운동을 시작한 것입니다.

또 유다 민족은 바벨론 포로 기간에 회당 예배를 시작합니다. 회당은 이스라엘의 다음 세대에게 조상의 신앙을 잊지 않도록 가르치는 일종의 교육기관입니다. 또한 각 공동체로 연결된 즉석 성전으로서 유다인이 여호와 신앙을 이어가는 중심지가 됩니다. 이방 땅에서도 안식일마다 회당에 모여 아이들에게 율법을 가르친 전통은 오늘날까지 이어져 전 세계 어디에나 유대인이 살고 있는 곳에는 공동체 한가운데 회당이 자리 잡고 있습니다. 회당은 수천 년 동안 흩어진 유대인들이 자신들의 정체성을 지키고 유대인으로 살아가게 해 준 원천입니다. 그런가 하면 유다 민족은 바벨론 포로 기간에 메시아를 앙망하는 사상을 발전시킵니다. 남의 나라에 포로의 신분으로 살고 있는 유다인들은 민족의 회복과 재건을 바라며 영원한 하나님 나라를 사모하게 됐고, 이를 성취할 메시아에 대한 신학을 갖게 된 것입니다. 이처럼 바벨론 포로 기간은 무의미한 낭비의 시간이 아니라 유다인의 영성을 새롭고 순결하게 빚어내는 용광로의 시간이었습니다.

지금 자신이 고난의 용광로에 있다고 여긴다면, 하나님이 우리 삶에 이런 고통스러운 시간을 주신 이유를 생각해 보십시오. 우리는 원망하고 불평하지만, 하나님이 고통의 용광로를 허락하시는 이유는 딱 한 가지입니다. 바로 우리 믿음의 순도를 높이기 위해서입니다.

교회에 다닌다고 모두 믿음의 순도가 높지 않습니다. 금이라고 모두 같은 금이 아닙니다. 금마다 순도가 다르고, 등급도 제각각입니다. 순도 99.9%의 골드바를 만들려면 용광로에 넣어 불순물을 제거하는 과정을 20번 통과해야 한다고 합니다. 용광로는 고통스러운 곳이지만 그것을 통과함으로써 불순물을 깨끗하게 씻어 내고 맑은 영으로 설 수 있게 됩니다. 교회를 열심히 다니며 부지런히 사역에 참여한다고 자부하는 사람일수록 믿음의 순도를 점검해 봐야 합니다. 순도가 높을수록 하나님을 깊이 만나고 있는 것입니다. 영적 순도, 신앙의 순도가 높은 사람은 하나님을 보고, 하나님의 음성을 들을 수 있습니다. 순도가 높아지는 만큼 하나님의 역사하심을 깊이 체험하기 때문입니다.

달라스에서 사는 한 성도의 간증을 들은 적이 있습니다. 옷가게를 하는 분이었는데 장사가 잘 안되고 경제적으로 어려워지면서 오클라호마로 이주를 했습니다. 오클라호마는 달라스보다 훨씬 삭막하고, 생활 형편도 어렵고, 한인 인구도 많지 않습니다. 막상 가 봤더니 아는 사람도 없고 사업 환경은 더 어려운 고난의 장소였습니다. 그런데 마음속에 하나님을 믿는 사람답게 제대로 사업을 해 보자는 작정이 서더랍니다. 그래서 네 가지를 결심하고 행했습니다. 첫째, 짝퉁 상품은 전부 버렸습니다. 장사하는 사람은 이게 얼마나 돈이 되는지 알 것입니다. 하지만 다 버렸습니다. 둘째, 주일에는 문을 닫았습니다. 주일은 하나님을 섬기는 날로 선포한 것입니다. 셋째, 세금을 한 푼도 속이지 않고 냈습니다. 이것도 쉽지 않은 일이지만 믿는 사람은 양심을 지키는 것이 중요하다고 여겨 결심했습니다. 넷째, 얼마를 벌든 십일조를 드렸습니다. 한마디로 말하면 돈이 안 되는 쪽으로 결단한 것입니다. 돈을 벌기는 당연히 어려워지고 생활은 더 힘들질 수밖에 없었습니다.

어느 날 물건을 사려고 도매상에게 가는 길에 비가 왔습니다. 비를 피하려고 가게 앞 차양 밑에 들어가 있는데 진열장에 진열된 옷 하나가 눈에 확 띄었습니다. 그래서 가려던 도매상을 포기하고 그 가게에서 옷을 떼어 왔다고 합니다. 이 옷이 대박을 터트렸습니다. 그 후로 힘들고 어려웠던 사업이 회복되면서 성장하기 시작했습니다.

하루는 대형 의류업체에서 납품을 해 보지 않겠느냐고 의뢰가 들어왔습니다. 그런데 첫 번째 만남에서 퇴짜를 맞았습니다. 회사 규모도 좀 부풀리고 매출 규모도 뻥튀기를 해야 하는데 너무 정직하게 이야기를 하니까 그 정도로는 안 되겠다고 해서 떨어진 것입니다. 그런데 다음 날 다시 전화가 옵니다. 회사의 임원급이 다시 만나자고 연락한 것입니다. "당신 회사의 제품만 보면 별로 끌리지 않는데, 당신의 정직함에 감동을 받았습니다." 결국 그 회사는 이분의 정직함을 사기로 결정하고, 계약을 맺습니다. 대규모 물량을 만들어 공급하면서 사업이 크게 성장하여 지금은 텍사스와 오클라호마에서 십일조를 가장 많이 하는 기업이 되었다고 합니다.

성공의 비결은 멀리 있지 않습니다. 하나님을 향한 믿음의 순도가 높기 때문에 하나님의 길을 볼 수 있었고, 그 결과 성공하게 된 것입니다. 오늘날 많은 사람이 환경 탓을 합니다. 삶의 여건이 좋지 않다고 불평합니다. 그러나 정말로 중요한 것은 믿음의 순도입니다. 무슨 일이 있어도 하나님을 100% 신뢰하는 믿음이 있다면 모든 일을 이겨 낼 수 있습니다. 곪아 터진 환부를 도려낸 다음에는 고난의 현장에서 믿음의 순도를 높이는 과정이 필요합니다.

새로운 회복

하나님의 마지막 처방전은 새로운 회복입니다. 하나님은 유다 민족을 심판하기 위해 예루살렘 성을 무너지게 허락하셨고, 그들을 정결케 하기 위해 바벨론 포로로 끌려가는 고난의 시간을 주셨습니다. 그러나 이것이 끝이 아닙니다. 하나님은 새로운 드라마를 준비하고 계셨습니다. 절망으로 끝나지 않고 새롭게 전개될 미래를 예비하십니다. 영화의 마지막 장면을 보면 속편이 나올지 안 나올지 대충 알 수 있다고 합니다. 열왕기하의 마지막 구절을 보면 하나님이 준비하신 새 드라마를 충분히 짐작할 수 있습니다. "유다의 왕 여호야긴이 사로잡혀 간 지 삼십칠 년 곧 바벨론의 왕 에윌므로닥이 즉위한 원년 십이 월 그 달 이십칠 일에 유다의 왕 여호야긴을 옥에서 내놓아 그 머리를 들게 하고 그에게 좋게 말하고 그의 지위를 바벨론에 그와 함께 있는 모든 왕의 지위보다 높이고 그 죄수의 의복을 벗게 하고 그의 일평생에 항상 왕의 앞에서 양식을 먹게 하였고 그가 쓸 것은 날마다 왕에게서 받는 양이 있어서 종신토록 끊이지 아니하였더라"(왕하 25:27-30).

여호야긴은 다윗 왕조의 마지막 후손으로 바벨론에 포로로 사로잡혀 간 왕입니다. 여호야긴이 37년 동안 감옥에 갇혀 있다가 드디어 풀려납니다. 바벨론 왕이 그에게 유다 왕의 지위를 회복시켜 주고, 먹을 것과 쓸 것을 공급해 준 것입니다. 포로로 잡혀간 왕이 풀려나 풍족한 생활을 하게 된 것으로 유다 민족은 새로운 드라마를 맞이합니다. 그로부터 30년 뒤 여호야긴의 손자는 약 5만 명의 유다인을 이끌고 다시 예루살렘으로 돌아와 무너진 성전을 재건합니다. 그가 바로 스룹바벨입니다.

유다는 망하고 다윗의 집은 후손이 끊어진 것 같지만, 하나님은 여호야긴을 다시 풀어 주시고 그의 손자를 귀환하게 하셔서 새로운 역사를 시작하십니다. 잃어버린 땅에 성전을 다시 짓고 하나님이 예비하신 나라를 새롭게 세워가게 하십니다. 궁극적으로는 다윗의 후손이신 예수 그리스도를 통해 하나님 나라의 비전을 이어

가십니다. 이것이 하나님이 행하신 일입니다. 인간적으로 모든 게 끝난 상황에서 하나님의 계획이 발휘됩니다. 하나님은 오래전에 바벨론 포로 이후 계획을 미리 세우시고, 유다 민족이 진정한 하나님 백성으로 일어서도록 치밀하게 준비하셨습니다. 놀라운 하나님의 계획입니다.

실제로 하나님은 이 사건이 일어나기 전에 예레미야 선지자를 통해 예언하셨습니다. "바벨론에서 칠십 년이 차면 내가 너희를 돌보고 나의 선한 말을 너희에게 성취하여 너희를 이 곳으로 돌아오게 하리라 여호와의 말씀이니라 너희를 향한 나의 생각을 내가 아나니 평안이요 재앙이 아니니라 너희에게 미래와 희망을 주는 것이니라 너희가 내게 부르짖으며 내게 와서 기도하면 내가 너희들의 기도를 들을 것이요 너희가 온 마음으로 나를 구하면 나를 찾을 것이요 나를 만나리라"(렘 29:10-13).

유다가 백성의 죄악 때문에 바벨론에 끌려가는 것은 사실이지만 70년이 차면 돌아온다는 것입니다. 하나님은 유다에게 평안과 미래와 희망을 주려고 하셨습니다. 하나님이 계획하신 처방전은 유다 민족을 정결케 하고 궁극적으로 평안을 주는 것입니다. 그러므로 왜 망해야 하는가 탄식만 할 것이 아니라, 하나님이 주실 메시아 나라에 소망을 가져야 합니다.

하나님은 죄악으로 단절된 백성과의 관계를 회복하려고 하십니다. 백성의 막혔던 기도의 문을 다시 여시려고 합니다. 닫혀 있던 하늘의 창을 다시 여시겠다는 뜻입니다. 하나님이 유다 민족을 떠나신 것 같지만 다시 그들 가운데 임재하셔서 반드시 그들에게 소망과 회복을 주시겠다고 하십니다. 하나님이 필요합니다. 인생에

많은 문제가 있지만 하나님이 우리 삶에 임재하시는 순간, 문제는 떠나가게 돼 있습니다. 하나님이 단서입니다. 유다 민족이 망한 것도, 회복되는 것도 하나님 때문입니다.

하나님만이 우리 인생을 회복시키고 변화시킬 유일한 분입니다. 이런 하나님을 만나, 하나님의 충만한 임재를 삶 속에 이루십시오. 그러면 힘들고 어려운 문제들을 해결할 힘을 얻을 수 있습니다. 문제가 없는 사람은 아무도 없습니다. 위기 없는 인생도 없습니다. 수많은 문제를 안고 살아가면서 사람에게서 해결책을 구하면 소용없습니다. 유일한 해답은 하나님뿐입니다. 하나님이 우리에게 찾아오셔서 충만하게 임재해 주실 때 하나님이 주시는 새날을 맞이하게 될 것입니다.

호세아 8장 1-8절

나팔을 네 입에 댈지어다 원수가 독수리처럼 여호와의 집에 덮치리니 이는 그들이 내 언약을 어기며 내 율법을 범함이로다 그들이 장차 내게 부르짖기를 나의 하나님이여 우리 이스라엘이 주를 아나이다 하리라 이스라엘이 이미 선을 버렸으니 원수가 그를 따를 것이라 그들이 왕들을 세웠으나 내게서 난 것이 아니며 그들이 지도자들을 세웠으나 내가 모르는 바이며 그들이 또 그 은, 금으로 자기를 위하여 우상을 만들었나니 결국은 파괴되고 말리라 사마리아여 네 송아지는 버려졌느니라 내 진노가 무리를 향하여 타오르나니 그들이 어느 때에야 무죄하겠느냐 이것은 이스라엘에서 나고 장인이 만든 것이라 참신이 아니니 사마리아의 송아지가 산산조각이 나리라 그들이 바람을 심고 광풍을 거둘 것이라 심은 것이 줄기가 없으며 이삭은 열매를 맺지 못할 것이요 혹시 맺을지라도 이방 사람이 삼키리라 이스라엘은 이미 삼켜졌은즉 이제 여러 나라 가운데에 있는 것이 즐겨 쓰지 아니하는 그릇 같도다

깨진 인생 그릇의 회복

미식 축구 선수 레지 화이트(Reginald Howard White)는 그린베이패커스 팀에서 6년 동안 뛰면서 슈퍼볼 우승까지 거머쥔 아주 유명한 선수입니다. 《실패를 딛고 전진하라》(Failing Forward, 두란노 역간)라는 책에 그의 일화가 나옵니다. 화이트는 운동선수 외에도 테네시에 있는 침례교회 부목사를 겸임하고 있었습니다. 한 번은 스포츠 잡지 기자들과 인터뷰 중에 이런 질문을 받았습니다. "유능한 선수가 된 비결은 무엇입니까?" 그러자 화이트는 이렇게 대답했습니다. "저를 가르치신 훌륭한 코치 덕분입니다. 처음 선수 생활을 시작했을 때 넘어지는 법부터 가르쳐 주셨습니다."

일반적으로는 상대 진영을 뚫고 들어가 득점하는 법을 가르치는데, 자신은 넘어지는 법부터 배웠다는 것입니다. 무릎이 까지고 피가 흐르고 고통스러웠지만, 일단 넘어지는 것을 배우고 나니 일어서서 뛰어가는 것은 쉬웠다고 합니다.

　흠집 없이 완벽하게 살아가는 사람은 없습니다. 자세히 들여다보면 누구에게나 흠집이 있고 깨진 부분이 있습니다. 우리는 질그릇같이 연약한 존재이기 때문입니다. 자신이 넘어질 수 있는 연약한 존재임을 인정하는 데서 회복과 치유가 시작됩니다. 자신이 뛰어난 줄 알고 앞만 향해 달려가다 보면 결국 균열의 파열음이 들려올 것입니다. 돈은 벌었지만 마음이 깨지거나, 유명세는 얻었지만 가정이 깨지는 일이 일어납니다. 이건 행복이 아닙니다. 지혜로운 자는 달려가기 전에 자기 인생에서 깨진 부분을 점검하고 하나님 안에서 고침 받으려 노력할 것입니다.

　우리 교회 청년이 이런 문구가 적힌 티셔츠를 입고 있는 걸 본 적이 있습니다. "Life is fragile. Handle with prayers"(인생은 깨지기 쉽다. 기도로 다뤄 달라). 인생은 연약해서 잘 깨지니 함부로 다루지 말고 기도로 감싸 주고 도와 달라는 뜻입니다. 젊은 청년이지만 인생의 본질을 꽤 일찍 깨달았다고 생각했습니다.

　누구나 깨집니다. 나이에 상관없이, 주어진 환경에 상관없이 깨지고 부서집니다. 그러나 자신이 잘 깨지는 존재임을 인정하고 개선하려는 사람에게는 회복의 기회가 있습니다. 모든 것을 감당해 낼 수 있을 것처럼 자신을 완벽한 자로 포장하는 사람에게는 회복의 기회가 주어지기 어렵습니다. 인간의 눈으로도 깨진 부분이 있는데 하나님 입장에서는 어떻겠습니까. 우리가 깨진 존재임을 인정하고 하나님의 은혜와 긍휼을 간구한다면, 새 그릇이 되는 축복을 받을 것입니다.

하나님이 기뻐하시는 그릇

　이스라엘 백성은 깨진 그릇처럼 부서졌습니다. 하나님은 이들에게 준엄히 경고하십니다. 대적이 이를 테니 나팔을 불라는 것입니다. 고대사회에서 나팔을 부는 경우는 크게 두 가지입니다. 먼저 전쟁에서 승리했거나 축제를 알릴 때입니다. 기쁨의 나팔 소리입니다. 다른 경우는 반대로 적군이 쳐들어오거나 위험한 일이 다가옴을 경고하는 나팔 소리입니다. 하나님은 대적이 독수리처럼 '여호와의 집'을 덮칠 것이므로 나팔을 불라고 하십니다. 이때 '여호와의 집'은 보통 성전을 가리키지만, 여기서는 문맥상 이스라엘 백성 전체를 가리킨다고 봐야합니다. 곧 독수리가 먹이를 채가듯이 적군이 이스라엘을 덮쳐 멸망시킬 테니 경고의 나팔을 불라는 것입니다.

　왜 갑자기 이런 일이 벌어졌습니까. 그것은 이스라엘이 여호와의 언약을 어기고 율법을 범했기 때문입니다. 이스라엘이 하나님과 맺은 언약을 깨뜨렸기에 재앙이 찾아옵니다. 언약이 무엇입니까. 신구약 성경 전체를 총괄할 수 있는 단어가 있다면 그것이 언약입니다. 구약은 옛 언약이고, 신약은 새 언약입니다. 호세아서 전체를 이끌어 가는 핵심 주제(controlling purpose)도 바로 하나님의 언약입니다. 핵심 주제란 성서해석학에서 본문을 이끌어 가고 주도하는 중심 개념을 말합니다. 부패하고 방탕한 이스라엘을 하나님이 끝까지 놓지 않고 붙드시는 이유가 바로 이들과 맺으신 언약 때문입니다. 언약은 이스라엘을 하나님과 묶어 주는 중요한 단서입니다.

　언약은 인격적인 두 존재 간의 약속입니다. 보통 언약을 체결함으로써 관계가 시작됩니다. 언약을 맺기 전에는 아무리 오랜 시간을 같이 보내도 관계가 아닙니다. 예를 들어 남녀가 아무리 오랫동안 같이 지내도, 부부의 언약을 맺기 전에는 남남입니다. 부부 관계는 서로에 대한 책임 있는 권위는 언약을 통해서만 형성됩니다. 일단 언약을 맺었다면 아무리 다투고 마음에 들지 않아도 갈라서면 안 됩니다. 죽음이 갈라놓을 때까지 함께하기로 약속했기 때문입니다. 미국 사람들은 결혼에 세 개의 반지가 필요하다고 말합니다. 첫째는 약혼반지(engagement ring), 둘째는 결혼반지(wedding ring), 셋째는 고난(suffering)이라고 합니다. 오래 참고 오래 인내하는 것이 결혼을 붙드는 힘이라는 뜻입니다.

언약은 관계를 이어 주는 끈이기 때문에 이것이 끊어지면 모든 관계가 끊어집니다. 또 언약은 사랑을 묶어 주는 끈이기 때문에 이것이 끊어지면 사랑이 무너집니다. 하나님과의 관계에서 언약은 구원과 축복을 베풀어 주는 끈이기 때문에 이것이 깨지면 전부 깨지는 것입니다.

창세기에서 하나님은 인간을 창조하시고 인간과 관계를 맺기 위해 언약을 체결하십니다. 인간을 에덴동산에 살게 하시고 한 나무를 지정해 그것만 먹지 말라고 하십니다. 흔히 선악과라고 부르는, 선과 악을 알게 해 주는 나무입니다. 다른 모든 것은 먹고 즐겨도 되지만 이 나무의 열매만큼은 먹지 말라고 명령하십니다. 이것이 하나님이 인간과 맺으신 언약입니다. 왜 이것이 필요한지는 모르지만 그때부터 관계가 시작되었습니다. 하나님이 약속하셨고 인간은 책임질 약속을 받았기 때문에 하나님과 인간의 관계가 가능해졌습니다. 그때부터 하나님은 인간을 보호하시고 사랑하시고 축복하셨습니다.

이스라엘 백성과 하나님의 관계도 마찬가지입니다. 하나님은 아브라함을 부르신 후에 언약을 체결하십니다. 아브라함과 그의 후손 히브리 민족은 하나님과 특별한 관계 속에 들어가게 됩니다. 당시에도 많은 민족이 있었습니다. 바벨탑 사건 이후 언어도 많았고 족속도 많았습니다. 수많은 족속과 민족 가운데 하나님은 단 한 족속만 선택하셨습니다. 아브라함을 통해 이룬 히브리 민족, 야곱의 이름을 따서 출애굽 이후부터 이스라엘로 불린 백성입니다. 하나님이 이스라엘 백성과 언약을 체결하신 순간부터, 이스라엘은 하나님께 특별한 존재가 되었습니다. 하나님의 소유가 되었습니다. 하나님이 특별한 은총을 부어 주시는 민족이 되었습니다. 다른 민족은 받지 못한 하나님의 임재와 말씀과 축복이 오직 이스라엘 백성에게만 주어졌습니다.

이스라엘이 하나님께 받은 언약의 축복을 누군가 깨뜨렸습니다. 하나님입니까? 아닙니다. 이스라엘 백성이 깨뜨렸습니다. 하나님과의 관계의 끈, 하나님의 사랑의 끈, 하나님의 축복의 끈인 언약을 깨뜨리자, 이스라엘은 선(the good)을 싫어하게 되었습니다. 선은 하나님의 속성입니다. 이스라엘은 하나님에 관한 모든 것이 싫어진 것입니다. 그래서 자기들 마음대로 왕을 세우고 방백을 세웠습니다. 하나님 없는 인생으로 살아가게 된 것입니다. 한 걸음 더 나아가 우상을 만들고 하나님 대신 우상을 섬기기도 했습니다. 그 결과 이스라엘은 무너지게 되었습니다. 호세아서는 이를 문학적으로 표현합니다. "그들이 바람을 심고 광풍을 거둘 것이라." 심은 것은 바람인데, 거둔 것은 광풍, 즉 회오리바람입니다. 열심히 노력하고 심었지만 인생에 회오리바람이 몰려오듯 어려워진 것입니다. "심은 것이 줄기가 없으며 이삭은 열매를 맺지 못할 것이요 설혹 맺을지라도 이방 사람이 삼키리라." 이것이 소위 말하는 마이너스 인생입니다. 아무리 열심히 일해도 빈손입니다. 열심히 심었지만 거둘 열매가 없습니다. 이것이 하나님을 떠나 버린, 하나님과 맺은 언약의 관계를 깨뜨린 이스라엘 민족의 현주소입니다.

"이스라엘은 이미 삼켜졌은즉 이제 여러 나라 가운데에 있는 것이 즐겨 쓰지 아니하는 그릇 같도다." 즐겨 쓰지 않는 그릇이란 깨진 그릇, 가치 없는 그릇을 말합니다. 한때 하나님의 선민으로, 주변 국가들에게 복을 나눠 주고 선한 영향을 끼친 복된 그릇이었는데, 이제는 깨진 그릇, 쓸모없는 그릇이 됐습니다. 언약을 깨뜨렸기 때문입니다.

우리 인생도 마찬가지입니다. 예수 그리스도를 구원자로 영접하는 순간 우리는 하나님과 언약의 관계에 들어갑니다. 이는 부모와 자녀의 관계입니다. 예수님을 영접하는 자에게는 하나님의 자녀가 되는 권세를 주시기 때문입니다. 하나님과 언약을 체결하고 하나님의 자녀가 되어, 모든 하늘의 기업을 소유하고 누리게 된 것입니다. 하나님과 관계가 어그러진다면 이런 축복을 놓치고, 이스라엘 백성처럼 깨진 그릇, 쓸모없는 그릇이 될 것입니다.

인생에서 깨짐은 무엇입니까. 재정적, 물질적, 육체적, 심리적 깨짐이 있을 수 있습니다. 그러나 가장 큰 깨짐은 하나님과의 관계가 깨지는 것입니다. 하나님과 언약 관계가 깨지면 인생 전부가 깨지면서 앞뒤를 분간할 수 없을 만큼 큰 혼란이 찾아옵니다. 그러므로 깨짐을 치유 받고 하나님이 기뻐하시는 거룩한 그릇으로 다시 회복돼야 합니다.

첫사랑을 기억하라

하나님께 쓰임 받는 거룩한 그릇으로 다시 회복되기 위해서는 첫째, 하나님과의 첫사랑을 재인식해야 합니다. 첫사랑 회복은 깨진 그릇을 회복하는 첫 단계입니다. 하나님은 호세아 선지자를 통해 언젠가 이스라엘 백성이 하나님을 찾을 것이라고 하십니다. "그들이 장차 내게 부르짖기를 나의 하나님이여 우리 이스라엘이 주를 아나이다 하리라."

현실은 깨진 그릇처럼 부서지고 망가진 민족입니다. 하지만 언젠가는 다시 하나님을 찾아 부르짖으며 우리가 주님을 안다고 고백할 것입니다. 여기서 '안다'는 표현은 인식하고 발견한다는 뜻입니다. 하나님이 계시지만 그동안 인식하지 못하다가 이제 하나님의 존재와 사랑의 소중함을 깨닫게 된다는 뜻입니다.

무엇이든 가까이 있을 때는 소중한 것을 잘 느끼지 못합니다. 늘 가까이 있고 항상 만질 수 있으니까 소중하다는 것을 미처 자각하지 못하는 것입니다. 예컨대 건강할 때는 건강이 얼마나 큰 축복인지 실감하지 못합니다. 그런데 병에 걸리면 달라집니다. 병원에 입원해서 심각한 수술을 받게 되면, 세상에서 건강만큼 중요한 것이 없음을 절절히 깨닫게 됩니다. 아내나 남편이 중요하다는 것도 가까이 있을 때는 잘 모릅니다. 매일 보니까 지겹기도 하고, 어디나 나가지 왜 집안에만 있는지 불평하기도 합니다. 하지만 아내와 남편을 잃는다면 얼마나 아쉽고 그립겠습니까. 가까운 존재일수록 떠나고 나서야 그리움을 자각하게 됩니다.

하나님과 우리의 관계도 마찬가지입니다. 하나님이 늘 곁에 계실 때는 임재의 소중함을 알지 못합니다. 늘 주님 앞에 나와 예배하고 찬양할 수 있을 때는 예배의 소중함을 깨닫지 못합니다. 그런데 하나님을 한번 떠나보십시오. 하나님의 임재가 얼마나 소중한지 깨닫게 됩니다.

북이스라엘 백성이 그랬습니다. 이스라엘 땅에서 풍족히 살고 있을 때는 하나님과 함께 있는 것이 얼마나 소중한지 몰랐습니다. 나라가 망해 이방 나라로 뿔뿔이 흩어지고 포로로 끌려가고서야 하나님의 이름을 부르는 게 얼마나 축복이었는지 깨달았습니다. 하나님을 예배하고 하나님의 음성을 듣는 것이 얼마나 소중한 일이었는지 그제야 절감한 것입니다. 조금 더 훗날 남유다 민족은 포로로 잡혀가 바벨론 여러 강가에 살게 됐습니다. 그들은 강변에 앉아 고향 땅을 바라보며 울었습니다. 버드나무에 소금을 걸어 놓고 사로잡은 자들이 강요하는 노래를 불러야 했습니다. 하나님 임재의 소중함을 진작 알았더라면 이방 땅까지 끌려오지 않았을 것입니다. 그것을 뒤늦게 깨달은 된 것입니다.

그런데 깨지고 실패하고 나서 하나님에 대한 그리움을 갖게 된다면, 이것이 회복의 첫 단계입니다. 흔히 사람들은 실패하고 나서 탄식하고 포기하고 맙니다. 실패했을지라도 하나님이 여전히 사랑하신다는 사실을 믿고, 하나님 보좌로 나가야 치유가 가능합니다. 메마른 심령에 처음 하나님 만났을 때의 감격이 회복되어야 합니다. 그러기 위해서는 마음껏 하나님의 이름을 부르고, 은혜의 보좌 앞으로 나아가는 시간이 필요합니다. 비록 실패자가 되었지만 여전히 우리를 기다리시는 하나님께 나아가면 하나님이 우리를 고치십니다. 우리의 깨어진 부분을 만지시고 치유하셔서 새롭게 하십니다. 우리가 하나님께 쓰임 받는 그릇으로 다시 회복되려면 먼저 하나님을 향한 사랑을 새롭게 인식해야 합니다.

영적 취향을 바꾸라

하나님께 쓰임 받는 거룩한 그릇으로 다시 회복되기 위해서는 영적 취향을 바꾸어야 합니다. 하나님의 임재와 하나님의 사랑을 인식하는 것으로 멈춰서는 안 됩니다. 영적 성향이 완전히 바뀌어야 합니다. 우리가 예수님을 믿으면 구원받습니다. 분명 신분과 지위(status)가 바뀝니다. 사망에서 생명으로 옮겨지는 것입니다. 그러나 여기에서 끝나면 하나님이 기뻐하시는 그릇은 될 수 없습니다. 신분이 바뀐 후, 영적 취향도 바뀌어야 진정한 변화라는 뜻입니다.

이스라엘은 이미 선을 버렸기 때문에 대적이 따를 수밖에 없는 상황입니다. 이스라엘이 하나님을 떠난 결과, 취향이 달라져 버렸습니다. 선을 싫어하게 됐습니다. 하나님의 본성은 선(goodness)이고, 의(righteousness)입니다. 즉 하나님은 선하고 의로우신 분입니다. 그런데 이스라엘은 하나님의 본성이 껄끄러워졌습니다. 하나님과 관계가 깨졌기 때문에 하나님의 본질적인 속성조차 부담스럽고 싫어진 것입니다. 하나님과 관계가 깨졌을 때 일어나는 불행한 현상입니다. 우리 마음에 하나님이 주인 되지 못하고 육신의 것이 마음을 채우면 하나님과 관련된 것이 거북해집니다. 할 수만 있으면 피하고 싶어집니다. 바울이 말한 대로 육체의 소욕은 성령을 거스르고 성령의 소욕은 육체를 거스르기 때문입니다.

따라서 영적 취향을 제대로 바로잡아야 합니다. 하나님의 본성과 세상의 본성 중에 무엇을 택할 것인지 우리 마음속의 근본 취향이 바뀌어야 합니다.

성령에 사로잡힌 사람은 하나님의 일을 생각하면 항상 마음에 기쁨이 있습니다. 하나님이 기뻐하시는 것이 자신의 기쁨이 됩니다. 예배드리고 기도하러 가는 일이 너무나 기쁘고 기다려지는 것입니다. 그런데 육신의 소욕으로 가득 찬 사람들은 놀고 먹는 일에는 반짝반짝하다가도, 예배 시간에는 얼굴이 어두워집니다. 영적 취향이 다르기 때문입니다. 새벽기도, 중보기도, 기도 모임에 오라고 초대하면 편안하게 신앙생활 하도록 내버려 두라고 짜증을 냅니다. 이런 사람에게는 일주일에 한 번 교회에 오는 것도 대단히 선심 쓰는 것이기 때문입니다.

하지만 성령에 사로잡히면 이런 취향이 바뀝니다. 육신의 소욕이 지배할 때는 너무나 싫고 부담스러웠던 예배와 기도와 찬양이 좋아집니다. 특히 전도와 선교에서 아주 큰 변화가 나타납니다. 알지도 못하는 영혼을 위해 중보하는 일이 가능해집니다. 진정한 예수의 영인 성령에 사로잡혀 하나님의 취향을 따라가기 때문입니다. 우리 삶에서 이보다 큰 변화가 있을 수 있습니까. 육신을 따라 사는 자가 아니라 성령을 따라 사는 자가 되어 하나님의 영적 취향을 소유하시기 바랍니다. 그때 그리스도의 향기가 날 것입니다. 그때 많은 사람이 감동을 받을 것입니다. 비록 지금은 깨지고 부서진 그릇이지만 치유와 변화를 받고 새 그릇이 될 수 있습니다. 성령이 다스리시는 영적 취향으로 바뀌면 됩니다.

본래 위치로 돌아가라

하나님께 쓰임 받는 거룩한 그릇으로 다시 회복되기 위해서는 본래 위치로 돌아가야 합니다. 우리 인생이 믿음의 뿌리를 내려야 할 본래 위치는 토기장이 되시는 하나님입니다. 과거 이스라엘은 하나님을 버리고 대신 은과 금으로 우상을 만들었습니다. 우상은 아무리 금칠을 해도 나무 조각에 불과합니다. 거기에는 생명이 없기 때문입니다. 이스라엘 장인의 손에서 태어난, 참 신이 아닌 사마리아의 송아지는 부서지고 말 것입니다. 제품 만들듯이 공장에서 찍어낸 우상이 무슨 능력이 있겠습니까.

금송아지 우상은 이스라엘 백성이 범한 가장 큰 죄악입니다. 북이스라엘의 여로보암 왕은 남유다와 갈라지고 나서 벧엘과 단에 금송아지를 만들어 세웁니다. 백성이 성전이 있는 예루살렘을 사모할까 두려웠기 때문입니다. 그래서 자기 마음대로 금송아지를 만들고 이것이 '애굽에서 우리를 인도해 낸 신'이라고 속입니다. 하지만 금송아지는 부서지면 그만입니다. 이스라엘이 회복되려면 금송아지 같은 헛된 우상에서 돌이켜 살아 계신 하나님께 돌아와야 합니다.

예레미야 선지자는 이를 토기장이 비유로 설명합니다. 한 토기장이가 진흙으로 그릇을 만드는데, 만들다가 그릇이 깨집니다. 원래 그릇은 깨지면 내다 버리는 게 상식입니다. 그런데 이 토기장이는 달랐습니다. 부서진 그릇을 다시 빚어서 새 그릇으로 만들었습니다. 하나님도 이스라엘을 향해서 말씀하십니다. "진흙이 토기장이의 손에 있음같이 너희가 내 손에 있느니라"(렘 18:6).

이스라엘이 있어야 할 장소는 하나님의 손입니다. 우리가 머물러야 할 영적 거처는 하나님의 손입니다. 비록 깨지고 부서져도, 우리를 다시 빚어 만드실 능력이 있는 하나님 손안에 머물러 있어야 합니다. 그래야 새 인생으로 빚어질 수 있습니다.

깨지지 않은 사람은 없습니다. 육신이든 마음이든 감정이든 가정이든 인간관계든, 우리는 모두 깨진 부분이 있습니다. 깨진 인생을 우리가 고칠 수 있습니까? 우리가 아무리 노력하고 힘써도 우리 힘으로는 고칠 수 없습니다. 깨진 인생을 다시 빚어 만드실 분은 오직 한 분, 우리를 창조하시고 빚으시는 하나님밖에 없습니다.

하나님께 나아와 자신의 깨진 현실을 정직하게 털어놓으십시오. 상처 받지 않은 것처럼, 아무 흠집이나 고통이 없는 것처럼 가장할 필요가 없습니다. 깨진 모습 그대로 주님 앞으로 나오십시오. 성령이 다시 기름 부어 주실 것입니다. 다시 우리를 만지고 다스리셔서 깨진 부분을 회복시키실 것입니다. 우리는 다시 하나님의 거룩한 그릇이 되어, 수많은 사람에게 축복을 나누어 주는 통로가 될 것입니다.

기록된 말씀은 어두운 곳을 비추는 등불입니다.
이 시대에 유일한 진리의 빛은 하나밖에 없습니다.
캄캄한 밤에 샛별이신 예수님이 오실 때까지
주목해야 하는 것이 등불 같은 말씀입니다——。

3

동틀 녘,
샛별이 떠오르니

사무엘상 24장 1-7절

사울이 블레셋 사람을 쫓다가 돌아오매 어떤 사람이 그에게 말하여 이르되 보소서 다윗이 엔게디 광야에 있더이다 하니 사울이 온 이스라엘에서 택한 사람 삼천 명을 거느리고 다윗과 그의 사람들을 찾으러 들염소 바위로 갈새 길 가 양의 우리에 이른즉 굴이 있는지라 사울이 뒤를 보러 들어가니라 다윗과 그의 사람들이 그 굴 깊은 곳에 있더니 다윗의 사람들이 이르되 보소서 여호와께서 당신에게 이르시기를 내가 원수를 네 손에 넘기리니 네 생각에 좋은 대로 그에게 행하라 하시더니 이것이 그날이니이다 하니 다윗이 일어나서 사울의 겉옷 자락을 가만히 베니라 그리한 후에 사울의 옷자락 벰으로 말미암아 다윗의 마음이 찔려 자기 사람들에게 이르되 내가 손을 들어 여호와의 기름 부음을 받은 내 주를 치는 것은 여호와께서 금하시는 것이니 그는 여호와의 기름 부음을 받은 자가 됨이니라 하고 다윗이 이 말로 자기 사람들을 금하여 사울을 해하지 못하게 하니라 사울이 일어나 굴에서 나가 자기 길을 가니라

용서하며 사랑하며

　　　　　　요즘 한국에 황혼 이혼이 유행이라고 합니다. 대체 어떤 사연이 있어 정년퇴직한 노부부가 말년에 이혼을 결심하나 의아한 게 사실입니다. 최근 신문에 60대 부부의 이혼 사례가 실렸기에 관심 있게 읽어 봤습니다. 이 부부의 이혼 사례가 특이한 것은 아내가 이혼을 요구했는데 이혼 사유가 딱히 없었기 때문입니다. 남편이 외도를 한 것도 아니고, 경제가 어렵지도 않았습니다. 오히려 준재벌 수준의 재력가였다고 합니다. 자녀들도 잘 자라 모두 가정을 이룬 상태였습니다. 그런데 왜 이혼을 하려는지 묻자, 아내는 결혼 초기 남편이 준 상처가 지워지지 않아서라고 답했습니다. 아마 남편이 아내를 때리고 폭언을 한 모양입니다. 게다가 친정어머니를 멸시하고 냉대했다고 합니다. 가난한 집안에서 자랐다고 서러운 냉대를 받았으니 깊은 상처가 된 것입니다. 아내는 반드시 때가 되면 갚아 주리라 결심을 했고, 막내가 결혼하자마자 40년 결혼 생활에 종지부를 찍었습니다.

아내의 이혼으로 복수가 되었겠습니까? 아내는 생각만큼 속시원하고 행복했겠습니까? 그렇지 않았을 거라고 생각합니다. 마음이 아프고 허전했을 가능성이 더 큽니다. 인생은 상처투성이입니다. 마음속에 원한과 분노를 품고 살면 다른 사람에게도 파괴적인 영향을 끼치지만, 누구보다 자신에게 가시가 되어 자기 마음을 찌릅니다. 따라서 아무리 힘들어도 마음속 분노나 상처를 빨리 처리하고 용서하고 화해하는 법을 배워야 합니다. 쉽지 않지만, 마음속 응어리를 전부 쏟아 내고 기쁜 마음으로 타인을 축복하고 사랑하며 용서할 수 있기를 바랍니다.

용서하고 사랑하기 위해

사울은 다윗에게 씻기 어려운 상처를 안겨 준 장본인입니다. 정당한 이유 없이 다윗을 시기하고, 여러 차례 죽이려 했습니다. 결국 다윗은 광야로 쫓겨나 아까운 청춘을 허비하며 고통의 세월을 보낼 수밖에 없었습니다. 사울은 다윗이 지쳐 있을 때마다 집요하게 군대를 보내 몰아세웠습니다. 특히 다윗이 엔게디 황무지에 머물고 있을 때는 군사 3,000명을 거느리고 다윗을 죽이러 달려갑니다.

그런데 이때 뜻밖의 일이 발생합니다. 사울이 '뒤를 보러' 즉 용변을 보기 위해 동굴로 들어간 것입니다. 공교롭게도 그 굴 안쪽에 다윗과 일행이 몸을 숨기고 있었습니다. 사울은 바깥에서 들어갔기 때문에 캄캄한 굴속이 더욱 보이지 않았을 것입니다. 하지만 이미 굴속에 있던 다윗과 부하들은 사울이 들어오는 것도 똑똑히 봤습니다. 사울이 무방비 상태에 있는 이때 다가가 찌르기만 하면 금방 상황이 종결될 것입니다. 아니나 다를까 부하들이 다윗을 설득합니다. 이것은 여호와가 원수를 붙여 주신 증거라는 것입니다. 지난 수년 동안 떠돌아다녀야 했던 원한을 갚고 한을 풀 수 있는 기회니 주저하지 말고 복수하라고 권합니다. 그러나 다윗은 가만히 사울 뒤로 가서 겉옷 자락만 베어 옵니다. 또 사울을 치려는 부하들을 만류해서 사울이 제 갈 길을 가게 해 줍니다. 원수를 지척에 두고도 원수를 갚는 대신, 용서하고 보호해 준 것입니다.

유사한 사건이 한 번 더 일어납니다. 사울이 진영에서 잠을 자고 있을 때, 부하들도 모두 잠에 빠져 무방비 상태가 됐습니다. 그때 다윗과 아비새가 내려가 잠자는 사울 곁에 창이 꽂혀 있는 것을 봅니다. 창을 뽑아서 찌르기만 하면 끝나는 것입니다. 그러나 다윗은 역시 원수를 갚는 대신 물병과 창만 가지고 빠져나옵니다. 다윗이 한 일은 결코 쉬운 일이 아닙니다. 내 인생을 짓밟고 지울 수 없는 상처를 안겨 준 장본인, 집에도 돌아가지 못하고 광야를 헤매면서 아까운 청춘을 허비하게 한 원수가 눈앞에 있는데, 사울을 치지 않고 용서한다는 것은 쉬운 일이 아닙니다. 게다가 다윗은 사울을 용서하는 척만 한 것이 아니라 마음 중심에서부터 사울을 사랑으로 용서했습니다. 실제로 훗날 사울이 블레셋 사람에게 죽임을 당하자 다윗은 종일 금식하며 통곡했습니다.

거짓으로 용서를 흉내 낼 수 있습니다. 용서하는 척 할 수는 있습니다. 하지만 고통을 안겨다 준 사람을 전심을 다해 사랑하고 축복하기는 쉽지 않습니다. 다윗이 이렇게 어려운 사랑의 모험을 할 수 있었던 이유는 무엇입니까?

하나님의 뜻을 생각하라

다윗이 사울을 용서할 수 있었던 것은 먼저 하나님을 생각했기 때문입니다. 정확히 말하면 하나님을 두려워하고 경외하고, 하나님의 뜻을 생각했기 때문입니다. "내가 손을 들어 여호와의 기름 부음을 받은 내 주를 치는 것은 여호와께서 금하시는 것이니 그는 여호와의 기름 부음을 받은 자가 됨이니라."

다윗이 사울을 치지 않은 건 사울에게 잘못이 없어서가 아닙니다. 사울을 향한 개인적인 분노가 없어서도 아닙니다. 하지만 다윗에게 중요한 것은 사울에게 품고 있는 자신의 감정보다 하나님이 이 일을 어떻게 보시는가입니다. 자신의 행위를 하나님이 기뻐하시는지가 그의 관심사였습니다. 사울은 어쨌든 하나님이 기름 부어 세우신 왕입니다. 세우신 분이 하나님이라면 내려앉게 하시는 분도 하나님이어야 합니다. 하나님이 하셔야 할 일을 인간이 감정을 앞세워 먼저 한다면, 그것은 하나님을 경시하는 것이고 하나님의 뜻을 대적하는 것입니다. 그래서 다윗은 하나님의 기름 부은 자를 향해 칼을 내려치지 않았습니다. 오히려 다윗은 하나님이 재판장이 되어 자신의 억울함을 풀어 주시기를 의탁합니다.

하나님은 원수 갚는 것이 하나님께 달려 있다며 사사로이 복수하는 것을 경계하셨습니다. 사람을 대할 때 개인적인 감정을 앞세우는 대신, 하나님이 그 사람을 어떻게 보시는지에 관심을 두면 우리의 태도가 달라질 것입니다. 다윗은 개인의 감정대로 행하는 것보다 하나님을 경외함으로 하나님의 뜻을 받들었습니다.

다윗의 태도는 어떤 결과를 낳았습니까? 우선 사울은 감동을 받았습니다. 울면서 자기 잘못을 고백합니다. 게다가 지금까지 다윗을 죽이려고 따라다녔던 사울 왕이 하나님께 다윗을 축복해 달라고 기원합니다. 우리는 결국 하나님이 사울의 범죄를 어떻게 다루시는지 알고 있습니다. 또 하나님께 의탁했던 다윗을 어떻게 축복하셨는지도 알고 있습니다. 하나님은 다윗에게 이스라엘의 집권자가 되는 은혜를 베푸셨던 것입니다.

직접 나서서 일을 처리하는 것이 빠르다고 느껴질 수 있습니다. 하지만 먼저 하나님께 맡기는 믿음을 가지십시오. 하나님이 더 잘하십니다. 하나님께 맡기면 결과가 더욱 아름답습니다. 자신이 심판자와 판단자가 되지 말고, 하나님의 손에 의탁하십시오. 그러면 하나님이 모든 것이 합력해서 아름다운 선을 이루게 해 주실 것입니다. 사람을 용서하고 품기 위해서는 먼저 하나님의 뜻을 생각해야 합니다.

자신을 돌아보라

고통을 안겨 준 사람을 사랑하고 축복하기 위해서는 자신을 돌아봐야 합니다. 자신을 볼 수 있는 사람이 남을 용서할 수 있습니다. 다른 사람의 허물은 잘 보면서도 자기 허물은 볼 수 없는 게 사람입니다. 그래서 인간은 너무 쉽게 남을 정죄하고 너무 쉽게 공격합니다. 용서는 자신을 바라보는 순간부터 시작됩니다. 내가 누구인가, 내게 어떤 허물이 있는가를 각성하는 순간부터 용서와 치유가 시작됩니다.

일반적으로 용서에는 네 가지 단계가 있다고 합니다. 우선 상처를 받는 단계입니다. 누가 무심코 던진 말 한마디에 상처를 받기도 하고, 억울하게 모욕과 수치를 당하기도 하고, 믿었던 사람에게 배신을 당하기도 합니다.

상처를 받고 나면 미워하는 단계가 됩니다. 상처 받는 것으로 끝나는 사람은 없습니다. 상처 준 사람을 마음에 품고 미워하기 시작합니다. 우리가 주야로 묵상할 것은 말씀인데, 대신 미움을 품고 묵상하는 것입니다. 그러면 어떤 결과가 나오겠습니까? 자기 심령이 피폐해지는 것은 물론이고, 미움이 더욱 강렬해집니다. 그래서 마음속에 미움을 품고 사는 것은 절대로 지혜가 아닙니다.

미움을 넘어서야 치유의 단계로 들어설 수 있습니다. 이때는 관점의 변화가 필요합니다. 생각이 달라져야 한다는 뜻입니다. 일방적으로 자신의 관점으로 보던 사건을 다른 사람의 관점에서 재조명하는 인식의 변화가 있어야 합니다. 자신을 붙잡고 있는 미움의 상대가 도대체 어떤 심정으로 저런 일을 했는지 살펴보는 것입니다. 또 한 걸음 나아가 과연 나는 허물이 없을까 반추해 보는 것입니다. 이렇게 관점을 바꿔 보려는 시도가 있다면 이미 치유는 시작됐습니다. 치유란 예수 그리스도의 십자가 앞에 나아가서 허물 많은 죄인이었던 자신이 십자가의 은혜로 용서받았음을 기억하는 것입니다. 이런 치유의 단계를 거친다면 이제 다른 사람을 품고 용서할 수 있게 되는 것입니다. 이 단계가 마지막 용서의 단계입니다.

다윗은 자신이 의롭다고 하지 않습니다. 시편 곳곳에서 다윗은 자신이 하나님 앞에서 얼마나 죄가 많고 허물이 많은지 고백합니다. "수많은 재앙이 나를 둘러싸고 나의 죄악이 나를 덮치므로 우러러볼 수도 없으며 죄가 나의 머리털보다 많으므로 내가 낙심하였음이니이다"(시 40:12). 다윗은 하나님의 은혜 앞에 설 때마다 자신의 허물을 목격했습니다. 그래서 개인적으로는 사울이 원망스러웠지만 자신이 나서서 허물을 따질 수가 없었습니다. 실제로 다윗이 왕이 되고 나서 어떤 범죄를 저지릅니까? 밧세바를 차지하기 위해 그 남편 우리아를 전쟁터로 내보내 죽이지 않습니까? 사울 못지않게 다윗도 해서는 안 될 악한 일을 저지를 수 있는 인간이었습니다. 우리도 마찬가지입니다. 자신의 의를 과신하고 다른 사람의 허물을 일방적으로 판단해서는 안 됩니다. 인간은 용서보다 저주가 쉬운 존재입니다. 다른 사람을 용서하고 치유하기 위해서는 자신의 허물을 크게 보고 삼갈 줄 알아야 합니다.

대전에서 큐티 사역을 하시는 집사님이 이런 간증을 하셨습니다. 오랜만에 서울에 사는 친구를 만나러 갔는데, 반갑고 재미있게 얘기를 하다가 슬쩍슬쩍 가시 돋친 말을 듣게 됐다고 합니다. 집으로 돌아오는 버스 안에서 그 가시 돋친 말들이 마음을 건드리기 시작하더랍니다. 생각할수록 약이 오르는 게 이런 경우입니다. 너무 화가 나서 도저히 분노를 견딜 수 없는 지경이 되었습니다. 그래서 결심을 합니다. 내일 다시 서울로 가서 반드시 복수해 주겠다고 말입니다. 내게 한 말보다 훨씬 악한 말로 상처를 안겨 주리라 다짐을 하고 잠을 잤습니다.

다음 날 아침 큐티를 하려고 성경을 폈습니다. 그런데 그날 본문이 전도서 말씀이었습니다. "사람들이 하는 모든 말에 네 마음을 두지 말라 그리하면 네 종이 너를 저주하는 것을 듣지 아니하리라 너도 가끔 사람을 저주하였다는 것을 네 마음도 알고 있느니라"(전 7:21-22). 이 말씀을 보고 정신이 번쩍 들었습니다. 친구가 한 악한 말만 생각하고, 자신이 내뱉은 악한 말은 잊었던 것입니다. 결국 자신도 똑같다는 것을 깨달은 것입니다. 그러자 그 순간에 관점이 바뀝니다. 상처받았다고만 생각했는데 자신도 혹시 상처를 주지 않았을까 되돌아본 것입니다. 그래서 지난밤의 분노를 다시 표출하는 대신, 말씀으로 깨닫게 하신 하나님께 감사하며 친구를 축복하는 시간을 가졌다고 합니다.

허물 없는 사람은 없습니다. 십자가라는 거울 앞에서 우리는 모두 용서에 빚진 자입니다. 우리가 하나님께 받은 용서는 우리가 다른 사람에게 베풀어야 하는 용서와는 비교가 되지 않습니다. 예수님이 비유로 말씀하신 것처럼 자신은 일만 달란트의 빚을 탕감받고 나서 백 데나리온 빚진 사람을 감옥에 가두는 일을 해선 안 됩니다. 우리는 말할 수 없는 수천수만 가지 은혜를 입었으면서도 다른 사람을 용서하는 데 얼마나 인색한지 깨달아야 합니다. 자신을 돌아볼 때 치유와 용서의 단계로 들어설 수 있습니다.

성령의 능력을 받으라

다른 사람을 용서하기 위해 하나님을 생각하고 자신을 돌아본 데 이어, 성령의 능력을 받아야 합니다. 다윗이 사울을 용서할 수 있었던 동기이자 다윗의 생애에 전환점이 된 사건이 있습니다. 다윗은 사무엘 선지자를 통해 기름 부음을 받았습니다. 그때 여호와의 신이 다윗에게 임했습니다. 그런데 여전히 다윗은 왕이 되지 못했고, 왕이 되기는커녕 반역죄로 죽을지도 모르는 상황입니다. 그러나 아직 사역의 장이 전부 열리지 않았어도 그의 인생은 이미 전환점을 맞았습니다. 이전과 같을 수 없는 새로운 삶이 시작된 것입니다. 여호와의 신이 다윗과 함께 계시기 때문입니다. 다윗이 골리앗을 무찌르고 블레셋 군대를 제압한 것도 위대한 일이지만, 험한 광야에 던져진 고통 중에서도 하나님을 원망하지 않고 찬양할 수 있었던 것이야말로 진정한 능력입니다. 이런 능력의 원천은 성령의 기름 부음에 있었습니다. 사울을 죽일 기회를 얻고도 칼을 내려놓을 수 있었던 것 또한 다윗의 의지력이 아니라 성령의 능력이었습니다.

우리가 노력한다고 용서할 수 있는 게 아닙니다. 용서하려고 애쓰지 마십시오. 용서만큼 어려운 것은 없습니다. 마음속 깊이 자리한 상처의 뿌리는 하루아침에 해결되지 않습니다. 그냥 예수 그리스도의 십자가 앞으로 가십시오. 그 앞에서 우리의 허물을 토로하고 성령의 능력을 간구하십시오. 성령 안에서 살아가기로 결단하십시오.

한 목사님이 집회 후에 성도들을 위해 축복하는 시간을 맞았습니다. 한 여자분이 몸이 아프니 치유 기도를 받겠다고 나왔는데, 목사님이 아무리 축복하려고 애를 써도 기도가 되지 않더랍니다. 성도님도 기도를 받긴 하는데 뭔지 답답한 게 역력합니다. 마음속에 다른 걸 담고 있으니 기도가 어려운 것입니다. 그래서 목사님이 기도를 멈추고 혹시 마음속에 응어리진 게 있다면 그걸 좀 털어놓으라고 했습니다. 그렇게 이분의 인생 상담이 시작됐습니다.

　이분의 남편은 한국에서 일류 대학을 나온 의사였습니다. '사'자 붙은 남편과 결혼하기 위해서 혼수를 엄청나게 장만해 갔다고 합니다. 이렇게 물질과 조건을 맞바꾼 결혼은 행복할 수가 없습니다. 남편은 좋은 학벌과 직업은 가졌지만 아내를 사랑하지 않았습니다. 남편의 외도가 멈추지 않고, 홀로 밤을 지새우는 시간이 길어지면서 아내의 마음에 증오가 뿌리내리기 시작합니다. 그런데 아내는 교회에 다니는 신자입니다. 예배도 드리고 기도도 하는데, 마음 깊은 곳에 증오심이 있으니 은혜가 임하지 않습니다. 예배드린다고 자동으로 은혜 받는 법은 없습니다. 기도 모임에 앉아 있다고 무조건 능력 받는 게 아닙니다. 마음속에 하나님의 은혜와 능력을 가로막는 증오심이 가득하다면, 하나님이 아무리 역사하셔도 능력은 나타나지 않습니다. 마음이 막힌다는 게 그렇게 무서운 일입니다.

　성도님의 힘든 사정을 듣게 된 목사님은 다른 것보다 마음속에 있는 남편에 대한 증오심을 토해 내라고 권면합니다. 어떻게 합니까? 주님의 십자가 앞에 남편을 미워하는 마음을 고백하고, 남편을 용서한다고 선포하라는 것입니다. 성도님은 처음에는 할 수 없다고 거부합니다. 다른 건 몰라도 미운 남편을 용서할 수는 없다는 것입니다. 버티고 버텼지만, 목사님이 격려하는 중에 드디어 기도가 시작됐습니다. 기도를 시작하자마자 울음이 터져 나옵니다. 지금까지 마음속에 묻어둔 응어리들이 터져 나오는 것입니다. 마음속에 담아 두었던 것들을 토해 내자 하나님의 은혜가 임하기 시작합니다. 이것이 계기가 되어 성도님의 인생이 바뀌었습니다. 점차 얼굴이 밝아지고, 몇 달 후에는 육신의 질병도 깨끗이 물러나 하나님의 사역에도 참여하게 됐다고 합니다.

　마음속에 지우지 못한 응어리나 증오심이 있다면 하나님의 은혜를 받을 수 없습니다. 우리 모두에게 십자가의 보혈이 필요합니다. 우리 모두에게 성령의 능력이 필요합니다. 우리의 의지로 누구를 사랑할 수 없습니다. 자신의 노력이나 행함으로는 누구를 용서하고 붙들 수가 없습니다. 하나님의 성령이 우리 마음을 주장하시고 하나님의 사랑이 부어져야, 그 사랑의 능력으로 다른 사람을 용서하고 축복할 수 있습니다.

　먼저 자신의 상처를 토로하십시오. 지금까지 담아 두었던 증오심을 고백하십시오. 그리고 주님이 우리를 사랑하시고 용서하신 것처럼 다른 사람을 용서하게 해 달라고 도움을 청하십시오. 삭막하고 황폐한 심령에 성령의 능력이 필요합니다. 성령의 능력만이 다른 사람을 용서할 수 있게 해 줍니다.

누가복음 2장 36-38절

또 아셀 지파 바누엘의 딸 안나라 하는 선지자가 있어 나이가 매우 많았더라 그가 결혼한 후 일곱 해 동안 남편과 함께 살다가 과부가 되고 팔십사 세가 되었더라 이 사람이 성전을 떠나지 아니하고 주야로 금식하며 기도함으로 섬기더니 마침 이때에 나아와서 하나님께 감사하고 예루살렘의 속량을 바라는 모든 사람에게 그에 대하여 말하니라

채워주시리니.

　　　　　　　　　한 부부가 모처럼 휴일을 맞아 함께 외출을 나가기로 했습니다. 옷을 차려입은 남편이 문 앞에서 기다리는데 부인이 나오질 않습니다. 보통 남자들은 준비가 빨리 끝납니다. 아무리 기다려도 아내가 나오지 않자 남편은 아직 준비가 안 됐냐고 소리를 질렀습니다. 그러자 안에서 부인이 신경질적으로 대답합니다. "잠깐이면 된다고 한 시간 전에 말했잖아요."

　여성의 잠깐이 한 시간일 수 있다는 사실을 잊어서는 안 됩니다. 사람들마다 시간에 대한 개념과 인식이 다릅니다. 하나님과 우리의 시간도 다릅니다. 이 차이를 인정하고 내 시간이 아닌 하나님의 때를 기다리는 것이 믿음입니다. 우리는 곧잘 하나님께 따집니다. "왜 빨리 응답해 주시지 않습니까? 이렇게 고통스러운데 왜 하나님은 늦게 오십니까?"

그런데 기억해야 할 중요한 사실이 있습니다. 하나님은 늦게 오시지 않습니다. 언제나 정해진 시간에 오십니다. 우리가 그때까지 기다리지 못하고 조급해하는 것뿐입니다. 아직 모든 것이 이루어지지 않았지만, 원하는 대로 상황이 맞춰지지 않았지만, 하나님의 때까지 기다리는 믿음이 있어야 신앙이 성숙해질 수 있습니다. 또 하나님의 때에 기다리는 믿음이 있으면 하나님이 정하신 때에 모든 것이 충만히 채워지는 축복을 맛볼 수 있습니다. 하나님의 때가 올 때까지 믿음으로 잘 기다려야 합니다.

하나님의 때를 기다리려면

기다림의 신앙을 통해 마침내 기쁨의 열매를 맛본 한 여인이 있습니다. "아셀 지파 바누엘의 딸 안나라 하는 선지자가 있어 나이가 매우 많았더라 그가 결혼한 후 일곱 해 동안 남편과 살다가 과부가 되고 팔십사 세가 되었더라." 바로 안나 선지자입니다. 누가복음은 안나가 아셀 지파 출신이라고 기록합니다. 아셀은 야곱의 열두 아들 가운데 여덟 번째 아들로, 야곱의 정부인인 레아와 라헬이 아니라 실바라는 여종에게서 태어난 아들입니다. 요셉이나 유다처럼 영광된 가문은 아닙니다. 안나 선지자는 결혼한 지 7년 만에 남편이 세상을 떠나고 홀로 과부가 되었다고 합니다. 자식에 대한 언급은 없고 혼자 성전에서 살았다는 것으로 보아 그녀를 봉양해 줄 가족도 없었을 것입니다. 한마디로 기구한 운명, 불행한 조건을 타고난 자라고 할 수 있습니다. 그러나 안나 선지자는 소중한 비밀을 알고 있었습니다. 바로 기다림입니다. 언제 오실지 알 수 없지만 하나님이 말씀하신 메시아를 앙모하고 기다리는 마음이 안나 선지자에게 있었습니다.

하나님의 백성은 로마의 압제 가운데서 고통당하고 있었습니다. 앗수르, 바벨론, 페르시아, 로마 제국에 차례로 정복되어 어둠의 시간을 보내왔습니다. 지금은 암흑 속에 수치를 견뎌야 하지만 언젠가 하나님이 말씀하신 메시아가 오면 모든 수치가 사라지고 흑암의 세력이 물러가고 영광의 날이 올 것입니다. 안나 선지자는 이를 확신하고 성전에서 메시아를 기다리고 있었던 것입니다. 기다림의 시간은 안나 선지자가 84세가 될 때까지 이어집니다.

사람이 바뀌고 정권이 바뀌고 환경이 바뀌는 시간입니다. 무수히 흘러가는 세월을 보냈지만 그래도 오직 한 분 메시아를 기다렸습니다. 얼마나 지루하고 실망스럽고 답답한 세월이었겠습니까. 누군가를 기다리는 것은 쉬운 일이 아닙니다. 그러나 안나 선지자는 기다림이 있었기 때문에 생전에 아기 예수를 직접 볼 수 있는 축복을 누리게 되었습니다. 누구보다 가장 가까이에서 예수 그리스도를 바라보며 하나님의 약속이 성취되었음을 맛보는 은혜를 누렸습니다.

우리 삶에는 기다림이 있습니다. 아직 완성되지 않았기 때문입니다. 아직 성취되지 못한 과제들 때문에 삶은 아직 회복었다고 할 수 없습니다. 절망과 고통이 끝나지 않았습니다. 여전히 배우자가 돌아오지 않았을 수도 있고, 자녀들이 돌아오지 않았을 수도 있습니다. 내 몸의 질병이 치유되지 않은 채 아픈 현실로 존재할 수 있습니다. 이것은 하나님이 기다리라고 우리 삶에 남겨 두신 미완성 과제들입니다. 그 과제들을 볼 때마다 힘들고 답답하겠지만 기다려야 합니다. 기다림 속에서 하나님이 우리를 자라게 하십니다. 모든 미완성 과제는 하나님의 때에 비로소 완성될 것입니다. 그때를 기다린 자들만이 하나님의 축복이 얼마나 창대한지 경험하게 될 것입니다.

그러므로 우리는 기다리는 것을 배워야 합니다. 하나님 안에서 기다리는 법, 하나님의 창대한 축복을 소망하며 인내하는 법을 배워야 합니다. 우리들은 선천적으로 조급증이 있지 않습니까? 2-3초 만에 자동으로 닫히는 엘리베이터를 못 기다려서 닫힘 버튼을 계속 누른 경험이 있을 것입니다. 본능적으로 조급한 마음이 들지라도 하나님의 때를 기다려야 합니다. 하나님이 준비하신 때를 어떻게 인내하며 기다릴 수 있는지 기다림의 원리를 살펴보겠습니다.

약속의 원리

하나님이 준비하신 때를 기다리려면 먼저 약속을 붙들어야 합니다. 약속대로 기다려야 제대로 기다릴 수 있습니다. 그리스도인은 무작정 기다리는 사람들이 아닙니다. 언제 무슨 일이 벌어질지 모르면서 막연히 기다리는 인생은 무모할 뿐입니다. 하나님은 그리스도인이 기다려야 할 대상을 분명히 정해 주셨고, 어떻게 기다려야 할지 기다림의 방향을 분명히 알려 주셨습니다. 하나님의 약속의 말씀을 붙잡고 기다릴 때, 포기하지 않고 마침내 기다림의 열매를 맺을 수 있습니다.

안나는 선지자였습니다. 성경에 여선지자는 흔하지 않습니다. 모세의 누이였던 미리암, 요시야 왕에게 성전에서 발견된 율법책의 의미를 설명해준 훌다, 느헤미야 사역을 방해했던 무리 중 하나인 노아댜 등이 여선지자로 기록돼 있습니다. 성전에서 기다리는 일이 전부였던 안나도 여선지자입니다.

선지자의 임무는 하나님의 말씀을 듣고 그 말씀을 선포하는 것입니다. 즉 안나 선지자에게는 하나님이 들려주시고 심어 주신 하나님 말씀이 있었습니다. 막연하게 성전에 들어가 무작정 기다린 것이 아니라 메시아에 관련된 하나님의 약속의 말씀을 붙잡고 기다렸습니다. 만일 이 말씀이 없었다면 그렇게 긴 세월을 변함없이 기다릴 수 없었을지도 모릅니다. 그러나 하나님이 분명히 약속하신 메시아에 관한 예언의 말씀이 있었기 때문에 이 말씀을 부여잡고 오랜 세월을 기다리는 것이 가능했습니다.

안나 선지자가 붙든 말씀 중에는 이사야서도 있었을 것입니다. "광야와 메마른 땅이 기뻐하며 사막이 백합화같이 피어 즐거워하며 무성하게 피어 기쁜 노래로 즐거워하며 레바논의 영광과 갈멜과 사론의 아름다움을 얻을 것이라 그것들이 여호와의 영광 곧 우리 하나님의 아름다움을 보리로다 너희는 약한 손을 강하게 하며 떨리는 무릎을 굳게 하며 겁내는 자들에게 이르기를 굳세어라, 두려워하지 말라, 보라 너희 하나님이 오사 보복하시며 갚아 주실 것이라 하나님이 오사 너희를 구하시리라 하라 그때에 맹인의 눈이 밝을 것이며 못 듣는 사람의 귀가 열릴 것이며 그때에 저는 자는 사슴같이 뛸 것이며 말 못하는 자의 혀는 노래하리니 이는 광야에서 물이 솟겠고 사막에서 시내가 흐를 것임이라"(사 35:1-6).

수많은 메시아 예언 가운데서도 가장 아름다운 구절입니다. 메시아가 오실 때 나타날 축복을 묘사하고 있기 때문입니다. 사막처럼 메마른 심령이 메시아를 만나면 생명의 능력을 입게 될 것입니다. 또 메시아가 오시면 지금까지 당한 억울한 일을 대신 복수해 주시고 갚아 주실 것입니다. 강대국 틈에서 무수히 침략받으며 힘들게 살고 있는 이스라엘 백성이 메시아를 열망한 이유가 이것입니다. 연약한 자들을 강하게 하시고, 포로된 자를 구원해 주시기 때문입니다. 또 메시아가 오시면 모든 병든 자를 낫게 해 주실 것입니다. 메시아 사역의 본질은 치유이기 때문입니다. 메시아가 오시면 이런 치유와 회복의 역사, 자유와 능력의 역사가 일어난다고 약속하신 것입니다.

안나 선지자는 이런 약속의 말씀을 가슴에 품었기 때문에 아무리 현실이 어둡고 고통스러워도 흔들리지 않을 수 있었습니다. 우리 인생도 마찬가지입니다. 세상에서 우리를 확실하게 붙잡아 줄 수 있는 것이 무엇입니까? 물질이 우리의 생명과 행복을 보장해 줍니까? 결코 보장해 주지 못합니다.

2009년 11월 두바이 금융 쇼크로 전 세계 주식이 급락하고 한국 주식시장에도 파란이 일었습니다. 두바이는 아랍에미리트에 속한 나라인데, 사막에 기적을 일으켰다고 명성이 자자합니다. 인구는 130만 명밖에 되지 않지만 석유 자원을 무기로 외국 자본을 끌어올 수 있었습니다. 사막 한복판에 빌딩이 들어서고 인공 호수와 인공 섬이 지어진 지상 낙원이라며 대대적인 광고를 했습니다. 돈이 돈을 벌어들이는 법이라 다시 무수한 자본이 흘러들었을 것입니다.

그런데 결국 문제가 생겼습니다. 두바이월드라는 국영 기업체가 더 이상 돈을 지불할 능력이 없다고 모라토리엄을 선포했습니다. 지불을 중지해 달라고 요청한 것입니다. 이로 인해 자본의 흐름에 잠깐 문제가 생긴 것만으로도 전 세계 경제에 쇼크가 닥쳤습니다.

오늘 성공했다고 내일도 성공하라는 보장이 없습니다. 인생의 행복을 무엇이 보장해 줄 수 있습니까?

골프를 좋아하는 사람이라면 타이거 우즈를 잘 알 것입니다. 금세기에 가장 성공한 스포츠 스타일 것입니다. 타이거 우즈는 우상 같은 존재가 아닙니까. 얼마나 많은 사람들이 그를 우러러보며 그처럼 되고 싶어했습니까. 그런데 그와 관련된 스캔들 기사가 넘쳐납니다. 이런 유명인들이 개인적인 스캔들로 그간의 명성과 성공을 잃는 예들을 우리는 가끔 봅니다.

사람은 겉으로 보이는 것만이 전부는 아닌 게 확실합니다. 가정의 위기는 순간입니다. 삶의 터전이 확실하다고 안심하면서 살 수 있는 사람은 없습니다.

따라서 그리스도인은 말씀을 붙잡고 살아야 합니다. 우리는 세상 여론을 따라 사는 사람들이 아닙니다. 경제학의 논리를 따라 사는 사람들이 아닙니다. 정치적인 흐름에 따라 사는 사람들도 아닙니다. 약속의 말씀을 붙잡고 살 때, 그때 우리 인생이 바른 위치에 설 수 있습니다. 세상이 우리를 뒤흔들어도 흔들리지 않습니다. 사람들이 뭐라고 할지라도 말씀을 붙잡고 사는 사람은 결코 흔들리지 않고 하나님의 뜻을 바르게 따라갈 수 있습니다. 약속의 말씀을 붙잡고 기다릴 때에 우리는 기다림의 열매를 맛볼 수가 있습니다.

머묾의 원리

다음으로 하나님이 준비하신 때를 기다리려면 기다림의 자리를 떠나지 않아야 합니다. 이를 머묾의 원리라고 부를 수 있습니다. 우리가 기다림의 열매를 맛보려면 떠나지 말고 머물러야 합니다. 우리가 떠나지 않고 머물러야 할 곳은 바로 성전입니다. 안나 선지자는 성전을 한 번도 떠나지 않았습니다. 성전에 머물면서 메시아를 기다린 것입니다. 왜 다른 곳도 아닌 성전에서 기다렸습니까? 성전은 하나님의 임재가 있는 곳이기 때문입니다.

성전이 지어지기 전에는 성막이 곧 성전의 역할을 했습니다. 성막은 이스라엘이 광야에서 생활할 때 하나님이 머무신 장소입니다. 즉 이스라엘 백성은 광야에서 하나님을 예배하기 위해 성막으로 나가야 했습니다. 그래서 성막의 별명은 회막, 즉 만남의 장막이었습니다. 이스라엘 백성은 성막에서 하나님을 만나 교제했던 것입니다.

인간이 하나님을 만나서 하나님과 더불어 교제하고 하나님의 뜻을 발견하고 하나님의 능력을 공급받는 일종의 영적 센터가 성막이며 성전입니다. 그러므로 하나님이 준비하신 때를 기다리려면 그냥 세상에서 아무렇게나 기다릴 것이 아니라 하나님이 계시는 성전에서 기다려야 합니다.

하나님 안에서 믿음을 가지고 기다려야 하나님이 응답하실 때까지 흔들리지 않고 기다릴 수 있습니다. 자기 마음대로 아무렇게나 기다린다고 소원이 이루어지지 않습니다. 하나님 안에서 기다려야 합니다. 성전에 나와서, 주어진 영적 위치에서 기다려야 합니다. 하나님은 우리 모두에게 반드시 서 있어야 할 영적 위치를 정해 놓으셨습니다. 바로 그 위치를 떠나지 않고 기다려야 하나님의 채우심을 맛볼 수 있습니다. 우리가 자기 위치를 떠나버리면 하나님이 채우실 수가 없습니다.

예수님은 승천하시면서 제자들에게 위로부터 능력을 받을 때까지 예루살렘을 떠나지 말라고 당부하셨습니다. 물론 아직 성령을 경험하지 못한 제자들은 '위로부터 능력'이 무엇인지 알지 못했습니다. 하지만 예수님이 당부하셨기 때문에 예루살렘 성에 머물렀습니다.

왜 굳이 하나님의 능력이 예루살렘에 부어져야 합니까? 예수님의 제자들에게 예루살렘은 머물고 싶은 장소가 아닙니다. 스승이 처형당한 장소가 아닙니까? 로마 관원들이나 유대 종교지도자들이 언제 자기들을 잡아 처형할지 모르는 위험한 장소입니다. 예수님은 떠나지 말라고 하셨지만, 떠나는 게 합리적일 수도 있습니다. 그러나 다행히 예수님의 제자들은 주님이 당부하신 말씀대로 예루살렘을 떠나지 않았습니다. 그리고 열흘 동안 전심으로 기도한 끝에, 오순절 사건이라는 기독교 역사에서 가장 획기적인 사건을 직접 경험하게 됩니다.

만일 제자들이 예수님 말씀을 듣지 않고 예루살렘을 떠났다면 어떻게 됐겠습니까. 아마 그래도 성령은 오셨을 것입니다. 하나님이 약속하신 일은 그대로 성취되기 때문입니다. 성령은 약속대로 오셨겠지만, 제자리를 떠난 제자들은 성령의 오심을 체험하지 못했을 것입니다.

예수님이 부활하시고 나서 한 번에 500명의 제자 앞에 나타나신

적이 있습니다. 이 사건으로 예수님의 제자가 적어도 500명은 넘는다는 것을 짐작할 수 있습니다. 그런데 오순절 성령이 임하실 때 이 자리에는 120명밖에 없었습니다. 나머지 380명은 영광의 순간을 놓친 것입니다. 자기 위치를 떠났기 때문입니다. 예수님이 있으라고 하신 자리에서 떠났기 때문입니다. 우리가 자리를 뜨면 하나님이 능력을 쏟아부어 주셔도 그것을 받을 수 없습니다.

하나님이 우리를 부르신 본래 위치를 지키시기 바랍니다. 그 위치를 지켜야 하나님이 부어 주시는 능력을 받게 됩니다. 직분자는 직분자로서, 사역자는 사역자로서, 하나님의 교회는 교회로서 지켜야 할 위치가 있습니다. 그 위치를 떠나지 않고 지켜야 합니다. 우리는 조금만 문제가 어렵고 힘들어지면 중단하려는 습성이 있습니다. 포기하고 떠나려 합니다. 하지만 포기하고 떠나는 자에게는 하나님의 은혜가 임할 수 없습니다.

힘들고 어렵더라도 하나님이 맡기신 위치를 지킬 때, 하나님은 그 자리로 예비하신 능력을 부어 주십니다. 그러므로 무엇을 기다리든지 하나님 안에서 기다리기 바랍니다. 하나님이 서 있으라 하신 위치를 떠나지 말고 기다림으로 하나님이 채우시는 능력을 체험하기 바랍니다. 이것이 하나님이 준비하신 때를 기다리기 위한 머묾의 원리입니다.

바라봄의 원리

하나님이 준비하신 때를 기다리는 마지막 원리는 바라봄의 원리라고 할 수 있습니다. 달리 표현하면 기도하며 기다리는 것입니다. 안나 선지자는 주야로 금식하며 기도함으로 섬겼습니다. 즉 성전에 머물면서 할 일 없이 빈둥거린 게 아니라 밤낮으로 금식하며 기도한 것입니다. 기도한다는 것은 하늘로 향한 창을 열어 놓고 하나님의 응답을 바라보았다는 의미를 담고 있습니다.

이렇게 안나 선지자가 주야로 금식하며 기도한 결과가 무엇입니까? "마침 이때에 나아와서 하나님께 감사하고 예루살렘의 속량을 바라는 모든 사람에게 그에 대하여 말하니라." 마치 우연처럼 '마침 이때' 일이 벌어집니다. 어쩌다가 아기 예수와 마주치게 된 것입니다. 하지만 우연처럼 보이는 이 사건 너머에는 하나님의 필연이 기다리고 있습니다. '마침 이때' 예수님의 부모가 아기 예수를 안고 성전으로 온 것입니다.

유대인은 아기를 낳으면 반드시 결례식을 행해야 합니다. 결례식(purification)은 몸을 정결케 하는 예식입니다. 남자아이가 태어나면 40일 후에 행하고, 여자아이가 태어나면 그 두 배인 80일 후에 행해야 합니다. 여기에 성차별적인 요소가 있다고 생각하는 사람도 있지만 여자는 생명을 잉태하기 때문에 두 배의 정결함이 필요하다고 해석하곤 합니다. 결례식을 할 때는 양 한 마리를 제물로 드려야 하는데, 가난한 경우에는 비둘기를 대신 드리기도 합니다. 요셉과 마리아가 비둘기를 드린 것을 보면 얼마나 가난한 집인지 알 수 있습니다.

이렇게 아기 예수의 결례식을 행하기 위해 성전을 찾아왔을 때 성전에서 기다리고 있던 시몬 선지자가 먼저 아기 예수를 안고 축복하며 기도했습니다. 이것이 침례교가 행하는 헌아식(dedication of child)의 유래입니다. 말 그대로 아이를 하나님 앞에 바치는 예식입니다. 다른 교단은 유아세례를 행하지만 침례교는 성인의 침례만 인정하기 때문에 아기가 태어나면 부모가 하나님 말씀으로 자녀를 잘 양육하겠다고 결신하는 헌아식을 거행합니다. 예수님의 부모가 성전에서 결례식을 행하고 시몬 선지자가 헌아식을 하던 마침 이때에, 안나 선지자가 아기 예수를 보게 된 것입니다. 사람이 살다 보면 이런저런 우연도 있는 법이지만, 이 우연은 단순한 우연이 아닙니다. 하나님이 준비하신 완벽한 타이밍입니다.

하나님이 누구에게 완벽한 타이밍의 축복을 주시겠습니까? 기도하며 기다린 자에게 주십니다. 지금 당장 기도가 응답되지 않아도 염려하지 마십시오. 하나님이 준비해 놓으신 '마침 이때'가 반드시 올 것입니다.

하나님의 완벽한 타이밍이 분명 있습니다. 안나 선지자는 84세가 되도록 성전에 머물면서 하늘을 향한 창을 열어 놓고 하나님께 간구했습니다. 그러자 하나님이 아기 예수를 직접 만나게 해 주셨습니다. 그뿐만 아니라 메시아를 기다리는 수많은 사람에게 아기 예수의 오심을 선포할 수 있는 은혜와 특권을 안나 선지자에게 허락하셨습니다.

우리의 삶에도 기도의 창이 필요합니다. 기도하며 기다린다는 것은 너무나 힘든 일입니다. 하지만 기도하며 하나님을 바라보고 기다린 세월은 결코 헛되지 않습니다. 바벨론에 포로로 끌려간 다니엘이 바벨론 제국에서 어떻게 성공자가 됐습니까? 다니엘은 날마다 예루살렘을 향해 기도의 창을 열고 세 번씩 기도했습니다.

기도하는 사람은 환경이 악화돼도 두려워하지 않습니다. 사람들이 핍박해도 기죽지 않습니다. 왜냐하면 하늘을 향한 기도의 창이 열려 있기 때문입니다. 인생에서 다른 것은 전부 막힐 수 있습니다. 환경도 막히고 사람의 관계도 막힙니다. 하지만 하나님께 열어 놓은 기도의 창은 결코 막히지 않습니다. 기도의 창을 통해 하나님께 나아갈 때 하나님이 예비하신 능력을 공급받고 하나님의 신실한 채우심을 맛볼 수 있습니다.

몇 년 전 예수전도단 주관으로 북한선교세미나를 할 때 강사로 김현식 교수를 초청한 적이 있습니다. 김현식 교수는 평양사범대학에서 38년 간 러시아어 교수로 생활하다가 러시아를 거쳐 한국으로 탈북한 뒤 미국으로 건너온 분입니다. 미국에서 복음을 접한 뒤 침례를 받고 그리스도인이 되었습니다. 북한 출신 지성인 가운데 회심한 분이 많지 않은데, 아마도 첫 경우가 아닌가 생각합니다.

김현식 교수는 예수님을 믿게 된 과정을 이렇게 간증했습니다. 북한에서 돌아가신 그의 어머니는 아주 신실한 그리스도인이었습니다. 그가 15세 때 어머니가 세상을 떠나셨는데 예수 믿는 사람이 되라는 유언을 남겼습니다. 물론 아들은 어머니의 유언을 순종할 수 없었습니다. 출세하기 위해 공산당원이 되었고 무신론의 헌신자로 활약했습니다. 평양사범대학에서 가르칠 정도의 지성인이라면 비논리적이고 황당무개한 종교에 마음을 뺏겨서는 안 되지 않겠습니까.

그러다 1992년 러시아에 교환교수로 가게 됐는데, 6·25 전쟁 중에 시카고로 건너갔던 큰누님이 42년 만에 몰래 찾아왔습니다. 신실한 그리스도인인 큰누님은 자신이 사는 미국으로 동생을 데려가려고 일부러 러시아까지 날아온 것입니다. 그래서 만나자마자 어머니의 유언을 언급하며 예수님을 전했습니다.

그런데 40년 동안 공산주의에 젖어 있던 사람이 믿음을 갖는 게 쉬운 일입니까? 결코 마음이 열리지 않고, 무슨 말을 해도 먹히지 않았습니다.

결국 그렇게 헤어져야 할 참에 큰누님이 자기 무릎을 동생에게 보여 줍니다. 그리고 이렇게 말합니다. "현식아, 어머니의 마지막 소원이 네가 예수 믿는 것이었다. 내가 그걸 위해서 지난 40년 동안 하루도 빠뜨리지 않고 너를 위해 기도했다." 40년 간 기도한 무릎이 어떤지 상상이 가십니까? 무슨 말을 해도 꿈쩍도 안 하던 동생이, 40년 기도한 그 증거를 보고 마음을 열기 시작했습니다. 결국 이를 계기로 그는 북한을 떠나와 예수님을 영접하고 하나님 일을 하게 되었습니다.

기도의 무릎 앞에 무너지지 않는 장벽은 없습니다. 완악한 사람의 마음도, 철벽같은 장벽이라 할지라도 하나님 앞에 매달려 기도하며 하나님의 때를 기다린 자에게는 반드시 응답이 있습니다. 기도하는 자에게는 하나님의 능력이 나타납니다. 놀라운 기적이 반드시 일어납니다.

우리에게는 기다림의 시간이 필요합니다. 그러나 그냥 기다려서는 안 됩니다. 약속을 붙잡고 기다려야 합니다. 성전 안에서 하나님의 뜻을 붙잡고 기다려야 합니다. 무엇보다 하나님이 응답하실 때까지 기도를 쉬지 않고 끝까지 무릎으로 나아가야 합니다. 반드시 하나님은 우리 삶의 모자란 부분을 채워 주시고 충만하게 하십니다. 우리 인생은 아직 완성되지 않았습니다. 여전히 해결되지 못한 과제들이 있습니다. 그럴지라도 믿음으로 기다리며 주님께 나아가십시오. 언젠가 하나님의 때에 기쁨의 열매를 얻게 될 것입니다.

빌립보서 4장 1-7절

그러므로 나의 사랑하고 사모하는 형제들, 나의 기쁨이요 면류관인 사랑하는 자들아 이와 같이 주 안에 서라 내가 유오디아를 권하고 순두게를 권하노니 주 안에서 같은 마음을 품으라 또 참으로 나와 멍에를 같이한 네게 구하노니 복음에 나와 함께 힘쓰던 저 여인들을 돕고 또한 글레멘드와 그 외에 나의 동역자들을 도우라 그 이름들이 생명책에 있느니라 주 안에서 항상 기뻐하라 내가 다시 말하노니 기뻐하라 너희 관용을 모든 사람에게 알게 하라 주께서 가까우시니라 아무것도 염려하지 말고 다만 모든 일에 기도와 간구로, 너희 구할 것을 감사함으로 하나님께 아뢰라 그리하면 모든 지각에 뛰어난 하나님의 평강이 그리스도 예수 안에서 너희 마음과 생각을 지키시리라

엉킨 것을 푸는 능력.

2015년 4월, LA FM 방송 KKLA 뉴스에 세계가 깜짝 놀랄 사건이 보도됐습니다. 살인 혐의로 17년이나 복역한 죄인이 무죄로 밝혀진 것입니다. 수잔 멜른(Susan Mellen)은 1997년 노숙자를 살해했다는 혐의로 가석방 없는 종신형을 선고받았습니다. 이 판결이 내려진 건 단 한 명의 증인 때문이었는데, 증인은 범죄 조직과 관련된 상습적인 거짓말쟁이였습니다. 이 사실이 밝혀지면서 무죄를 주장해 온 수잔의 억울함이 풀리게 되었습니다. 이렇게 증거 부족으로 억울한 사람이 감옥에 갇히는 일은 처음이 아닙니다. 오비 앤토니(Obie Anthony)는 18년이나 감옥에 갇혀 있었지만 결국 무죄로 입증되었습니다.

"인생은 엉킨 실타래와 같다"는 말이 있습니다. 처음에는 누구나 예쁘게 뜨개질하듯이 인생을 시작하지만 살다 보면 엉키게 됩니다. 인간관계가 엉키고, 환경이나 상황이 꼬여서 풀리지 않습니다. 때로는 다른 사람의 잘못 때문에 나까지 힘들어지는 일도 있습니다. 우리가 원하지도, 바라지도 않았지만 인생이 헝클어지고 실타래처럼 묶였을 때, 어떻게 풀어 가야합니까?

인간관계든, 환경이나 조건이든 얽힌 인생의 실타래를 푸는 방법은 몇 가지가 있습니다. 첫째는 엉킨 채 그대로 사는 것입니다. 엉킨 채 계속 달려가는 인생은 더욱 엉키게 될 것입니다.

둘째는 단칼에 쳐서 얽힌 실타래를 잘라 버리는 것입니다. 쉽게 풀리기는 하겠지만 다시는 그 실타래를 쓸 수 없게 됩니다. 이 방식은 알렉산더 대왕 때문에 유명합니다. 고대 소아시아 프리기아 왕국의 고르디우스 왕은, 자신이 몰던 마차를 신전에 묶은 후에 누구든지 매듭을 푸는 자가 장차 세상을 지배하게 될 것이라고 선언했습니다. 수많은 청년이 도전을 했지만, 복잡하고 단단하게 얽힌 매듭은 꼼짝도 하지 않았습니다. 바로 그때 알렉산더가 나서서 단칼에 매듭을 잘라 버렸습니다. 터무니없이 쉽고 간단한 방법이었습니다. 그래서 복잡하고 어렵지만 의외로 간단히 해결되는 문제를 '고르디우스의 매듭'(Gordian Knot)이라고 부릅니다. 사실 이 방법은 독재자들이 선호하는 방식이기도 합니다. 수틀리면 칼로 치는 것입니다. 겉으로는 문제가 쉽게 정리되는 것 같지만, 사실 상처받은 사람들의 피 흘린 고통은 아무도 신경 쓰지 않는 것입니다.

셋째는 아무리 많은 시간이 걸리더라도 한 가닥 한 가닥씩 끝까지 푸는 것입니다. 실타래를 풀어 가는 것도 중요하지만 더 중요한 것은 한 가닥도 상하지 않는 것이기 때문입니다. 모든 가닥이 제자리를 찾을 때까지 정성과 사랑을 쏟는 것은 하나님의 방식이기도

합니다.

　인간은, 범죄하는 순간 인생이 꼬이고 말았습니다. 하나님 말씀에 불순종하고 죄를 지음으로써 관계가 깨지고 환경이 망가지고 인생이 혼돈에 처하고 말았습니다. 하나님은 이렇게 엉킨 인생을 단칼에 쳐서 처리하실 수도 있습니다. 죄인들인데 당장 처치하면 어떻습니까. 그러나 하나님은 그렇게 하지 않으십니다. 오래 참으시고, 사랑과 정성을 쏟고, 제자리에 돌아올 때까지 기다리십니다. 그래도 돌아오지 않자 하나님 스스로 인간의 몸을 입고 이 땅에 오셔서 희생 제물이 되셨습니다. 이런 하나님의 자녀들이라면 우리 삶에 문제가 생겼을 때 세상과는 다른 방식을 택해야 할 것입니다. 세상 사람이 칼로 자르듯이 우리도 잘라 버려서는 안 됩니다. 하나님이 하신 것처럼 시간이 걸릴지라도 참고 기다리면서 사랑과 믿음으로 하나씩 풀어 가야 합니다. 그래야 우리 삶도 아름다워지고 생의 열매도 거룩해집니다. 인생의 얽히고설킨 문제를 하나님 방식대로 풀어 가야 합니다.

인생의 문제를 풀려면

　사도 바울은 빌립보 교회에 쓴 빌립보 교회 성도들을 이렇게 부릅니다. "나의 사랑하고 사모하는 형제들, 나의 기쁨이요 면류관인 사랑하는 자들아." 바울이 얼마나 빌립보 성도들을 사랑하고 아꼈는지 알 수 있는 표현입니다. 빌립보 교회는 여러 면에서 자랑할 것이 많았습니다. 바울과 동역하며 사랑으로 잘 섬겼고 바울의 복음

증거에 크게 기여하기도 했습니다. 이렇게 귀하고 소중한 교회지만, 이들에게도 문제가 있었습니다. 완벽한 교회는 아니었습니다. 이 땅에 완벽한 교회는 없습니다. 최영기 목사의 책 제목처럼 교회는 병원입니다. 병원은 아픈 사람이 가는 곳입니다. 환자가 우글거리는데 거기서 완전한 것이 나올 수 있습니까. 아파서 고통하며 소리 지르는 곳이 교회입니다. 빌립보 교회도 마찬가지였습니다.

바울은 문제를 이렇게 암시합니다. "내가 유오디아를 권하고 순두게를 권하노니 주 안에서 같은 마음을 품으라." 바울이 왜 같은 마음을 품으라고 권면합니까? 같은 마음이 아니기 때문입니다. 한 마음이라면 이런 권면을 할 필요가 없습니다. 깨지고 갈라져서 갈등 속에 있기 때문에 같은 마음을 품으라고 말한 것입니다.

여기 소개되는 유오디아와 순두게가 누구인지는 자세히 나와 있지 않습니다. 한 가지 단서라면 이들 이름이 여성일 수 있다는 것입니다. 헬라어에서 '아'로 끝나는 이름은 여성이기 때문입니다. 고대 사회에서 여성들의 지위는 그렇게 높지 않았습니다. 역할도 크지 않았습니다. 그런데 빌립보 지역은 좀 달랐습니다. 여성들이 사회 참여도 하고, 교회 안에서도 상당한 역할을 했습니다. 빌립보가 자리잡은 마케도니아 지역이 다른 곳보다 좀 더 개방적이었기 때문입니다. 사실 바울이 빌립보 교회를 세울 때 큰 역할을 했던 사람도 루디아라는 여성입니다. 자색 옷감 장사를 하는 비즈니스우먼입니다(행 16장). 초창기 빌립보 교회 사역이 루디아의 집에서 이뤄진 것을 보면, 루디아는 여성이지만 일단 큰 집이 있고 돈도 많고 지도력이 있는 인물이었을 것입니다. 아마 빌립보 교회는 여성들의 영향력이 큰 교회였던 듯합니다. 따라서 교회 안에서 두 여성 지도자가 의견 대립으로 갈등하는 상황을 가정할 수 있습니다. 이들의 갈등 원인은 나와 있지 않지만, 교회 안에서 갈등할 일은 수도 없이 많습니다.

빌립보 교회는 여성이 중심이 되어 세워진 교회인데, 두 여성 지도자가 갈등을 빚게 되었다면 교회 전체가 실타래처럼 엉켰을 것입니다. 교회에 갈등이 생기면 어떤 일이 벌어집니까? 예배가 어색해지고 모이기가 불편해집니다. 성도의 교제를 나눌 수 있겠습니까? 서로 편을 나누고 분열하기 마련입니다. 기도가 제대로 되겠습니까? 누굴 위해 기도하겠습니까? 얽힌 문제를 그냥 내버려 두면 공동체는 상할 수밖에 없습니다. 그런 공동체는 하나님이 맡겨 주신 사역을 이룰 수 없습니다. 결국 하나님의 영광을 가리고 말 것입니다. 그래서 바울은 직접 빌립보 교회에 편지하며 이 문제를 언급합니다. 어떻게든 이 갈등을 풀어야 공동체가 회복된다는 걸 알았기 때문입니다. 바울이 빌립보 교회의 얽힌 문제를 풀어내는 데 사용한 비결은 공동체뿐 아니라 우리 개인의 삶에도 적용할 수 있습니다. 실타래처럼 엉켜 어렵고 힘든 문제를 풀어낼 수 있는 원리를 살펴보겠습니다.

그리스도 안으로 들어가라

실타래같이 얽힌 인생 문제를 풀기 위해 우선 필요한 건 그리스도 안으로 들어가는 것입니다. 인생의 문제를 푸는 단서는 언제나 그리스도 안에 있습니다. 바울은 빌립보 교회에 보낸 짧은 서신에서 여러 번 '주 안에서'라는 표현을 사용합니다. "사랑하는 자들아 이와 같이 주 안에 서라." 이때 '서라'는 명령형은 헬라어로 '스테케테'인데 원래 군대 용어입니다. 전쟁터에서 적군이 막 몰려올 때, 뒤로 물러서지 않고 흔들림 없이 굳건히 서 있는 병사의 모습을 묘사하는 단어입니다. 따라서 아마도 '주 안에 굳게 서라'는 표현은 빌립보 교회에 밀어닥친 외부의 공격이나 환난과 핍박을 전제로 한다고 볼 수 있습니다. 적의 공격이 심각할지라도 주님 안에 있으면 이길 수 있다는 뜻입니다.

또 빌립보 교회에는 깨진 관계가 있었습니다. 지도자들 사이도 부서져 있었습니다. 이들이 해야 할 일도 '주 안에서' 같은 마음을 품는 것입니다. 깨지고 부서진 마음이 하나 되려면 그리스도 안으로 들어와야 합니다. 사람이 사람을 중개하는 것은 오히려 일을 더 망칠 수 있습니다. 그리스도 안에 들어와야 한 마음을 갖는 게 가능합니다.

한편 바울은 "주 안에서 기뻐하라"라고 당부합니다. 참된 기쁨의 원천은 오직 그리스도 안에 있습니다. 세상이나 소유에 있지 않습니다. 많은 것을 소유하고 누려서 기쁜 게 아니라, 그리스도 안에 있을 때 기쁨이 주어지고 행복이 주어집니다. 다시 말해 인생을 살아가면서 당면하는 모든 문제의 해결점은, 그것이 외적인 문제든지 내면의 문제든지 심령에 관련된 문제든지 환경에 얽힌 문제든지, 모든 문제를 풀어내는 단서는 그리스도 안에 있다는 뜻입니다.

사실 예수 그리스도 안으로 들어오기 전에는 생명을 얻을 수가 없습니다. 교회를 다니는 것만으로는 생명이 주어지지 않습니다. 성경을 읽는다고, 교회의 여러 활동에 참여하고 봉사한다고 생명이 주어지는 것도 아닙니다. 오직 그리스도 안에 들어와야 생명이 주어집니다. 그리스도 안에 들어와야 사랑을 알 수 있습니다. 참사랑은 예수 그리스도의 십자가 사랑이기 때문입니다. 그리스도 안에 들어오지 않으면 풍성한 삶을 누릴 수 없습니다. 참된 권세와 영광이 그리스도 안에 있기 때문입니다.

부유하고 풍성한 생명력 넘치는 삶을 살기 위해서는 그리스도 안으로 들어와야 하는데, 어떻게 하면 그리스도 안으로 들어올 수 있습니까? 굉장히 간단합니다. 예수 그리스도를 자신의 구주로 영접하면 됩니다. 주님은 늘 우리 곁에 와 계십니다. "볼지어다 내가 문 밖에 서서 두드리노니 누구든지 내 음성을 듣고 문을 열면 내가 그에게로 들어가 그와 더불어 먹고 그는 나와 더불어 먹으리라"(계 3:20). 예수님은 우리 마음 문 밖에 계십니다. 우리가 마음 문을 열고 환영하기만 하면, 언제든 들어오셔서 함께하십니다.

우리가 예수님을 구원자로 환영하고 영접하는 순간이 그리스도 안으로 들어가는 순간입니다. 예수님은 우리 안으로 들어오셔서 우리의 삶을 다스리십니다. 그것이 그리스도 안으로 들어간 삶입니다. 예수 그리스도가 우리 인생을 다스리시도록 삶의 주도권을 드리는 것입니다. 그러면 그리스도가 가지신 모든 권세와 능력이 우리 인생에도 나타나게 됩니다.

우리 교회에 중병을 앓게 된 분이 있어서 가정 심방을 갔습니다. 한두 달 전만 해도 왕성하게 활동하던 분인데 몸이 안 좋아서 병원에 갔더니 폐암 말기라는 진단이 나왔다는 것입니다. 정밀 검사를 해 보니 암세포가 이미 다 퍼져서 손을 댈 수 없는 지경이었습니다. 결국 진통제만 먹으면서 버티고 있는데, 통증이 너무 심해서 가금 정신을 잃을 정도였습니다. 심방을 가서 보니 얼굴은 창백하고 몸은 바싹 말라 두 달 전과 완전히 다른 사람이 됐습니다. 제가 그분에게 예수님을 소개했습니다. 그리고 예수님을 영접하는 기도를 했습니다.

병 때문에 심방을 갔으면 병에 대해 얘기해야지, 왜 예수 그리스도를 소개합니까? 예수님이 우리의 생명이시기 때문입니다. 생명의 원천인 예수님이 내 안에 계시지 않은데 어떻게 생명의 역사가 일어날 수 있겠습니까. 물론 약도 먹어야 하고 치료도 받아야 하지만, 생명의 근원자이신 예수님을 받아들여야 합니다. 예수님이 들어오셔야 예수님의 생명력이 질병을 물리치고 더러운 것을 쫓아내고 저주의 사슬에서 우리를 자유케 해 줍니다. 예수님을 만나지 않고는 치유가 불가능합니다. 그래서 저는 아픈 환자들에게 예수님을 소개하고 영접 기도를 합니다. 설사 육신의 질병 때문에 세상을 떠날지라도 그리스도 안으로 들어와야만 영원한 천국에 갈 수 있으니 이만큼 소중한 일이 없다고 생각합니다.

그리스도인이 풍성한 삶을 누리기 원한다면 그리스도 안으로 들어와야 합니다. 예수님은 참포도나무이고 우리는 가지입니다. 가지가 나무에 붙어 있지 않으면 어떻게 살 수가 있습니까. "나는 포도나무요 너희는 가지라 그가 내 안에, 내가 그 안에 거하면 사람이 열매를 많이 맺나니 나를 떠나서는 너희가 아무것도 할 수 없음이라"(요 15:5). 생명의 근원이신 예수님을 떠나서는 생명을 공급받을 수 없습니다. 세상을 이겨 나갈 힘을 얻을 수 없습니다. 그러므로 예수 그리스도 안으로 들어와야 합니다. 그분 안에 머물러야 합니다. 그러면 인생의 힘든 문제를 풀어 내고 풍성한 열매를 맺게 될 것입니다.

넉넉한 마음을 가져라

다음으로 얽혀 있는 인생 문제를 풀어 가는 데 필요한 것은 넉넉한 마음입니다. 특히 대인 관계에서 문제가 엉켰을 때는 넉넉한 마음을 가져야 그것을 풀 수 있습니다. 바울은 빌립보 교회에 당부합니다. "너희 관용을 모든 사람에게 알게 하라 주께서 가까우시니라." 여기 관용이라는 단어가 나옵니다. 헬라어 '에피에이케이아'는 다양한 의미로 옮길 수 있는 단어입니다. 칼뱅(Calvin)은 이를 '견딤'(perseverance)으로 이해했습니다. 예컨대 누가 상처 되는 말을 하고 가시처럼 찔러도, 즉각 반응하지 않고 참고 견디는 마음을 뜻합니다. 한편 윌리엄 바클레이(William Barclay)는 이것을 '공의보다 좋은 것'이라고 보았습니다. 사실 공의는 있는 그대로 갚아주는 것입니다. 한 치의 오차도 없이 잘못에 대해 그대로 갚아 주는 것입니다. 관계가 얽히고 설켰을 때 칼로 재듯 빈틈없이 있는 그대로 갚아주면 문제가 풀리고 해결되겠습니까? 결코 그렇지 않을 것입니다. 그래서 공의도 중요하지만, 그보다 더 좋은 것이 필요합니다. 이것이 하나님이 예수 그리스도를 통해 우리를 구원하신 방법이기도 합니다.

우리 모두 죄를 지었습니다. 죄의 대가는 사망입니다. 심판 받고 지옥에 가야 합니다. 이것이 공의입니다. 우리 중에 죄 짓지 않은 사람이 없습니다. 우리가 지은 죄는 그냥 사라지지 않습니다. 하나님은 공의의 하나님이시기 때문에 반드시 공의를 집행하셔야 합니다. 하나님의 공의 앞에 설 자는 아무도 없습니다. 결국 우리 모두 단칼에 정죄를 받고 지옥으로 가야 합니다.

그러나 하나님은 당장 우리의 죄를 묻는 대신, 예수 그리스도를 보내서 우리 죗값을 대신 지불하게 하셨습니다. 그로써 우리 모두 구원받을 수 있는 길을 얻었습니다. 이것이 '공의보다 좋은 것'입니다. 정확한 심판과 칼 같은 정죄보다 좋은 것, 그것이 바로 관용입니다. 우리의 인생에 이런 관용의 자세가 있어야 인간관계가 열매를 맺고 건강해질 수 있습니다.

안이숙 사모님이 천국에 가신 지도 벌써 20년 가까이 됐습니다. 사모님이 살아생전 하셨던 설교 중 제가 아직도 기억하는 내용이 마태복음 26장 설교입니다. 수요일 저녁이나 주일 오후 예배였던 듯합니다. 마태복음 26장은 예수님이 겟세마네 동산에서 기도하시는 내용입니다.

예수님이 겟세마네 동산에서 기도하실 때가 얼마나 심각한 시점입니까. 그 밤이 지나면 체포당해 재판장에 끌려가 모욕을 당하고 마침내 십자가에 달리시게 됩니다. 이때가 바로 그 전날 밤입니다. 온 인류의 운명이 걸려 있는 십자가를 앞둔 심각한 밤에 예수님은 한숨도 주무시지 못하고 밤새 깨어 기도하십니다. 십자가를 준비하는 주님의 심정은 그토록 절박했습니다. 성경은 예수님의 땀방울이 핏방울같이 되었다고 합니다.

그런데 밤새 기도하시는 예수님 곁에서 제자들은 잠을 자고 있습니다. 아마 코를 골기도 했을 것입니다. 이들은 열두 제자 가운데 그나마 믿음이 크다는 베드로와 야고보와 요한이었습니다. 심각한 사건을 앞에 놓고 한숨 못 자고 기도하시던 예수님이 옆에서 자고 있는 제자들을 보시고 얼마나 한심했겠습니까. 이런 인물들을 믿고 뭘 하나 답답하지 않았겠습니까. 그런데 한심하고 답답한 제자들에게 예수님은 이렇게 말씀하십니다. "마음에는 원이로되 육신이 약하도다"(마 26:41).

안이숙 사모님에 따르면, 이 말은 쉽게 말해서 "그럴 수도 있지"라고 합니다. 예수님이 제자들을 향해 "이 중요한 밤에 너희가 얼마나 피곤하고 힘들면 잠을 자겠니. 그럴 수도 있지" 하셨다는 겁니다. 그러면서 인간관계에서 이 말 하나면 안 풀릴 관계가 없다고 당부하셨습니다. 자녀가 가끔 반항도 하고 마음을 상하게 할 때가 있지만, 공부 못 한다고 윽박지르기 전에 한 번만 생각해 보십시오. 아이들이 바깥에서 친구 만나고 학교 생활하면서 얼마나 스트레스가 많겠습니까. "얼마나 힘들면 얘가 이렇게 할까. 그럴 수도 있지." 이 한마디면 반항하는 자식들을 다르게 볼 수가 있답니다. 아내가 남편에게 실망할 때도 있습니다. 집에 오자마자 소파에 드러누워 TV나 보고, 뭐 가져오라 투정이나 부리고 있으면 저절로 울화가 치밀어 한바탕하고 싶지 않습니까? 그때 "우리 남편이 나가서 돈 버느라 얼마나 수모를 당하고 가슴이 아프면 저럴까, 그럴 수도 있지"라는 한 마디면 다 풀린다는 겁니다.

김미경이라는 스타 강사가 있었습니다. 열풍이라고 할 정도로 인기가 많았는데 표절 문제로 요즘은 뜸하기도 했습니다. 그분이 강의 중에 어머니 얘기를 재미있게 인용하곤 했습니다. 어머니가 아주 신실한 권사님이신데 매일 새벽마다 기도하시는 분이라고 합니다. 그런데 그 남편이 그렇게 무능력할 수가 없었답니다. 하여튼 손대는 것마다 실패하고, 가족이 쥐고 있던 것도 모조리 말아먹고 빈털터리로 만들었답니다. 가끔 주변 사람들이 어머니한테 어떻게 그러고 사느냐고 차라리 헤어지라고 했답니다. 그때 어머니가 한 말이 걸작입니다. "남편이 돈 못 버는 것은 이혼 사유가 아니여. 아내가 돈 벌 사유지. 간단한 걸 가지고 왜 헷갈리는지 몰러."

문제가 생겼을 때 다른 사람을 탓한다고 문제가 풀립니까? 무능력하고 눈치 없는 사람을 탓해도 문제는 풀리지 않습니다. 원망해도 풀리지 않습니다. 하나님 앞에 나아가서 하나님이 다루셨던 것을 기억하고 그럴 수도 있다는 자세로 돌아가야 합니다. 이것이 힘들고 어려운 생활 속에서 서로를 용납하고 받아 주면서 축복 가운데 살아갈 수 있는 비결입니다. 우리 인생에는 분명 얽힌 문제, 자신의 능력으로 풀 수 없는 일이 많습니다. 그럴수록 우리는 그리스도 안으로 들어가 관용의 마음으로 다른 이를 용납해야 합니다. 그래야 그것을 풀 수 있습니다. 하지만 이것만으로는 여전히 부족합니다. 한 가지가 더 필요합니다.

기도의 능력을 믿어라

인생 문제를 풀어 가는 데 마지막으로 필요한 것은 기도의 능력입니다. 하나님 앞에 나아가서 간구하고 기도할 때 하나님이 풀리지 않는 문제를 풀어 주십니다. 바울은 아무것도 염려하지 말라고 했습니다. 오직 모든 일에 기도와 간구로 구할 것을 감사함으로 하나님께 아뢰라고 했습니다. 그러면 모든 지각에 뛰어난 하나님의 평강이 그리스도 예수 안에서 우리의 마음과 생각을 지키십니다.

염려는 아무 도움이 안 됩니다. 걱정한다고 문제가 풀리지 않습니다. 염려하면 더 엉키기 마련입니다. 그래서 바울은 아무것도 염려하지 말고 오직 모든 일에 기도하라고 했습니다. 기도하면 하나님이 풀어 주십니다. 기도하면 하나님이 우리 편이 되십니다. 그리고 직접 나서서 처리해 주십니다. 기도란 우리를 대신해 하나님이 일하시도록 기회를 드리는 것입니다. 우리가 아니라 하나님이 일하시고 다스리셔야 합니다. 우리의 능력이 아니라 하나님의 능력으로 집행되어야 합니다. 그래서 기도하기만 해도 하나님의 평강이 우리 마음에 가득 찰 수 있습니다.

기도는 의무가 아니라 특권입니다. 한국 교회는 기도의 능력을 많이 체험했기 때문에 유달리 기도 집회가 많습니다. 그래서 목회자들은 자주 성도를 붙들고 기도회에 나오라고 권합니다. 그래서인지 오해하는 성도들도 있습니다. 그렇게 부탁을 하니 기도회에 한 번 나가 준다는 것입니다. 아닙니다. 기도는 기도하는 이의 특권입니다. 특권을 사용하지 않으면 본인이 손해입니다. 하나님이 주신 특권을 잘 사용하시기 바랍니다.

성경도 우리에게 주신 기도의 특권이 얼마나 위대한지 설명하고 있습니다. "그러므로 우리는 긍휼하심을 받고 때를 따라 돕는 은혜를 얻기 위하여 은혜의 보좌 앞에 담대히 나아갈 것이니라"(히 4:16). 은혜의 보좌가 어디에 있습니까? 지성소 안에 있습니다. 지성소 안 법궤 뚜껑을 은혜의 보좌(mercy seat)라고 부릅니다. 그곳이 하나님이 친히 임재하시는 장소, 은혜의 보좌입니다. 지성소의 은혜의 보좌는 성전에서도 가장 깊숙한 곳에 있습니다.

성전의 구조는 구약과 신약 시대에 조금 차이가 있습니다. 헤롯이 세운 성전은 가장 바깥에 이방인의 뜰이 있습니다. 이방인들은 거기까지만 들어갈 수 있습니다. 벽을 지나면 여인의 뜰이 있습니다. 유대인 여자들이 갈 수 있는 곳입니다. 여인의 뜰 너머는 이스라엘의 뜰로 유대인 남자들이 들어갑니다. 그 안쪽으로 제사장의 뜰이 있습니다. 제사장들이 희생 제물을 잡고 번제를 드리는 곳입니다. 거기서 더 안쪽에 성소가 있습니다.

금촛대, 진설병을 진열한 떡상, 금향단이 있는 성소 안에는 제사장들만 들어갑니다. 순번을 정하고 순서를 맡은 제사장만 들어갈 수 있습니다. 성소 안으로 휘막을 통과해 더 깊숙이 들어가면 지성소가 있습니다. 이곳은 지극히 거룩한 장소이기 때문에 아무나 들어갈 수 없고, 이스라엘 백성 가운데 유일하게 대제사장만 일 년에 한 번 대속죄일에 들어갈 수 있습니다. 이 지성소 안에 법궤가 있고 그 위에 시은좌(속죄소, 은혜의 보좌)가 있습니다.

우리는 이방인이기 때문에 율법대로 한다면 이스라엘의 뜰도 밟을 수가 없습니다. 그런데 진정한 대제사장 되신 예수 그리스도 때문에 성소를 통과하고 휘막을 통과하고 지성소를 지나서 하나님의 법궤, 은혜의 보좌까지 나아갈 수 있게 되었습니다. 그리스도인에게 허락된 최고의 특권입니다. 은혜의 보좌 앞에 나아가서 하나님 앞에 기도하면 적어도 두 가지가 보장됩니다. 긍휼하심을 받는 것과 때를 따라 돕는 은혜입니다.

우리의 죄가 얼마나 무겁고 거추장스럽습니까. 하나님 앞에서 가책으로 잠도 이루지 못하고, 사람과 관계가 깨져서 번민하게 만드는 게 죄입니다. 그런데 은혜의 보좌 앞에 나아가면 하나님의 긍휼하심, 즉 하나님의 죄 사함을 받을 수 있습니다. 그 결과 우리의 심령이 깨끗하게 됩니다. 얼마나 대단한 축복입니까. 게다가 때를 따라 하나님의 은혜를 받게 됩니다. 정말 필요할 때 정확히 주어지는 것이 때를 따라 돕는 은혜입니다. 많은 소원이 있지만 지금 이뤄진다면 만사가 풀릴 수 있는 소원, 바로 그것을 하나님이 들어주신다는 것입니다.

하나님은 이 은혜의 보좌를 예비하시고 우리를 초청하십니다. 주님의 은혜의 보좌에 우리에게 필요한 모든 것이 예비되어 있습니다. 목마른 우리 심령을 위한 생수가 거기 있습니다. 너무나 힘든 문제를 풀 수 있는 해법이 거기 있습니다. 인간의 지식을 동원해서 아무리 애써도 풀리지 않던 엉키고설킨 문제도 은혜의 보좌 앞에 나가면 풀릴 것입니다. 그러므로 은혜의 보좌 앞으로 나오시기 바랍니다. 답답하다고 탄식만 해서는 안 됩니다. 세상 사람은 문제가 생기면 울고 신음하며 절망하지만 그것으로 문제가 해결되지 않습니다. 은혜의 보좌 앞으로 나와야 합니다. 주님 앞에 전심으로 매달릴 때 반드시 하나님이 역사하실 것입니다.

베드로전서 5장 10-14절

모든 은혜의 하나님 곧 그리스도 안에서 너희를 부르사 자기의 영원한 영광에 들어가게 하신 이가 잠깐 고난을 당한 너희를 친히 온전하게 하시며 굳건하게 하시며 강하게 하시며 터를 견고하게 하시리라 권능이 세세무궁하도록 그에게 있을지어다 아멘 내가 신실한 형제로 아는 실루아노로 말미암아 너희에게 간단히 써서 권하고 이것이 하나님의 참된 은혜임을 증언하노니 너희는 이 은혜에 굳게 서라 택하심을 함께 받은 바벨론에 있는 교회가 너희에게 문안하고 내 아들 마가도 그리하느니라 너희는 사랑의 입맞춤으로 서로 문안하라 그리스도 안에 있는 너희 모든 이에게 평강이 있을지어다

마라토너의 완주

　　　　　　　　　　인생은 장거리 경주입니다. 잠깐 달리는 단거리가 아니라 평생을 달려가야 하는 기나긴 여정입니다. 시작도 잘해야 하지만, 끝까지 달려서 결승점으로 들어오는 것이 더 중요합니다. 우리 주위에는 인생 경주를 중도에 포기하고 마무리의 영광을 보지 못하는 사람들이 있습니다. 사우스웨스턴침례신학교 교수였던 윌리엄 헨드릭슨(William Hendriksen)은 성경에 나오는 인물 가운데 삼분의 이 정도가 끝이 좋지 않았다고 지적합니다. 시작은 잘했는데 무슨 연유인지 중간에 다른 길로 간 인물이 절반이 넘는다는 것입니다.

　인생의 끝이 좋지 않은 이유는 무엇입니까? 인생 경주가 평탄한 길을 달리는 것이라면 완주도 쉽겠지만, 우리 삶에는 언제나 장애물이 존재하기 때문입니다. 환경이 가로막기도 하고 내적인 문제,

영적인 장애물이 인생을 잘못된 방향으로 이끄는 것입니다. 우리 앞에 주어진 장애가 무엇이든 그것을 넘어서야 합니다. 장애를 넘어서서 하나님이 부르신 목적을 이루어야, 하나님이 기뻐하시는 온전한 인생의 주역이 되는 것입니다.

뉴욕 마라톤 대회는 매년 2만 명 이상의 세계적인 선수가 참가하는 유명한 대회입니다. 보통 마라톤 대회에서 언론의 관심을 받는 선수는 우승한 선수일 것입니다. 그런데 2009년 〈뉴욕타임스〉에 따르면, 1986년 뉴욕 마라톤 대회에서 각광받은 선수는 1등이 아니라 19,413등으로 들어온 선수였습니다. 19,413등은 거의 꼴찌라는 뜻입니다. 밥 월랜드(Bob Wieland)는 수 일에 걸쳐 마라톤을 완주했습니다. 42.195킬로미터의 마라톤 구간을 완주하는 데 우승자들은 보통 2시간대 기록을 갖고 있습니다.

그런데 월랜드가 이렇게 오랜 시간이 걸린 이유는 두 다리가 없기 때문입니다. 그는 월남전에 참전했다가 폭탄에 맞아 두 다리가 절단되고 몸통만 남아 있는 상태였습니다. 월랜드는 몸통 아래를 가죽으로 감싸고 주먹 끝에는 특수 제작된 손 보호대를 달아 양손을 굽혔다 펴면서 앞으로 나아가 시속 1마일의 속도로 달려 마침내 결승점에 들어온 것입니다.

이를 지켜본 당시 대통령 레이건이 직접 월랜드를 만나 물었습니다. "당신의 양손으로 이렇게 힘든 여정을 시도한 이유는 무엇입니까?" 그러자 밥 월랜드가 대답했습니다. "Sir, it's too soon to quit"(여기서 포기하기엔 너무 이릅니다). 비록 장애가 있지만 이 문제로 인생을 포기할 수는 없다는 것입니다. 이 말을 들은 레이건 대통령은 밥 월랜드를 '영감을 주는 사람'(Mr. Inspiration)이라고 불렀습니다.

우리에게도 이런 정신이 필요합니다. 조금만 힘들면 포기하고 장애물만 나타나면 주저앉으려고 하지 않습니까. 젊은이들이 학교나 직장이 막히면 포기하는데, 그것은 너무 빠른 포기입니다. 가정에 문제가 생기면 너무 일찍 깨뜨리고 헤어집니다. 중병에 걸렸다는 진단을 받으면 너무 일찍 생을 포기합니다. 하나님이 우리에게 주신 인생은 한 번뿐입니다. 그 귀한 인생 여정을 장애물 때문에 중단한다면 어떻게 하나님께 영광을 돌릴 수 있겠습니까. 우리는 예수 그리스도를 구세주로 영접한 그리스도인입니다. 세상 사람도 의지를 갖고 인생을 완주하려고 하는데, 예수님을 가슴에 품은 우리가 문제가 있다고 쉽게 포기하고 물러서면 하나님께 영광이 되지 못할 것입니다. 하나님이 부르신 목적대로 인생을 완주해야 합니다.

인생을 완주하려면

베드로가 쓴 첫 편지의 수신자는 소아시아 지역에 흩어진 나그네들입니다. 흩어진 나그네들이라는 표현은 당시에는 디아스포라 유대인들을 가리키는 표현이었습니다. 이를 확대하면 여러 가지 이유로 자기 집이나 고향 땅에 살지 못하고 이방 나라에 흩어져 살았던 수많은 그리스도인을 말할 수도 있습니다. 나그네의 삶이 얼마나 힘들었겠습니까? 나그네 삶이란 우선 안정이 없는 삶입니다. 언어도 통하지 않고 환경은 낯설기만 합니다. 요즘으로 말하면 이민자의 삶이라고 할 수 있겠습니다.

소아시아에 흩어져 있는 디아스포라 그리스도인들은 낯선 환경에 던져진 어려움 외에도, 로마 황제의 박해라는 절체절명의 위기에 처해 있었습니다. 로마 제국의 박해는 처음에는 로마 지역에 국한됐지만, 이것이 점점 확장되어 로마 제국 변방까지 번졌습니다. 베드로가 편지를 써 보낸 나그네들은 낯선 땅에서 박해를 피해야 하는 어려움까지 짊어지고 있었던 것입니다. 이런 상황에서 믿음을 지키고 하나님의 뜻을 따라 끝까지 견디는 건 결코 쉽지 않았을 것입니다. 그래서 베드로는 쉽지 않은 나그네 길을 끝까지 완주하라고 권면합니다. 그것이 하나님의 뜻이고, 그리스도인 삶의 본질이기 때문입니다.

쉽지 않은 삶의 여정에서 하나님의 뜻을 따라 인생길을 완주하는 방법은 무엇입니까? 베드로는 하나님을 소개함으로써 이에 대한 해답을 제시하고 있습니다. "모든 은혜의 하나님 곧 그리스도 안에서 너희를 부르사 자기의 영원한 영광에 들어가게 하신 이가 잠깐 고난을 당한 너희를 친히 온전하게 하시며 굳건하게 하시며 강하게 하시며 터를 견고하게 하시리라." 베드로는 하나님을 모든 은혜의 하나님(God of all grace)이라고 부릅니다. 성경에 묘사된 하나님의 특징은 다양합니다. 권위의 하나님, 공의의 하나님 등 여러 특징으로 하나님을 묘사할 수 있지만, 베드로는 모든 은혜를 소유하신 하나님이라고 부릅니다. 은혜의 하나님이 우리 인생의 시작이며 우리 믿음의 종결입니다. 우리 삶의 현실을 가장 잘 아시고 적절한 해답을 준비하시며, 우리를 일으키고 건져 내 주시는 전능자이십니다. 따라서 이 하나님만이 나그네의 힘겨움을 극복해 낼 수 있는 능력과 힘의 원천이 되십니다.

우리 힘으로는 인생을 완주할 수 없습니다. 노력과 의지만으로 모든 장애물을 헤치고 승리하며 살아갈 수 없습니다. 하나님의 은혜 없이는 주어진 삶을 절대 완주할 수 없습니다. 베드로는 이 사실을 누구보다 잘 알기 때문에 이렇게 권면하는 것입니다. "너희는 하나님의 참된 은혜에 굳게 서라."

일반적으로 서신은 송영으로 마칩니다. 송영(doxology)이란 하나님을 높이는 찬송으로 베드로전서의 경우에는 "권능이 세세무궁하도록 그에게 있을지어다 아멘"이 송영에 해당합니다. 즉 베드로의 편지는 실제로 끝을 맺고 나서도 뒤에 굳이 세 구절을 첨언하고 있습니다. 이런 일이 일어난 까닭은 실루아노가 베드로의 서신을 대필했기 때문입니다. 고대사회에는 저자가 내용을 불러 주면 대필자가 받아 적는 일이 흔했습니다. 이유는 여러 가지입니다. 저자가 고령이라 편지를 직접 쓰기가 어려울 수도 있고, 헬라어가 모국어가 아니어서 통역이 필요하기 때문이기도 합니다. 사도 바울의 로마서도 대필자가 있습니다. 더디오가 바울의 대필자입니다. 베드로의 편지를 대필한 실루아노는 바울의 여행 동역자 실라와 동일인물입니다. 실루아노는 로마식, 실라는 헬라식 이름입니다. 유대인 사울도 로마식 표기인 바울로 바꾼 것입니다.

다시 말해 베드로전서의 마지막 세 구절(5:12-14)은 편지 내용과 별개로, 실루아노가 쓴 내용을 베드로가 읽고 승인했음을 밝히는 일종의 서명 날인 같은 구절입니다. 또 마지막까지 베드로가 당부하려는 간절한 내용이기도 합니다. 소아시아 지역에 흩어져 살고 있는 나그네를 위한 베드로의 마지막 당부의 말씀은 "하나님의 참된 은혜에 굳게 서라"는 것입니다.

하나님이 어떤 분인지 바로 알고 하나님이 우리에게 베푸시는 은혜 위에 선다면, 우리에게 주어진 사역을 감당하며 하나님이 정하신 마지막 목표를 향해 완주해 갈 수 있기 때문입니다. 인생은 하나님의 은혜가 아니면 설 수 없습니다. 하나님이 도와주시지 않으면 달려갈 수 없습니다. 아무리 똑똑하고 지혜가 뛰어나도 하나님이 은혜로 동행하지 않으면 어느 누구도 인생의 성공자가 될 수 없습니다. 따라서 장애물 많은 인생 여정에서 하나님의 은혜를 바로 알고 그 은혜 가운데 굳게 서는 일이 중요합니다.

하나님의 은혜 없이 자력으로 인생을 살아보려고 발버둥치고 있습니까? 스스로 일어서서 자기 힘으로 극복해 보려고 몸부림치고 애쓰다가 오히려 더 크게 상처 받고 깨진 사람이 있습니까? 하나님 안에서 바르게 달려가기를 원한다면 하나님의 은혜를 알아야 합니다. 하나님은 모든 은혜의 하나님이십니다. 이 하나님을 바로 알고, 이 하나님을 붙들고, 이 하나님과 함께 달려갈 때, 인생길의 장애물을 극복하고 끝까지 완주하는 승리자가 될 것입니다. 인생을 완주하기 위해 꼭 붙들어야 할 하나님의 은혜를 살펴보겠습니다.

만지심의 은혜

인생을 완주하기 위해 붙들어야 할 하나님의 은혜는 먼저 만지심(touching)의 은혜입니다. 하나님의 만져 주심은 하나님의 고치심입니다. 이것이 우리가 붙들어야 할 첫 번째 은혜입니다. "모든 은혜의 하나님 곧 그리스도 안에서 너희를 부르사 자기의 영원한 영광에 들어가게 하신 이가 잠깐 고난을 당한 너희를 친히 온전하게 하시며 굳건하게 하시며 강하게 하시며 터를 견고하게 하시리라."

하나님이 우리를 부르셨습니다. 그분의 영원한 영광에 들어가라고 부르셨습니다. 이것은 하나님이 그리스도 안에서 우리에게 주신 구원의 선물을 의미합니다. 우리가 아직 죄인이었을 때 하나님이 우리를 부르셨습니다. 그리고 그리스도의 십자가 복음을 알게 하시고 영접하게 하셨습니다. 이로써 우리는 하나님의 심판을 두려워하지 않고 영원한 천국에 갈 수 있게 됐습니다. 이것이 우리의 구원 사건입니다. 이것을 그리스도인의 신앙 여정이라고 할 수도 있겠습니다. 예수님께 부름 받고 구원받은 순간부터 하나님의 영원한 처소에 들어가는 시점까지, 우리는 신앙의 도상에 있는 것입니다. 이런 신앙 여정에서 피할 수 없는 현실이 바로 고난입니다.

베드로는 이를 '잠깐 고난'이라고 했습니다. 고난을 가볍게 여기기 때문이 아닙니다. 어떤 고난도 쉬운 고난은 없습니다. 아프지 않은 고난은 없습니다. 고난은 누구에게나 아프고 힘든 것입니다. 그런데도 '잠깐 고난'이라고 표현한 것은 우리가 누리게 될 영광이 영원하기 때문입니다. 영원한 영광에 비교해 보면 현재 겪는 고난은 잠깐에 불과하다는 뜻입니다.

그리스도인이 되었다고 고난에서 면제되지 않습니다. 그리스도인이라고 위기가 피해가고 풍랑이 저절로 가라앉지 않습니다. 그리스도인에게 실패가 없다는 뜻이 아닙니다. 예수님을 믿어도 다른 사람들과 똑같이 고난이 찾아옵니다. 어려움과 위기가 닥칩니다. 어떻게 보면 예수님을 믿기 때문에 더 심한 고난을 겪기도 합니다. 하지만 한 가지 차이가 있습니다. 다른 사람들과 달리, 그리스도인의 고난에는 하나님이 함께하시며 돕는다는 사실입니다.

그리스도인이 '잠깐 고난'을 당할 때 하나님은 그들을 위해 네 가지 일을 하십니다. 첫째, 온전케 하십니다. 헬라어 '카타르티조'의 원래 의미는 부서지고 망가진 것을 제자리에 맞게 고치고 손본다는 뜻입니다. 그래서 영어 번역 중에 '수선'(mending)도 있습니다. 관절이 삐끗했을 때 뼈를 맞추는 행위도 여기 해당합니다. 예수님의 제자들이 찢어진 그물을 고칠 때도 같은 단어가 사용되었습니다. 즉 하나님은 망가지고 깨진 우리 인생을 고쳐 주시는 분입니다. 즉 이 행위는 하나님의 회복과 치유 사역을 의미합니다. 둘째, 하나님은 우리를 굳건하게 하십니다. 즉 우리를 세워 주십니다. 셋째, 하나님은 우리를 강하게 하십니다. 우리에게 힘과 에너지를 주십니다. 넷째, 그 결과 우리의 터를 견고하게 하십니다. 즉 우리 삶을 견고한 터전 위에 세우십니다.

하나님은 고난과 장애물 앞에 있는 인생에 개입하셔서 만지고 고치십니다. 예기치 않게 삶의 한 모퉁이가 깨지고 부서지면서 상처를 입은 사람들이 있습니다. 하나님께 나아가 하나님의 만지심을 구해야 합니다. 하나님이 만지시면, 하나님의 손길이 닿는 곳에서 치유와 회복이 일어납니다. 혹시 육체에 질병이 왔다면 상한 몸을 만져 달라고 간구하십시오. 하나님이 만지시면 치유의 역사가 일어납니다. 심령이 상하고 고통 가운데 있는 사람이 있다면, 하나님께 만져 달라고 간구하십시오. 고통을 끌어안고 산다고 문제가 풀리지 않습니다. 하나님이 만져 주셔야 해결됩니다.

인생에 고통이 찾아오고, 가정에 위기가 닥칠 때, 하나님께 나아가 하나님의 만지심을 구하시기 바랍니다. 하나님이 만져 주시면 회복이 시작됩니다. 다니엘은 민족에게 큰 환난이 닥치는 환상을 보았습니다. 얼마나 충격적이고 끔찍한지 환상을 보다 온몸에 힘이 빠져 쓰러져 버렸습니다. 일어날 기력조차 없는 상태에 빠진 것입니다. 그런데 완전히 탈진하여 지친 다니엘을 만지는 손이 있었습니다. "한 손이 있어 나를 어루만지기로 내가 떨었더니 그가 내 무릎과 손바닥이 땅에 닿게 일으키고"(단 10:10).

다니엘을 누가 만져 주신 것입니까? 바로 하나님의 손입니다. 하나님은 낙심하고 탈진한 다니엘을 만져 주시고 새 힘을 주십니다. 그리고 음성으로 다니엘에게 일어서라고 말씀하십니다. "큰 은총을 받은 사람 다니엘아 내가 네게 이르는 말을 깨닫고 일어서라"(단 10:11). 21일 간 금식하고 모든 에너지를 소진한 다니엘은 이 음성을 듣고 다시 일어나 하나님의 사명을 감당했습니다. 동일한 역사가 우리의 삶에서도 일어날 수 있습니다. 무슨 문제가 있든지 포기하지 마십시오. 아직은 포기하기에 이릅니다(It's too soon to quit). 하나님께 나아가 먼저 하나님의 만지심을 요청하십시오. 포기하기 전에 먼저 하나님의 이름을 부르고 은혜를 구하십시오. 하나님이 만지시면 치료가 시작되고 회복이 시작됩니다.

능력의 은혜

다음으로 인생을 완주하기 위해 붙들어야 할 하나님의 은혜는 능력의 은혜입니다. 하나님의 만지심 이후에 실제 회복하고 일으설 수 있는 능력을 얻어야 합니다.

"권능이 세세무궁하도록 그에게 있을지어다 아멘." 여기서 '권능'으로 번역된 단어가 사실은 '능력'을 뜻하는 '크라토스'입니다. 모든 능력이 하나님께 속했다는 송영입니다. 하나님의 영광을 선포하는 말씀입니다. 모든 능력의 근원이 하나님께 있음을 알리는 선포인 것입니다. 하나님은 모든 능력을 소유하신 분입니다. 모든 것이 하나님의 손에 달려 있습니다. 인간의 능력은 한계와 제한이 있지만 하나님의 능력은 무한합니다. 어떤 일도 불가능한 것이 없습니다. 없는 것을 있게 하시고 있는 것을 풍성하게 만드시는 게 하나님의 능력입니다. 이런 능력이 우리의 삶에 나타난다면 해결되지 않을 인생 문제가 무엇이 있겠습니까. 하나님의 능력은 무한대이며 제한도 없습니다. 하나님은 하지 못하시는 일이 없습니다. 천지를 창조하시고 운행하시는 모든 능력이 그분께 속해 있습니다.

문제는 하나님의 그 능력을 어떻게 하면 우리 삶의 현실에 임하게 하느냐는 것입니다. 우리는 하나님의 능력은 알고 있지만, 그 능력을 우리 삶과 연결시키지 못합니다. 아무리 하나님의 능력이 무한대라 할지라도 우리 삶과 연관되지 않으면 우리와는 아무 상관이 없습니다.

하나님의 무한대의 능력을 우리 삶의 현실에 연결하려면 두 가지 요소가 필요합니다. 첫째는 믿음이고, 둘째는 기도입니다. 믿음은 하나님의 능력을 우리 가운데 임하게 하는 통로입니다. 기도는 하늘의 권세와 능력을 현실 속으로 가져오는 통로입니다. 두 가지를 합하면, 즉 믿음으로 기도하면 하나님의 능력이 우리의 소유가 되고 우리 삶의 현실이 될 수 있습니다. 이를 알고 기도해야 합니다. 어려움에 절망하고 당황해서 중구난방 쏟아 놓는 것이 아니라, 믿음으로 기도할 때 하나님의 전지전능하신 능력이 현실이 될 수 있음을 알고 기도해야 합니다. 그러면 하나님의 능력이 내 삶에 임하는 기적을 경험할 것입니다.

성경에 나오는 기적은 모두 하나님이 행하신 것입니다. 이스라엘 백성이 아무리 애굽을 빠져나와 홍해를 건너 애굽 군대를 피할 수 있었던 것은 하나님이 일으키신 기적입니다. 이스라엘 백성이 아무리 머리와 두뇌를 짜낸다 해도 이런 기적을 흉내 낼 수 없습니다. 오직 기도의 결과입니다. 모세가 기도하고 지팡이를 들어 올리자, 하나님의 초자연적인 능력이 이스라엘의 현실 속에 임했습니다. 그래서 홍해가 기적의 바다가 된 것입니다. 이스라엘이 무슨 능력으로 가나안 족속을 쫓아내고 약속의 땅을 정복할 수 있었습니까. 이스라엘 군대의 능력이 아닙니다. 그들과 함께하신 만군의 여호와가 여리고 성을 무너뜨리고 이스라엘을 가나안 땅의 승리자로 만드셨습니다. 그러므로 어떤 일이든지 믿음으로 기도하시기 바랍니다. 그러면 하나님의 능력이 우리 현실로 들어와 기적을 만들어 낼 것입니다.

동역의 은혜

하나님의 만지심과 능력의 은혜와 함께 인생을 완주하기 위해 붙들어야 할 하나님의 은혜는 바로 함께 달릴 사람들입니다. 이것을 동역의 은혜라고 할 수 있겠습니다. 인생 경주는 혼자 달리면 안 됩니다. 혼자 달리면 외롭기도 하고 쓰러질 때 다시 일어날 수도 없기 때문입니다. 하나님은 그리스도인에게 동역하는 사람들을 붙여 주십니다. 사실 이것 자체가 하나님의 은혜입니다.

베드로 당시 소아시아 지역에는 하나님의 백성이 흩어져 있었습니다. 디아스포라 나그네들은 자신들만 이방 땅에 버려져 홀로 서 있다고 생각했을지도 모릅니다. 그래서 베드로는 이들을 후원하고 응원해 줄 다른 사람이 있다고 알려 줍니다. "택하심을 함께 받은 바벨론에 있는 교회가 너희에게 문안하고 내 아들 마가도 그리하느니라."

'바벨론에 있는 교회'는 아마도 로마에 있는 교회를 뜻할 것입니다. 구약 시대 바벨론이 근동 땅을 다스리는 거대한 제국이었다면 신약 시대에는 로마가 그런 위치에 올라섰기 때문입니다. 로마를 직접 언급하지 않기 위해 상징적인 용어를 썼을 수도 있습니다. 요한계시록에 나오는 바벨론도 로마를 상징합니다. 베드로가 로마 교회를 언급하고 있는 것으로 보아, 베드로가 이 편지를 쓴 장소가 로마였으리라고 추측할 수 있습니다. 베드로는 로마에 머물면서 소아시아 지역에 흩어진 그리스도인들을 격려하기 위해 편지를 쓴 것입니다. 로마는 소아시아 지역과 멀리 떨어져 있지만, 모든 성도들은 그리스도 안에서 한 몸 된 지체라고 말합니다. 소아시아에서 고군분투하는 성도들에게 혼자라고 알려 주는 것입니다. 그들과 동역하며 그들을 격려하고 응원하는 공동체가 있음을 알리는 것입니다.

또 베드로는 마가의 안부도 전합니다. 특히 마가를 '내 아들'이라고 표현합니다. 믿음의 자녀라는 뜻입니다. 바울에게 디모데나 디도가 그랬던 것처럼 베드로에게는 마가가 동역자이며 섬기는 자였습니다. 마가가 마가복음이라는 복음서를 기록할 수 있었던 것도 베드로를 통해 예수님의 사역과 복음을 전해받았기 때문입니다.

혼자서 모든 걸 해낼 수 있는 사람은 없습니다. 동역자가 꼭 있어야 합니다. 하나님이 천지만물을 창조하시고 모든 것이 보기 좋았는데, 남자가 혼자 있는 것만은 보시기에 좋지 않았습니다. 그래서 하나님은 하와라는 배필을 만들어 주셨습니다. 즉 하나님은 처음부터 인간을 홀로 살지 않고 함께 살아가는 사회적 존재로 만드셨습니다. 그래서 우리는 하나님을 섬기는 동시에 복음의 지체들과 교제해야 합니다. 하나님의 사역을 함께해 나가는 동역자들이 있어야 합니다. 그것이 교회라는 공동체입니다. 인생 여정에서 함께 마음을 나눌 수 있는 친구나 배우자가 있고, 신앙생활의 동역자가 있다는 것을 감사해야 합니다.

목회에서도 동역의 은혜는 대단히 큽니다. 교회라는 곳이 항상 편하고 좋기만 한 것은 아닙니다. 문제가 생길 수도 있고 위기가 찾아올 수도 있습니다. 문제와 위기가 찾아왔을 때, 함께하는 신실한 동역자들이 있다는 것은 대단한 축복입니다. 동역자들의 사랑과 은혜를 저는 지금도 잊을 수가 없습니다. 그들의 신실한 동역이 없었다면 과연 목회가 가능했을지 모르겠습니다. 신앙생활에서 곁을 지켜 주는 동역자의 존재에 감사해야 합니다. 동역자는 하나님이 주신 축복이며 배려입니다. 또 저는 개인적으로 1981년 이후로 은혜를 얻게 되었습니다. 그해 제가 결혼했기 때문입니다. 은혜 없이는 살 수가 없습니다. 제 아내 이름이 은혜, 그레이스입니다. 1981

년 결혼한 후 지금까지 제 삶은 그레이스 없이는 정의되지 않습니다. 모든 것이 은혜였습니다.

혼자 잘나서 잘 달려온 것 같지만 돌이켜 보면 누군가 도와준 이가 있었습니다. 그가 동역자입니다. 동역의 가치를 가볍게 여기지 마십시오. 동역은 귀한 것입니다. 앞으로 달려갈 인생 여정에서도 응원하고 지지하고 도와줄 동역자가 필요합니다. 그래야 어려움에 처할지라도 낙심하지 않고 다시 일어서서 달릴 수 있습니다. 인생 여정은 결코 쉽지 않습니다. 난관도 있고 앞을 가로막는 장애물도 있고, 뜻밖의 방해물이 튀어나와 부딪히기도 합니다. 그러나 어떤 장애물 앞에서도 포기하지 마십시오. 멈추기엔 너무 이릅니다. 포기하기 전에, 가던 길을 멈추기 전에, 다시 한 번 은혜의 하나님을 기억하십시오.

은혜의 하나님을 향해 나오면 하나님이 만져 주십니다. 깨지고 상한 우리를 만지셔서 다시 일으키십니다. 또 탈진하고 소진해서 더 이상 일어날 힘이 없을 때 믿음으로 기도하면 다시 일어나 걸어갈 힘을 주십니다. 그러므로 인생의 어느 경로에 있든지 절대 포기하지 마십시오. 앞으로 달려가야 할 찬란한 인생 여정이 남아 있습니다. 나이가 많다고 포기할 게 아닙니다. 포기할 수 있는 나이란 없습니다. 가진 것이 없고 무기력하다고 포기해서도 안 됩니다. 하나님이 함께하시면 하나님의 영광을 위해 쓰임 받을 수 있습니다. 한 번 사는 인생, 하나님이 불러 주신 존귀한 인생을 사도 바울처럼 최선을 다해 달려갈 길을 마치도록 믿음을 지키며 선한 싸움을 싸워서 주 예수 그리스도 앞에 영광된 모습으로 설 수 있기를 바랍니다.

기다림 속에서 하나님이 우리를 자라게 하십니다.
모든 미완성 과제는 하나님의 때에 비로소 완성될 것입니다.
그때를 기다린 자들만이 하나님의 축복이
얼마나 창대한지 경험할 수 있습니다.

4

아침 고요,
빛이 비추니

갈라디아서 1장 1-5절

사람들에게서 난 것도 아니요 사람으로 말미암은 것도 아니요 오직 예수 그리스도와 그를 죽은 자 가운데서 살리신 하나님 아버지로 말미암아 사도 된 바울은 함께 있는 모든 형제와 더불어 갈라디아 여러 교회들에게 우리 하나님 아버지와 주 예수 그리스도로부터 은혜와 평강이 있기를 원하노라 그리스도께서 하나님 곧 우리 아버지의 뜻을 따라 이 악한 세대에서 우리를 건지시려고 우리 죄를 대속하기 위하여 자기 몸을 주셨으니 영광이 그에게 세세토록 있을지어다 아멘

밤이 지나 아침—。

　　　　　　　　　　　갈 등 (葛藤)　이 라 는　한 자
어는 원래 칡나무와 등나무를 뜻합니다. 칡나무와 등나무는 모두
넝쿨식물입니다. 정확히는 콩과에 속하지만 줄기가 굵기 때문에
나무라고 부릅니다. 두 나무 모두 다른 나무를 감아서 올라가는 성
향이 있습니다. 꽃은 모두 예쁘고 향기롭습니다. 그런데 두 나무가
만나면 문제가 생깁니다. 서로 엉켜서 반대 방향으로 감아 올라가
기 때문입니다. 칡나무는 왼쪽으로 감아 돌아가는 성향이 있고, 등
나무는 오른쪽으로 감아 올라가는 성향이 있습니다. 그래서 두 나
무가 마주치면 서로를 꼬면서 감아 올라가는 것입니다. 두 식물이
감아쥐는 힘이 크기 때문에 서로에게 고통을 안겨 주게 돼서, 이것
을 갈등이라 부르는 것입니다.

　갈등은 가까이 있기 때문에 서로 찌르고 다투고 갈라지는 관계의

아픔입니다. 그래서 친분이 없는 먼 관계에서는 잘 나타나지 않습니다. 가까이 있기 때문에, 사랑하기 때문에 부딪히는 것이 갈등입니다. 그래서 부부 사이나, 부모 자녀 사이, 직장 동료 사이에서 갈등이 일어나는 것은 특별한 일이 아닙니다. 심지어 함께 신앙생활을 하는 교회 공동체에서도 가깝기 때문에 갈등이 일어날 수 있습니다.

갈등을 넘어서는 비결

바울은 갈등을 겪는 여러 교회에 편지를 보냅니다. 갈라디아서가 대표적입니다. 사도행전에 따르면 바울이 갈라디아 지방에 교회를 세운 것은 처음 떠난 전도 여행 때입니다. 소아시아 남쪽에 있는 로마의 속주, 갈라디아 지역에 여러 교회를 세운 것입니다. 바울은 두 번째 여행길에 이곳을 차례로 방문하고, 세 번째 여행 때도 지나갑니다. 바울이 관심을 두고 소중히 여기는 교회임을 알 수 있습니다. 바로 이들 교회에 갈등이 생겼습니다. 그것도 바울의 가르침에 대해 왈가왈부하며 대립하고 있었습니다.

바울은 처음 이곳을 방문해서 예수 그리스도와 그의 복음을 증거했습니다. 예수를 믿는 믿음만으로 구원받을 수 있음을 전했습니다. 그런데 바울이 떠나자 유대주의자들이 교회를 공격했습니다. 유대주의자들은 교회 안에 있는 유대인을 말합니다. 교회 안에서 유대교 믿음을 내세우고 율법 준수를 강조하는 그리스도인들입니다. 이들은 믿음만으로 구원받을 수 있다는 바울의 가르침에 반대하며, 구원을 받으려면 할례를 받아야 하고, 유대인의 율법도 지켜야 한다고 주장했습니다. 그리스도인이 되려면 먼저 유대인이 되어야 한다고 가르친 것입니다. 바울이 순수한 복음을 전한 교회에 유대주의자들이 율법주의 복음을 외치자 분열이 생겼습니다. 바울파와 반바울파, 이방인 교회인 안디옥파와 예루살렘 교회인 예루살렘파가 서로 나뉘어 찌르고 공격하며 분열하고 갈등하기 시작했습니다.

갈등이 있는 교회에서는 복음의 문이 닫혀서 하나님께 영광을 돌릴 수 없었습니다. 이런 상황을 목격한 바울이 복음의 참된 자유를 선포하기 위해 기록한 것이 갈라디아서입니다. 그래서 갈라디아서의 주제는 '자유로운 복음'입니다. 모든 죄악에서 자유케 하는 복음, 모든 율법과 굴레에서 자유케 하는 복음입니다. 그래서 갈라디아서 전체에서 가장 중요한 단어가 자유입니다. 어떤 주석가는 갈라디아서를 자유의 마그나카르타, 자유의 대헌장이라고 부르기도 합니다.

갈등은 그냥 두고 지나가면 안 됩니다. 해결해야 합니다. 갈등은 가까운 사람 사이에 일어나기 때문에 이를 잘못 다루면 가까운 사람을 잃게 됩니다. 갈등을 넘어서야 삶이 건강하고 행복합니다. 하나님이 허락하신 그리스도인의 삶의 본질은 갈등하고 다투고 상처를 남기는 것이 아니라, 화평하고 축복하고 아름다운 열매를 남기는 것입니다. 그리스도인으로서 갈등을 넘어서는 삶을 살기 위한 비결을 살펴봅시다.

건강한 자아가 갈등을 넘어선다

갈등을 넘어서는 삶의 비결은 먼저 건강한 자아상을 갖는 것입니다. 그리스도 안에서 건강한 자아가 된다면 갈등의 문제를 넘어설 수 있습니다. 대개 갈등은 바깥이 아니라 자신의 내부에서 시작되는 법입니다. 환경이나 외부 조건 때문에 갈등하는 게 아니라 자기 속에서 먼저 갈등이 시작됩니다. 그리스도 안에서 참된 자아를 발견하면 영혼이 건강해집니다. 그래서 외적인 문제가 조금 어렵거나 설사 비난받고 가시에 찔리는 상황이 오더라도 그것 때문에 쓰러지지 않습니다. 그리스도 안에서 확립한 자신감이 분명하기 때문입니다. 이런 자신감이 없을 때, 작은 비난과 사소한 문제에도 상처 받고 무너지는 것입니다. 그래서 그리스도 안에서 건강한 자아상을 확립하는 것이 갈등을 넘어서는 첫 번째 비결입니다.

사도 바울은 많은 것을 갖춘 사람으로 보입니다. 좋은 집안 출신에, 공부도 많이 했고, 능력도 있고, 심지어 기독교로 개종을 한 후에는 대단한 사역의 열매를 맺은 유능한 사람입니다. 그런데 바울을 따라다니는 열등감이 있었습니다. 바로 사도직의 정통성에 관한 시비였습니다. 대적자들은 언제 어디서나 바울을 따라다니며 공격했습니다. 바울의 일거수일투족을 감시하면서 그의 연약한 점을 파악하고 있었습니다. 약점을 공격해 무너뜨리려 했습니다. 대적자들이 찾아낸 바울의 약점은 사도직에 관한 것이었습니다.

예수님은 공생애 동안 열두 명의 제자만 선택해 가까이 두셨습니다. 바울은 그 열두 명에 속하지 않았습니다. 배신한 유다 대신 새로 영입한 맛디아까지 열두 명이 사도로 불리지만 바울은 거기에

낄 수 없었습니다. 게다가 바울은 예수님의 공생애 3년 동안 예수님을 직접 만나 가르침을 받은 적이 한 번도 없었습니다. 사도의 권위가 무엇입니까? 바로 예수님의 말씀을 직접 들었다는 것입니다. 교회 안팎으로 어려운 일이 생기면 사도가 해결합니다. 예수님은 비슷한 상황에 이렇게 하셨다고 주장할 수 있기 때문입니다. 그런데 예수님을 만난 적도, 말씀을 직접 들은 적도, 기적을 지켜본 적도 없는 바울은 무슨 권위로 교회를 세우고 가르치는 것입니까. 대적자들은 바울에게 누가 당신을 사도로 세웠느냐고 공격했습니다. 바울이 전하는 복음이 정말 예수님의 복음인가 의심하기도 했습니다. 이런 공격을 곳곳에서 당하다 보니 천하의 바울도 상처를 받지 않겠습니까.

그런데 바울은 자신의 사도직에 대해 이렇게 선포합니다. "나 바울은 사람들에게서 난 것도 아니고 사람으로 말미암은 것도 아니다. 오직 예수 그리스도와 그를 죽은 자 가운데서 살리신 하나님 아버지로 말미암아 사도가 되었다." 사도직은 사람이 준 것도 아니고 사람 때문에 얻은 것도 아니고 예수 그리스도와 하나님께 직접 받은 직분이라는 것입니다. 바울이 이렇게 주장할 수 있는 근거는 부활하신 예수님을 직접 만났기 때문입니다. 사도의 첫 번째 조건이 예수님을 직접 만난 사람입니다. 바울은 부활하신 예수님을 만났습니다. 그뿐만 아니라 예수님이 바울을 이방인을 위한 사도로 부르시고 직분을 맡기셨습니다. 사람들은 바울을 인정하지 않았지만, 바울 자신은 부활하신 예수님을 만난 것과 하나님이 직접 주신 사명의 부르심을 똑똑히 기억하고 있었습니다. 그래서 자신의 사도직이 주님이 주신 것이라고 당당하게 반박할 수 있었던 것입니다.

다른 사람들이 하는 말에 휘둘리기 시작하면 건강하게 살 수 없습니다. 사람들의 평가나 칭찬과 박수에 의지해 자기 인생을 규정하면 힘들 수밖에 없습니다. 열등감이 무엇입니까? 비교에서 오는 것입니다. 다른 사람과 자신을 비교할 때 따르는 감정입니다. 따라서 비교에 기인한 평가에 귀를 기울이면 언제나 쫓기는 인생, 자신감을 상실한 인생을 살게 됩니다. 우리가 존재하는 이유는 바울이 선포한 것처럼 하나님 때문입니다. 하나님이 나를 인정하셨고 나를 세우셨다는 고백이 있어야 건강한 자아상을 가질 수 있습니다. 예수 그리스도 안에서 자신이 존귀한 존재임을 인식한다면 사람들이 어떻게 대하든 상관없이 상처 없는 당당함으로 살아갈 수 있습니다.

얼마 전 잡지에 소개된 제목에 이끌려 읽은 책이 있습니다. 제목은 《항상 나를 가로막는 나에게》, 부제는 '왜 우리는 언제나 같은 곳에서 넘어지는가'입니다. 책을 쓴 저자 알프레드 아들러(Alfred Adler)는 유명한 심리학자입니다. 프로이트, 융과 함께 심리학의 3대 거장으로 꼽힌다고 합니다. 열등감, 보상 심리, 인정 욕구 등의 심리학 용어를 만든 것도 아들러입니다. 이 책에 이런 대목이 있습니다. "삶이 힘든 것이 아니라 나 자신이 힘든 것이다. 어려움에서 나를 구출해 내는 것도, 곤경에 빠뜨리는 것도 나 자신이다. 그러므로 나를 가로막고 있는 나 자신을 넘어서야 행복자가 될 수 있다."

상당히 그럴 듯한 말입니다. 하지만 여기엔 '나'라는 한계가 있습니다. '나'를 넘어서야 한다는 것입니다. 나를 넘어지게 하는 것도, 일어서게 하는 것도 나 자신이므로 내가 바로 서야 한다는 것입니다. 어떻게 해야 나를 일어서게 할 수 있는지는 제시하지 않습니다. 이것이 어쩌면 심리학의 한계일 수 있습니다. 심리학계에서 소위 자기 계발을 부추기는 책이 많이 나옵니다. 자신을 긍정하라, 스스로 자신의 운명을 결정하라, 그러므로 긍정적인 생각을 가지라 등의 내용입니다. 하루에 한 번씩 거울을 보면서 자기 얼굴에 키스를 해서 자존감을 회복하라거나, 하루에 열 번씩 '나는 특별하다'고 외치면 힘이 난다거나, 티셔츠에 '나는 고귀하다' 같은 단어를 써서 다니면 인생이 존귀하게 된다는 실천 방안도 유행입니다.

하지만 과연 그런 방법으로 자신의 진정한 가치와 소중함을 발견할 수 있습니까? 자존감을 높이기 위한 세상적인 방식은 한결같이 무언가를 행함으로써 스스로를 존귀하게 만들어가라고 합니다. 공부를 많이 하고, 스펙을 쌓고, 좋은 직장에 들어가고, 외모를 꾸미고, 명품 브랜드를 들고 다니는 식입니다. 그런데 그런다고 정말 자존감이 높아집니까? 자신의 가치를 깨닫게 됩니까? 결코 그럴 수 없다고 생각합니다.

진정한 가치를 회복하려면 예수 그리스도를 만나야 합니다. 예수님을 만나고 그분 안에서 자신이 누구인지 깨닫지 않으면 결코 진정한 자존감을 회복할 수 없습니다. 예수님을 알기 전까지 우리는 죄인이었습니다. 깨진 인생으로, 상처투성이 삶을 살아가는 존재였습니다. 그런데 예수 그리스도를 만나 그분의 보배로운 피로 말미암아 새사람이 되었습니다. 새로운 존재, 새로운 피조물이 된 것입니다. 이런 나는 세상이 만든 존재도 아니고 스스로 만들어 낸 존재도 아닙니다. 오직 하나님과 그리스도에 의해 재창조된 존재입니다. 즉 우리는 하나님 때문에 존귀한 자가 되었습니다. 예수 그리스도 때문에 함부로 다룰 수 없는 존귀한 인생이 된 것입니다. 따라서 예수 그리스도 안에서 진정한 가치를 확인하고 자신이 누구인지 발견하게 되면 사람들이 무슨 얘기를 해도 그것을 넘어설 수 있습니다. 사람의 비난과 멸시를 넘길 수 있습니다. 그리스도의 사랑을 확신하기 때문입니다. 또 소유의 유무나 외모로 평가하는 세상에 얼마든지 반박할 수 있습니다. 자신이 그리스도 안에서 존귀한 자임을 알기 때문입니다. 이렇게 예수 그리스도 안에서 발견한 건강한 자아상이 있어야 갈등을 넘어설 수 있습니다.

축복이 갈등을 넘어선다

갈등을 넘어서는 두 번째 삶의 비결은 상대를 축복할 줄 아는 것입니다. 보통 사람들은 관계에서 상처를 받으면 복수하려고 듭니다. 복수는 결코 갈등을 푸는 해법이 아닙니다. 복수는 또 다른 복수를 일으킬 뿐이며 절대 근본 문제를 풀어내지 못합니다. 그래서 성경은 반대로 말합니다. 자신을 해치고 상처를 준 자가 있으면 복수하지 말고 축복하라는 것입니다. 상대를 축복할 때 갈등을 넘어설 수 있습니다.

바울은 자신을 대적하고 배신했던 갈라디아 교회 성도들을 향해 선포합니다. "우리 하나님 아버지와 주 예수 그리스도로부터 은혜와 평강이 있기를 원하노라." 여기서 '은혜'로 옮긴 헬라어 '카리스'는 헬라 사람이 가장 중요하게 여기던 가치입니다. '평강'으로 옮긴 말은 히브리어로 '샬롬'인데, 이것은 유대인이 가장 소중하게 여기는 가치입니다. 즉 바울은 자신을 배척하고 고통을 안겼던 성도들을 저주하고 비판하는 대신, 최상의 가치로 그들을 축복합니다. 이것이 성숙한 자세입니다. 여기에서 변화가 일어나고 새 길이 열립니다.

바울이 처음 갈라디아 지역을 방문하고 복음을 전할 때만 해도 갈라디아 교회 성도들은 바울을 사랑하고 따랐습니다. 눈이 아픈 바울을 위해 자기 눈이라도 빼 줄 것처럼 사랑했다고 합니다. 이렇게 바울을 사랑하고 존경하던 사람들이 하루아침에 등을 돌립니다. 바울이 떠나고 유대주의자들이 찾아왔기 때문입니다. 그들의 변심이 어찌나 빠르던지, 한때 그렇게 나를 사랑하더니 어떻게 그렇게 다른 복음으로 갈 수 있냐고 바울이 반문할 정도였습니다.

믿었던 사람들이 한순간에 배신하고 떠나갈 때 심정이 어떻겠습니까? 당해 보지 않은 사람은 잘 모릅니다. 그런데 바울은 엄청난 고통과 아픔을 겪었음에도 따지거나 비판하는 대신, 그들에게 하나님의 은혜와 평강이 넘치기를 기원합니다. 인간관계는 받은 대로 앙갚음하는 계산서가 아닙니다. 받은 것에 상관없이 축복하면, 하늘 아버지가 더 큰 축복을 내려 주십니다.

바울도 이미 말했습니다. "네 원수가 주리거든 먹이고 목마르거든 마시게 하라 그리함으로 네가 숯불을 그 머리에 쌓아 놓으리라"(롬 12:20). 원수가 배고파하면 먹을 것을 주고, 원수가 목이 말라 고통스러워하면 마실 물을 주라는 것입니다. 당연히 응징을 받을 줄 알고 벼르던 원수는 오히려 은혜를 입고 나서 머리에 숯불을 얹은 것같이 된다고 합니다. 머리에 숯불을 얹어 놓으면 얼마나 땀이 납니까. 어쩔 줄 모르는 것입니다. 분명 실수를 했는데 자신에게 되돌아오는 것이 오히려 격려고 축복이라면 어쩔 줄 몰라 당황하면서 내면에 변화가 일어납니다. 인생 살아가면서 아프게 하고 어려운 가시를 안겨 준 사람들이 혹시 있다면 그들을 축복하십시오. 그러면 내 인생과 삶의 터전에 변화가 일어날 것입니다. 갈등을 넘어설 수 있습니다.

예수 그리스도를 바라보라

갈등을 넘어서기 위해서는 예수 그리스도의 본을 따라야 합니다. 예수 그리스도는 우리가 본받아야 할 가장 아름답고 건강한 삶의 모델이기 때문입니다. 바울은 갈등을 해결하는 최상의 모델로 예수님이 행하신 일을 소개합니다. "그리스도께서 하나님 곧 우리 아버지의 뜻을 따라 이 악한 세대에서 우리를 건지시려고 우리 죄를 대속하기 위하여 자기 몸을 주셨으니."

하나님과 우리 사이에는 원래 큰 갈등의 장벽이 있었습니다. 우리는 모두 범죄했기 때문에 하나님께 나아갈 수 없고, 하나님은 의로우신 분이기 때문에 죄인인 우리에게 진노하실 수밖에 없었습니다. 그래서 하나님과 우리 사이는 깨져 버렸고 그 갈등의 벽은 너무 높았습니다. 아무도 그 벽을 무너뜨릴 수 없었습니다. 그런데 하나님과 인간 사이에 예수님이 들어오셔서 영원한 갈등의 골을 해결하셨습니다. 바로 자기 생명을 주신 것입니다. 예수님 때문에 우리는 악에서 건짐을 받았고 우리 죄는 대속되었습니다. '대속'으로 옮긴 헬라어 '엑셀레타이'는 문자적으로 '건져 내다, 완전히 제거하다'라는 뜻입니다. 예수님은 하나님과 우리 사이에 존재했던 모든 죄악의 찌꺼기를 자신의 피로 완전히 제거해 주셨습니다. 그래서 우리는 하나님과 완벽한 화목을 이루게 되었고 하나님 안에서 축복과 생명을 누리게 되었습니다. 이것이 예수님이 우리를 위해 행하신 일입니다.

　인생을 살다 보면 억울한 일을 당할 때가 있습니다. 하지도 않은 일로 오해를 받기도 합니다. 그런데 예수님만큼 억울한 사람이 있습니까? 아무 죄가 없는 분이 본인이 하지도 않은 일 때문에 인류 역사상 가장 무거운 형벌을 받았습니다. 사랑하는 사람들에게 배신을 당하면 얼마나 아프고 힘듭니까. 예수님만큼 엄청난 배신을 당한 사람이 있습니까.

　예수님은 자기 백성을 위해 이 땅에 오셨는데 그 백성이 예수님을 버렸습니다. 3년 동안 제자들을 양육하고 가르치고 교훈을 주셨지만, 잡히시던 날 밤에 제자들은 전부 떠났습니다. 예수님께 가장 고통스럽고 힘들었던 밤에 누구 하나 남지 않고 떠났습니다. 특히 다른 사람은 몰라도 자기는 끝까지 남겠다고 세 번이나 장담했던 수제자 베드로는 눈앞에서 세 번이나 스승을 부인했습니다. 주님의 심정이 어땠겠습니까. 얼마나 아프고 허무하고 고통스러웠겠습니까.

　그런데 예수님은 이 문제로 한마디도 원망하거나 저주하지 않으십니다. 오히려 처절하게 피 흘리는 마지막 순간에도 하나님께 자기 죄를 알지 못하는 이들의 죄를 용서해 달라고 간구하셨습니다. 배신자들을 축복하며 임종하셨습니다.

　예수님은 자신의 모든 권리를 포기하고 생명까지 내어 주심으로 영원히 갈등 가운데 살 뻔한 인류를 구원해 주셨습니다. 예수님 때문에 우리는 완전한 화목의 자리에서 은혜와 평강을 누리는 것입니다. 이런 예수 그리스도의 모범을 따른다면 고통과 아픔을 안겨주는 사람도 용서할 수 있습니다. 갈등의 순간 예수 그리스도를 기억하고 그분을 바라봐야 합니다.

자신에게 상처를 안기고 비수를 들이댄 사람들을 용서하는 건 결코 쉽지 않습니다. 용서도 쉽지 않은데 그를 축복하기는 더더욱 힘듭니다. 왜냐하면 우리 마음속에는 아직도 옛 자아가 남아 있기 때문입니다. 복수하고 싶고 앙갚음하고 싶은 옛 자아가 펄펄 살아 있기 때문입니다. 자신의 의지나 힘으로는 이런 자아를 극복할 수 없습니다. 용서와 사랑을 실천하며 살 수 없습니다. 이런 일은 내 자아가 죽고 내 안에 그리스도가 살아야 비로소 행할 수 있습니다. 내 안에 그리스도가 사실 때 갈등을 넘어서서 하나님의 평화를 나누며 살게 되는 것입니다.

몇 년 전에 일본에서 창간된 잡지가 많은 사람의 이목을 집중시켰습니다. 바로 표지 그림 때문이었습니다. 평범한 회색 나비 한 마리가 그려져 있었습니다. 흥미로운 것은 그냥 두면 회색 나비인데 누군가 손을 대면 회색 나비가 총천연색 아름다운 나비로 변하는 것입니다. 아마도 표지를 디자인한 사람의 의도는, 메마르고 잿빛처럼 어두운 시대지만 누군가 사랑의 손길로 만지면 잿빛 인생도 총천연색의 인생이 될 수 있음을 암시하는 듯합니다.

우리가 살아가는 삶의 현장은 잿빛과 같습니다. 우울하고 어둡고 생기도 없는 가정과 직장과 사회일 수 있습니다. 나름대로 친하게 지내는 사람들과의 관계 속에서도 잿빛같이 어둡고 우울한 삶의 모습을 발견할지 모릅니다. 이들에게 필요한 것은 사랑의 손길입니다. 십자가 사랑을 담은 손길로 만져 줄 때 잿빛 같은 삶이 생기를 얻고 아름답고 존귀한 인생으로 바뀔 것입니다. 어둡고 캄캄한 삶에서 예수 그리스도의 사랑을 아는 자답게 누군가를 향해 사랑을 고백하고 우리 손을 펼쳐 잿빛 같은 사람들을 만져 줄 수 있길 바랍니다.

사무엘상 6장 19절-7장 2절

벧세메스 사람들이 여호와의 궤를 들여다본 까닭에 그들을 치사 (오만) 칠십 명을 죽이신지라 여호와께서 백성을 쳐서 크게 살륙하셨으므로 백성이 슬피 울었더라 벧세메스 사람들이 이르되 이 거룩하신 하나님 여호와 앞에 누가 능히 서리요 그를 우리에게서 누구에게로 올라가시게 할까 하고 전령들을 기럇여아림 주민에게 보내어 이르되 블레셋 사람들이 여호와의 궤를 도로 가져왔으니 너희는 내려와서 그것을 너희에게로 옮겨 가라
기럇여아림 사람들이 와서 여호와의 궤를 옮겨 산에 사는 아비나답의 집에 들여놓고 그의 아들 엘리아살을 거룩하게 구별하여 여호와의 궤를 지키게 하였더니 궤가 기럇여아림에 들어간 날부터 이십 년 동안 오래 있은지라 이스라엘 온 족속이 여호와를 사모하니라

소중한 것을 소중히.

　　　　　　최근 발생한 사건 중에 미국 역사의 향방을 바꾸었다고 할 수 있는 것은 아마도 9·11테러일 것입니다. 이 사건으로 미국 전체의 시스템과 가치관에 변화가 일어났기 때문입니다. 단지 국가적인 차원뿐만 아니라 개인의 삶도 달라졌습니다.

　테러 이듬해 〈뉴욕타임스〉에 한 인물의 이야기가 실렸습니다. 당시 뉴욕 맨하튼의 증권회사에서 전산을 총괄하는 전무로 일하고 있던 사람입니다. 테러가 일어나던 날, 그는 세계무역센터 110층에서 열리는 세미나에 참석 중이었습니다. 세미나 도중에 회사에 처리할 문제가 있어서 내려와 자기 사무실로 가고 있을 때 여객기가 쌍둥이 빌딩으로 돌진했습니다. 불기둥이 솟아오르고 불덩이가 쏟아지는 가운데 건물이 무너졌습니다. 빌딩 옥상에서 아우성을 지르던 수많은 사람이 허드슨 강으로 몸을 던지는 아비규환의 상황이 벌어졌습니다. 그날 110층 세미나실에 있던 그의 동료 100명이 모두 희생당했습니다. 소방관이었던 그의 조카는 현장에서 생명을 잃었습니다. 그의 동네에서만 67명이 희생됐습니다. 이 사건으로 그의 회사까지 문을 닫게 돼 1,800명이 한꺼번에 직장을 잃고 말았습니다. 물론 그도 실직자가 되었습니다. 35년 동안 청춘을 바쳐 일했던 회사를 하루아침에 그만둘 수밖에 없었습니다. 너무나 큰 손실과 아픔이었습니다.

그러나 이런 상황에서도 그는 지금까지 알지 못했던 새로운 가치를 발견하게 됐다고 고백합니다. 그가 새롭게 발견한 가치, 그것은 가정과 따뜻한 마음의 소중함이었습니다. 그는 35년 간 증권에만 시간과 인생을 투자하며 살아오느라 가정을 제대로 돌보지 못했습니다. 지금까지 붙잡았던 모든 것이 날아가 버린 순간에 증권보다 소중한 것이 생명이며, 사랑하는 가족이라는 사실을 비로소 깨달은 것입니다.

인간은 뭔가를 손에 쥐고 있을 때는 인생의 참된 가치를 잘 모릅니다. 잡은 줄 알았던 그것을 잃어버릴 때 비로소 참된 가치가 무엇인지 눈뜨는 것입니다.

소중한 것을 소중히 다루려면

이스라엘 백성에게 가장 소중한 것은 하나님의 임재와 영광을 상징하는 법궤입니다. 그런데 이스라엘은 이 법궤를 한 차례 빼앗겼다가 다시 얻게 되었습니다. 본인들이 대단한 일을 한 것은 없습니다. 하나님의 능력에 놀란 적들이 법궤를 암소 두 마리에 묶어 돌려보낸 것입니다.

하나님의 법궤는 스스로 이스라엘 땅으로 돌아옵니다. 그런데 법궤를 다루는 두 성읍의 자세가 달랐습니다. 먼저 벧세메스 사람이 법궤를 어떻게 들여다봤는지, 여호와가 이들을 쳐서 큰 살육이 일어납니다. 즉 벧세메스 사람들은 하나님의 언약궤를 함부로 다룬 것입니다. 거룩한 성물인 법궤를 호기심의 대상으로 여기고 함부로 열어 보며 이리저리 쳐다본 것입니다. 이것은 하나님이 규정하신 규례를 어긴 것일 뿐만 아니라 거룩한 성물을 모욕하고 경멸한 태도입니다. 그 결과 수많은 사람이 죽임을 당하고 온 성읍에 애곡하는 소리가 넘쳐났습니다.

한편 기럇여아림 사람들은 하나님의 법궤를 어떻게 다루었습니까? 기럇여아림 사람들은 여호와의 궤를 산에 있는 아비나답의 집에 들여놓고 그의 아들 엘리아살에게 지키게 했습니다. 기럇여아림 사람들은 벧세메스 사람들처럼 법궤를 방치하지 않았습니다. 산에 있는 아비나답의 집안으로 모시고 거룩하게 구별해 지켰습니다. 다시 말해 하나님의 법궤가 있어야 할 장소로 바르게 옮겨진 것입니다. 그 결과 아비나답의 집뿐만 아니라 온 성읍이 복을 받게 되었습니다.

법궤는 모두에게 똑같은 축복의 근거입니다. 이것을 어떻게 다루느냐에 따라서 누군가는 불행해졌고, 누군가는 축복을 받았습니다. 우리 인생도 마찬가지입니다. 하나님이 모두에게 똑같이 소중한 것을 주셨는데, 누군가는 올바로 다루지 못해 불행해질 수 있습니다. 올바로 다룬 사람만이 축복을 받게 됩니다. 예컨대 하나님이 주신 가정은 소중한 축복의 근원입니다. 하지만 누군가에게는 가정이 고통의 터전입니다. 자녀도 그렇습니다. 어떤 부모에게는 자녀가 평생의 가시가 되어 가슴을 찌르기도 합니다. 건강이 아무리 귀하다 해도, 몸을 함부로 굴린 사람은 병마에 시달릴 수밖에 없습니다. 즉 우리에게 주어진 것이 무엇이든, 그것을 소중한 가치에 합당하게 다루는 지혜가 있어야 합니다.

인생에서 가장 소중한 것은 무엇입니까? 하나님이 주신 소중한 것은 무엇입니까? 사람일 수도 있고 삶의 터전일 수도 있고 영적 세계일 수도 있습니다. 그러나 그것이 아무리 소중하고 귀한 보화라 해도 올바로 다루지 못하면 우리에게 복이 될 수 없습니다. 따라서 하나님이 주신 소중한 보화를 바르게 다루고 인생의 풍성한 열매로 맺을 수 있는 길이 무엇인지 점검해 봐야 합니다.

보화를 간직하는 마음

하나님이 주신 보화를 바르게 다루려면 먼저 그것을 간직하는 마음이 필요합니다. 간직한다는 것은 소중히 여기고 가슴속 깊이 넣고 아끼는 마음을 말합니다. 기럇여아림 사람들은 하나님의 법궤를 보화처럼 소중히 간직했습니다.

먼저 여호와의 궤를 옮겨 산에 사는 아비나답의 집에 들여 놓았습니다. 아비나답은 '산에 사는' 사람입니다. 이스라엘에는 우리처럼 높은 산이 없으니 '언덕 위의 집' 정도로 생각하면 될 것입니다.

한국에서 높은 곳은 오르내리기 힘들어 달동네로 여겨지지만, 이스라엘에서 높은 곳은 거룩한 장소를 뜻합니다. 누구도 찾아오지 못하는 구별된 장소입니다. 그래서 보통 산에서 하나님께 제단을 쌓곤 했습니다. 기럇여아림에서 가장 오래되고 거룩한 처소가 바로 아비나답의 집이었습니다.

기럇여아림 사람들은 하나님의 거룩한 언약궤를 길가에 방치하지 않았습니다. 지나가는 행인들이 함부로 들여다보게 두지 않았습니다. 대신 거룩한 산에 있는 레위 지파 사람 아비나답의 집에 고이 모셨습니다. 소중한 것은 소중히 여기는 마음으로 소중한 위치에 두어야 합니다. 그래야 아끼고 간직할 수 있습니다. 우리가 소중히 여기는 것들은 보통 마음속에 간직하지 않습니까? 인생의 가장 소중한 위치에 두고 생각날 때마다 꺼내 보고 새겨 보고 아껴 두는 것입니다.

문제는 흔히 소중한 것의 가치를 모르고 함부로 내팽개칠 때가 종종 있다는 것입니다. 보통 예배가 소중하다고 얘기하곤를 하곤 합니다. 그러나 정말 예배가 가치 있는 것이라면 예배에 전심을 바칠 수 있어야 합니다. 예배 시간을 소홀히 여기고, 구경하듯이 왔다 간다면 진정으로 예배를 소중히 여긴다고 할 수 없습니다. 또 하나님을 소중히 여긴다고 하면서 하나님께 삶의 우선순위를 두고 있습니까? 입술로는 하나님을 존중하고 사랑한다 말하면서, 하나님께 예배하고 기도하는 것을 최우선으로 삼고 있습니까? 영적 생활에서 하나님을 존중하지 않는다면 어떻게 하나님을 소중히 여기는 삶일 수 있습니까.

가정도 마찬가지입니다. 가정이 정말 소중하다면 아끼는 가정에 시간과 노력을 투자해야 합니다. 정성을 쏟아야 합니다. 우리나라 남성의 잘못된 점 중 하나가 젊을 때 아내와 자식들을 팽개치고 사는 분이 많다는 것입니다. 그렇게 살아온 분의 말년은 괴로울 수밖에 없습니다.

오한숙희가 쓴 《부부? 살어? 말어?》라는 책에 은퇴한 의사 이야기가 있습니다. 이 의사가 은퇴하고 나서 노인들이 모여 사는 작은 마을에 들어가 개인병원을 열었습니다. 병원을 찾아오는 환자는 전부 노인입니다. 보통 할아버지가 아프면 할머니가 동행해서 모시고 오는데, 이들을 관찰하다가 노인 부부에는 두 가지 유형이 있음을 발견합니다.

첫째 유형은 '애절한 간호형'이라고 합니다. 할머니가 할아버지보다 애달아하며 시중을 들고 돌보는 경우입니다. 이런 할머니는 병원에 들어설 때부터 다르다고 합니다. 할머니가 환자같이 안타까워하며 호소합니다. "우리 할아버지가 밤에 통 잠을 못 자요." 할머니가 어찌나 호소를 하는지 오히려 할아버지가 "나이 들면 잠 못 자는겨" 하며 타박을 줍니다. 간호사가 약을 내주면 마치 자기 약인 것처럼 어디에 좋은 약이고 어떻게 먹어야 하는지 할머니가 자세히 질문을 합니다. 또 주사를 놓으면 아프지 않게 살살 놓아 달라고 대신 간청도 합니다. 같이 병원을 나갔다가 할머니만 살짝 돌아와서 미처 하지 못한 질문도 합니다. 대개 돈과 관련 있는 질문입니다. "우리 영감 머리끝부터 발끝까지 한 번 찍어 보려면 얼마가 들어?" 돈은 얼마든지 구해 볼 테니 그런 게 있으면 한 번 찍게만 해달라고 통사정을 합니다.

둘째 유형은 '구박형'이라고 합니다. 이 유형의 경우는 들어올 때부터 이미 떨어져서 들어오고 앉을 때도 멀찌감치 떨어져 앉는다고 합니다. 할아버지가 찡그린 얼굴로 주사를 맞고 나오면 할머니는 생살 찌르는데 그럼 안 아플 줄 알았느냐고 핀잔을 줍니다. 할아버지가 약을 받으면서 먹어도 괜찮은 거냐고 물어보면 할머니는 설마 죽기야 하겠냐고 막말을 합니다. 이어서 "그러니까 술 좀 작작 마시라고 했는데, 그렇게 마셔 대더니 이 꼬라지가 됐다"라고 핀잔을 줍니다.

이 책의 저자가 마지막으로 내린 결론은 다음과 같습니다. "아내라는 저금통은 젊어서부터 꾸준히 푼돈을 넣어야지, 나중에 목돈으로 채워지는 것이 아니다. 평소에 작아 보이지만 배려를 하고 작지만 정성을 쏟아 부어야지 나중에 한꺼번에 목돈을 쏟아부으려고 하니까 먹히지 않는다는 것이다."

소중한 것은 처음부터 아껴야 합니다. 정말 소중하다면 함부로 다루지 말고 소중히 여기며 품고 사는 법을 배워야 합니다. 그래야 우리 인생이 아름답고 부유할 수 있습니다. 하나님이 주신 소중한 것을 아끼고 간직하는 마음이 필요합니다.

보화를 지키려는 의지

하나님이 주신 보화를 바르게 다루려면 소중한 것을 지키려는 의지가 필요합니다. 소중한 것을 소중히 간직하는 것도 중요하지만, 바르게 지키지 못한다면 소중한 것을 끝까지 간직할 수 없습니다. 기럇여아림 사람들은 하나님의 법궤를 아비나답의 집안으로 들여

놓고 후속 조치를 밟았습니다. 아비나답의 아들 엘리아살을 거룩하게 구별해 여호와의 궤를 지키게 한 것입니다. 하나님의 법궤를 집안으로 들여다 놓았지만, 혹시 모르는 사람이 찾아와 범궤에 흠집이라도 남길 수 있지 않겠습니까. 그래서 법궤를 밤낮으로 지키라고 사람을 세웠습니다.

하나님이 주신 소중한 것을 소유하는 것만큼이나 잘 유지하고 지키는 것도 중요합니다. 일단 한 번 잃어버리면 다시 찾기가 어렵습니다. 내 손에 있을 때 잘 다루고 소중히 여겨야지 내 손을 떠나고 나면 후회해도 소용없습니다. 그래서 소중한 것이 곁에 있을 때 잘 지키고 관리하는 의지가 필요합니다.

에서는 하나님 앞에서 뼈저리게 후회한 적이 있습니다. 에서는 이삭의 장자입니다. 야곱과 쌍둥이지만 먼저 나왔기 때문에 장자가 되었습니다. 그래서 에서는 태어나자마자 장자권이라는 장자로서의 권리를 갖게 됩니다. 에서의 실수는 이 장자권을 대수롭지 않게 여겼다는 것입니다. 장자권이 서류상으로 보전되는 권리도 아니고, 황금처럼 눈에 보이는 화려한 것도 아니니 진정한 의미를 몰랐던 것입니다. 아버지가 아직 살아 있어서 그 권리를 확인할 기회가 없었기 때문이기도 합니다.

사실 장자권에는 엄청난 하나님의 축복이 담보돼 있습니다. 하나님은 아브라함과 언약을 맺으시면서 '복'을 주십니다.

"내가 너로 큰 민족을 이루고 네게 복을 주어 네 이름을 창대하게 하리니 너는 복이 될지라 … 땅의 모든 족속이 너로 말미암아 복을 얻을 것이라"(창 12:2-3).

하나님이 아브라함에게 약속하신 복에는 궁극적으로 메시아가 아브라함의 후손으로 오셔서 장차 하나님 나라가 완성되리라는 것이 함축돼 있습니다. 이렇게 놀라운 축복을 장자만 유업으로 물려받을 수 있었습니다.

그러나 에서는 무엇과도 바꿀 수 없는 보화 중의 보화를 알아보지 못했습니다. 에서가 이것을 어떻게 처리했습니까? 팥죽 한 그릇에 야곱에게 팔아 버렸습니다. 5분이면 삼켜 버릴 죽 한 그릇에, 먹어 봐야 다시 고파질 육신의 배를 위한 욕망 때문에, 하나님의 영원한 나라가 약속된 거룩한 보화를 날려 버린 것입니다. 에서는 세월이 한참 흐르고 나서야 그 가치를 알게 되었습니다. 그때 비로소 이를 되찾기 위해 발버둥을 쳤지만 너무 늦었습니다. "그가 그 후에 축복을 이어받으려고 눈물을 흘리며 구하되 버린 바가 되어 회개할 기회를 얻지 못하였느니라"(히 12:17).

하나님이 복을 주실 때 그것을 지켜야 합니다. 하나님이 안겨 주신 축복을 지키지 못하고 빼앗긴 후에 다시 붙잡으려 해도 그 복이 돌아오지 않습니다. 자녀를 양육한다면 아직 자녀가 곁에 있을 때 잘 지켜야 합니다. 기도와 말씀으로 지켜야 합니다. 자녀들이 살고 있는 문화 환경이 얼마나 악한지 아십니까? 세상의 온갖 나쁜 유혹이 우리 자녀들의 마음을 빼앗아 가고 파괴합니다. 우리가 자녀들을 기도로 지키지 않으면 다른 누가 그의 장래를 장담할 수 있습니까.

우리 교회 교사와 학부모 모임에서 신명기 6장 말씀으로 설교한 적이 있습니다. 이스라엘 역사에서 경이로운 사실은 조상의 신앙이 다음 세대까지 이어진다는 것입니다. 이스라엘은 애굽에서 430년 동안 종살이를 했습니다. 처음 애굽에 내려간 일 세대는 자신들의 정체성을 유지하는 게 힘들지 않았을 것입니다. 야곱이나 요셉처럼 원래부터 하나님 말씀 가운데서 생활한 사람들은 여호와가 누구신지 기억하고 있었던 것입니다. 그래서 이방 땅인 애굽에서도 하나님의 백성으로 살아가는 데 문제가 되지 않았을 것입니다.

그러나 다음 세대는 일 세대보다 정체성에서 약화될 수밖에 없습니다. 430년이면 30년을 보통 한 세대로 보니까, 열다섯 세대 정도 지나간 것입니다. 그때까지 일 세대 조상들의 유산과 가치관을 유지하는 것이 가능했겠습니까? 일반적인 상식으로는 불가능합니다. 우리나라 상황만 봐도 삼사 대가 지나면 지난 일은 기억도 못합니다. 그런데 430년이 지나서 이스라엘은 모세와 같은 지도자를 배출합니다. 이스라엘 백성의 정체성을 가지고 애굽 땅을 떠나려는 열망을 품고 있습니다. 430년을 애굽에서 종살이하며 살았지만, 여호수아 같은 위대한 지도자가 나와서 하나님이 약속하신 땅을 차지하게 됩니다. 430년이 지났는데도 과거 조상들이 가졌던 신앙의 가치를 유지할 수 있었던 비결이 있습니다.

"이스라엘아 들으라 우리 하나님 여호와는 오직 유일한 여호와이시니 너는 마음을 다하고 뜻을 다하고 힘을 다하여 네 하나님 여호와를 사랑하라 오늘 내가 네게 명하는 이 말씀을 너는 마음에 새기고 네 자녀에게 부지런히 가르치며 집에 앉았을 때에든지 길을 갈 때에든지 누워 있을 때에든지 일어날 때에든지 이 말씀을 강론할 것이며"(신 6:4-7).

흔히 '쉐마'(들으라) 말씀으로 불리는 구절입니다. 하나님 말씀을 자녀들에게 가르치라는 명령입니다. 이 말씀이 이스라엘을 지켜

준 것입니다. 이스라엘이 하나님의 율법을 지킨 게 아닙니다. 하나님의 말씀이 이스라엘을 지켰습니다. 하나님의 말씀이 혼탁한 애굽 문화 속에서 하나님 백성으로서 이스라엘의 가치와 이스라엘의 신앙의 미래를 지켜 주었습니다.

우리 자녀의 밝은 미래를 원한다면 자녀가 곁에 있을 때 기도와 말씀으로 지켜야 합니다. 기도와 말씀만이 그들을 지킬 수 있습니다. 무슨 일이 언제 어떻게 일어날지 모르는 완악한 세대, 미혹된 세상에서 기도와 말씀만이 자녀를 지켜 낼 수 있는 유일한 길입니다.

보화를 기다리는 사랑

하나님이 주신 보화를 바르게 다루려면 그것을 아끼는 마음과 지키려는 의지 외에도 필요한 것이 있습니다. 우리의 간절함에도 불구하고 그토록 우리에게 소중했던 것들이 망가질 때가 있습니다. 그럴 때 이왕 망가진 것이니 포기하고 말 수 있습니까? 소중한 사람이 곁에서 떠나면, 이왕 떠나버린 사람이니 쉽게 잊을 수 있습니까? 설사 이미 망가졌다 해도, 설사 떠나갔다 해도, 사랑으로 회복되기를 기다릴 것입니다.

하나님의 보화를 바르게 다루는 마지막 비결은 사랑으로 인내하며 기다리는 것입니다.

이스라엘은 하나님의 법궤를 잘못 다뤘다가 블레셋 사람들에게 빼앗겼습니다. 하나님이 역사하신 결과 법궤가 이스라엘 지경으로 돌아옵니다. 그런데 성소가 있는 곳으로 오지 못하고, 변방인 기럇여아림 지역에 20년이나 머물게 됐습니다. 즉 이스라엘은 오랫동안 법궤에 임재하시는 하나님을 경험하지 못했습니다. 그래서 그 기간에 이스라엘 백성은 여호와를 사모했습니다. "궤가 기럇여아림에 들어간 날부터 이십 년 동안 오래 있은지라 이스라엘 온 족속이 여호와를 사모하니라." 비록 법궤를 잃어버린 장본인들이지만, 하나님이 주신 가장 소중한 축복의 근원을 다시 되찾을 때까지 사모했다는 것입니다.

훗날 법궤는 하나님을 사모함이 특별했던 다윗 왕 때 예루살렘 성으로 옮겨집니다. 이날 다윗은 온 힘을 다해 춤을 추며 이를 기뻐합니다. 이후 법궤는 다시 이스라엘 민족의 중심이 되었습니다.

과거 잘못된 삶을 산 대가로 인생이 망가지고 소중한 것을 잃어버렸다 해도 포기해서는 안 됩니다. 지금이라도 하나님 앞에 나가 기도하며 기다리면 언젠가는 하나님이 회복시키십니다. 잃어버렸던 것은 찾게 하시고 상실했던 것은 회복하게 하셔서 다시금 하나님의 빛나는 영광을 목도하게 하십니다. 인생은 모두 실패투성이입니다. 우리 모두 망가진 인생입니다. 우리에게 주어진 값진 것들을 바르게 다루지 못하고, 소중한 세월을 낭비하며 흘려보냈기 때문입니다.

그러나 하나님은 여전히 우리를 기다리십니다. 이스라엘 백성이 하나님의 법궤를 잃어버렸지만 결국 하나님의 은혜와 능력으로 되찾았던 것처럼, 우리의 보배로운 인생에도 회복의 기회가 옵니다. 무가치하고 엉망진창인 우리 삶이 새롭게 빚어져 보배처럼 빛나는 순간이 올 것입니다. 그러므로 하나님을 신뢰하고 하나님께 나아가십시오. 그러면 잃어버린 것을 다시 되찾게 될 것입니다. 가장 빛나는 보배이신 하나님이 우리 능력으로 도저히 채울 수 없는 인생의 빈 잔을 채워 주실 것입니다. 우리를 다시 빚어 값진 인생, 보배로운 인생으로 만들어 주실 하나님 앞으로 나아갑시다.

열왕기하 3장 4-20절

모압 왕 메사는 양을 치는 자라 새끼 양 십만 마리의 털과 숫양 십만 마리의 털을 이스라엘 왕에게 바치더니 아합이 죽은 후에 모압 왕이 이스라엘 왕을 배반한지라 그때에 여호람 왕이 사마리아에서 나가 온 이스라엘을 둘러보고 또 가서 유다의 왕 여호사밧에게 사신을 보내 이르되 모압 왕이 나를 배반하였으니 당신은 나와 함께 가서 모압을 치시겠느냐 하니 그가 이르되 내가 올라가리이다 나는 당신과 같고 내 백성은 당신의 백성과 같고 내 말들도 당신의 말들과 같으니이다 하는지라 여호람이 이르되 우리가 어느 길로 올라가리이까 하니 그가 대답하되 에돔 광야 길로니이다 하니라 이스라엘 왕과 유다 왕과 에돔 왕이 가더니 길을 둘러 간 지 칠 일에 군사와 따라가는 가축을 먹일 물이 없는지라 이스라엘 왕이 이르되 슬프다 여호와께서 이 세 왕을 불러 모아 모압의 손에 넘기려 하시는도다 하니 여호사밧이 이르되 우리가 여호와께 물을 만한 여호와의 선지자가 여기 없느냐 하는지라 이스라엘 왕의 신하들 중의 한 사람이 대답하여 이르되 전에 엘리야의 손에 물을 붓던 사밧의 아들 엘리사가 여기 있나이다 하니 여호사밧이 이르되 여호와의 말씀이 그에게 있도다 하는지라 이에 이스라엘 왕과 여호사밧과 에돔 왕이 그에게로 내려가니라 … 여호와의 손이 엘리사 위에 있더니 그가 이르되 여호와의 말씀이 이 골짜기에 개천을 많이 파라 하셨나이다 여호와께서 이르시기를 너희가 바람도 보지 못하고 비도 보지 못하되 이 골짜기에 물이 가득하여 너희와 너희 가축과 짐승이 마시리라 하셨나이다 이것은 여호와께서 보시기에 작은 일이라 여호와께서 모압 사람도 당신의 손에 넘기시리니 당신들이 모든 견고한 성읍과 모든 아름다운 성읍을 치고 모든 좋은 나무를 베고 모든 샘을 메우고 돌로 모든 좋은 밭을 헐리이다 하더니 아침이 되어 소제 드릴 때에 물이 에돔 쪽에서부터 흘러와 그 땅에 가득하였더라

주님을 따라가려면。

　　　　　　　　　　천재 화가 레오나르도 다 빈치(Leonardo da Vinci)가 열심히 작품을 그리는 중에 누가 문을 두드렸습니다. 나가 보니 이웃이 자기 집 수도 파이프가 고장 났다면서 좀 도와달라고 요청합니다. 조금만 더 그리면 위대한 작품이 탄생할지도 모르는데, 이웃의 요청을 저버릴 수 없어 일을 중단하고 이웃집으로 갔습니다. 수도를 고쳐 주고 다시 돌아왔지만, 다빈치는 그림을 완성할 수 없었습니다. 수도 작업을 하느라고 손의 감각이 무뎌졌기 때문입니다. 다음 날도 그 다음 날도 다빈치는 그림을 완성할 수 없었습니다. 그 작품이 지금까지도 미완성으로 남은 "동방박사의 예배"입니다.

　인생을 살다 보면 마음먹은 대로 일이 풀리지 않을 때가 있습니다. 예기치 않은 장애물이 등장하면서 하던 일이 막히고 인생 자체가 뒤틀립니다. 어딘가에 갇힌 것처럼, 함정에 빠진 것처럼 꼼짝도 할 수가 없습니다. 이런 상황에 화를 낸다고 나아지지 않습니다. 일을 꼬이게 한 사람이나 환경을 탓한다고 길이 열리지도 않습니다. 이런 때일수록 바른 길을 찾는 믿음이 필요합니다. 하나님만이 우리가 시험당할 즈음에 피할 길을 내십니다. 성경은 그리스도인에게 시험이 없다고는 약속하지 않습니다. 시험을 받을 때 피할 길(a way out), 탈출구가 있다고 약속합니다. 그래서 문제가 풀리지 않고 힘든 상황에 처해 있을 때, 문제를 바라보며 주저앉아 있을 게 아니라 하나님이 나를 위해 준비하신 돌파구를 바라보는 시각이 필요합니다.

하나님이 준비하신 길을 가려면

이스라엘이 모압과 전쟁할 때입니다. 전쟁의 원인과 시작은 모압 메사 왕의 배신입니다. 메사는 양을 치기 때문에 매년 이스라엘 왕에게 양털을 봉물로 바쳤습니다. 그런데 이스라엘에서 우상숭배로 가장 문제가 많았던 아합 왕이 죽고 나서 이스라엘을 배반한 것입니다. 모압의 메사 왕은 역사 속 생존 인물로 인정되는데, "메사 비문"이라는 고고학 유물이 발견되었기 때문입니다. 1868년 사해 인근 요르단 지경에서 발견된 이 비석에 메사의 이름이 있습니다. 또 열왕기하 3장과 비슷하게 이스라엘과 전쟁한 내용이 기록돼 있습니다. 이스라엘의 왕은 '오므리'로 불리는데, 모압이 자기들의 신 그모스의 도움으로 승리했다고 나옵니다. 즉 모압은 오므리 왕 시절부터 북왕국 이스라엘에 매년 조공을 바친 속국입니다.

이들이 바친 새끼 양 10만 마리의 털과 숫양 10만 마리의 털은 적은 양이 아닙니다. 이처럼 많은 양의 조공을 바쳐야 살아갈 수 있었던 모압은 아합 왕이 죽자 그 틈을 타서 이스라엘에 반기를 들었습니다. 평소에 약하게 보이던 상대가 대들면 더 화가 나기 마련입니다. 이스라엘의 여호람 왕이 그랬습니다. 그래서 여호람 왕은 온 이스라엘을 점고합니다. 군사를 동원했다는 것입니다. 여러 지역을 다니면서 군사로 쓸 수 있는 사람들을 모병한 것입니다. 그것으로 모자라 남유다의 여호사밧 왕과 에돔 왕까지 전쟁으로 끌어들입니다. 이것으로 세 나라 연합군이 형성됩니다.

연합군은 출정로로 쉬운 길을 버리고 어려운 길을 택합니다. 원래 이스라엘에서 모압으로 내려가는 길은 요단 강을 지나 북쪽으로 가는 게 보편적입니다. 걷는 길이 편안하기 때문입니다. 그런데 군대는 사해 남쪽으로 돌아갑니다. 더 멀고 험한 길입니다. 사람들이 평소 다니는 길은 방비도 철저히 하지 않겠습니까? 멀고 험한 길은 방비를 소홀히 하기 마련입니다. 마치 카르타고의 영웅 한니발이 로마를 침공할 때 아무도 예상하지 못한 알프스를 넘어간 것과 마찬가지입니다. 이처럼 이스라엘의 여호람 왕은 철저히 준비를 했습니다. 군사력도 충분히 동원하고 전략도 최선으로 마련했습니다. 이제 모압을 치기만 하면 되는 상황입니다.

그런데 문제가 발생합니다. 연합군이 먼 길을 돌아가느라 물이 떨어진 것입니다. 7일 동안 멀고 험악한 길을 돌아서 행진하느라 군대는 지치고 목말랐습니다. 같이 간 말들도 물을 마시지 못했습니다. 성경학자 케일(Keil)과 로빈슨(Robinson)에 따르면 이 지역은 아쉬 골짜기(Ashi, 에돔과 모압의 경계가 되는 곳)라고 하는데, 원래 강이 있습니다. 아마 군대는 강을 믿고 안심하고 왔을 것입니다. 그런데 가뭄이 계속되느라 전부 말라 버려서 바닥이 드러나고 물이 없었던 것입니다. 전쟁터에서 지쳐 있는 군사들에게 마실 물이 없고, 뛰어야 하는 육축에게 물을 줄 수 없는 상황이라면 이미 백전백패나 마찬가지입니다. 골짜기 안에는 물이 떨어졌고, 골짜기를 나가면 모압 군대가 기다리고 있는 형국입니다.

우리 인생에 이런 상황이 찾아온다면 어떤 돌파구를 기대해야 합니까? 인간적인 방법을 동원해도 소용이 없습니다. 사람들에게 자문하고 세상적인 방법을 동원한다고 막힌 인생에 문이 열리지 않습니다. 하나님이 준비해 놓으신 하나님의 돌파구를 찾아야 합니다.

바른 안내자를 찾으라

하나님의 돌파구를 찾아내려면 먼저 바른 안내자를 찾아야 합니다. 길이 막혔을 땐 길을 잘 아는 안내자를 찾아서 물어야 바른 길로 갈 수 있습니다. 여호사밧 왕은 여호와께 묻기 위해 선지자를 찾습니다. 전쟁은 북이스라엘 여호람 왕이 일으켰고, 남유다 여호사밧 왕은 억지로 끌려온 셈이니 조금 억울할 법도 합니다. 북 왕국이 망하는데 공연히 해를 입게 되지 않았습니까. 그런데 여호사밧은 앞장서서 살아날 길을 찾습니다. "혹시 여호와께 물을 만한 선지자는 없습니까?"

그래도 남유다의 신앙 상태가 좋았던 모양입니다. 아마도 여호사밧은 평소에 문제가 생기면 선지자를 찾아가고, 그를 통해 하나님께 묻는 습관이 있었을 것입니다. 하나님 나라 백성의 왕으로서 당연한 일입니다. 그러자 심복 중 하나가 '엘리사'가 있다고 대답합니다. 게다가 엘리사는 '엘리야의 손에 물을 붓던', 즉 엘리야를 수종들던 수제자라고 합니다. 엘리야의 명성을 남유다에서 몰랐겠습니까? 그야말로 전설급 선지자가 아닙니까. 그런 스승 아래서 훈련받은 제자라면 엘리사도 범상치 않은 인물이라고 기대할 법합니다.

사실 엘리사는 엘리야보다 갑절의 영감을 요구해 받은 선지자입니다. 하나님과 깊은 교제를 나누며 하나님의 마음을 잘 읽을 수 있는 영성의 사람이었습니다. 문제가 시급하다고 아무나 찾아가면 안 됩니다. 하나님을 아는 사람을 찾아가야 합니다. 하나님의 길을 바르게 소개할 수 있는 사람을 찾아가야 합니다. 그래야 인생이 풀리는 올바른 방향을 알 수 있습니다.

남성들은 문제가 생겨도 남에게 묻기보다는 혼자 궁리하는 편입니다. 운전하다 길을 잃고 헤맬 때 이 성향이 단적으로 드러납니다. 여성들은 길을 잃으면 즉시 길을 물어봅니다. 그러면 금방 길을 찾아갈 수 있습니다. 그런데 남성들은 몰라도 일단 전진입니다. 하염없이 돌고 돌다 가스가 떨어지면 비로소 주유소를 찾습니다. 그렇게 하면 안 됩니다. 길을 잃었으면 안내자를 찾아서 물어봐야 합니다. 내가 누군데 길을 모르겠느냐고 고집을 부리면 안 됩니다. 자신의 방향감각만 믿고 전진하다가는 더 헤매게 됩니다. 인생길이 막혔다면, 어디로 가야 출구가 있는지 아는 분을 찾아가 물어야 합니다. 고집부리며 방황하지 말고 제대로 길을 찾아가야 합니다.

인생에 위기가 찾아왔을 때 마음껏 물을 수 있는 안내자가 있습니까? 무슨 말이든 들어 주는 안내자, 바보 같은 질문을 해도 비웃지 않고 자상하게 답변해 줄 안내자는 누구입니까? 바로 예수 그리스도이십니다. 예수님은 우리 인생 최고의 안내자입니다. 예수님은 하나님인 동시에 우리와 똑같은 인간이셨기 때문입니다. 저 높은 곳에 멀리 계셔서 우리 사정을 모른다면, 인생의 아픔과 고통을 어떻게 안내해 줄 수 있겠습니까.

하지만 예수님은 우리와 똑같이 되셨습니다. 우리가 경험하는 삶의 과정을 전부 통과하셨습니다. 우리만큼 배고픔을 겪었고, 우리만큼 아픔을 겪으셨습니다. 우리만큼 거절당하고, 배신당하며, 상처 받고, 버림받고, 두들겨 맞으셨습니다. 예수님은 우리와 똑같이 인생을 통과하셨기 때문에 우리의 현실을 아십니다. 우리 아픔을 이해하고 아시지만, 죄는 없으셨던 분입니다. 그래서 예수님은 길이요 진리요 생명이십니다.

인생에 문제가 생겼다면 어떤 문제든 예수님께 나아가 물어보십시오. 그러면 예수 그리스도가 우리의 안내자가 돼 주십니다. 혹시 문제가 있는데도 혼자 고민만 하고 자책하며 울고 계십니까? 참 안내자이신 예수님을 만나십시오. 그분은 자상하고 정확하게 해결책을 알려 주실 것입니다. 주님이 우리 인생길의 설계자이십니다. 주님만큼 우리의 길을 잘 아시는 이는 없습니다.

말씀의 응답을 받으라

하나님의 돌파구를 찾는 두 번째 길은 말씀의 응답을 받는 것입니다. 안내자를 만났다면 그를 통해 하나님의 말씀을 받아야 합니다. 여호사밧 왕은 여호와의 말씀이 엘리사 선지자에게 있다고 확신합니다. 그래서 이스라엘과 유다와 에돔의 세 왕이 엘리사를 찾아갑니다.

말씀 사역자라면 두 가지 면에서 엘리사를 부럽게 여길 것입니다. 먼저 엘리사는 위기 때 생각나는 인물이라는 점입니다. 엘리사는 민족이 어려움에 처할 때 생각나는 귀한 존재입니다. 위기 때 생각나는 인물이 위대한 인물입니다. 자녀가 어려움을 당할 때 생각나는 부모가 되어야 하지 않겠습니까. 아무 도움도 안 된다고 제껴지는 부모가 되어서는 안 됩니다. 엘리사는 어려울 때 생각나는 지도자였습니다. 다음으로 엘리사는 말씀을 가진 사람이었습니다. 말씀의 능력이 있는 사람임을 모두가 인정한 것입니다. 돈 많은 사람, 잘생긴 사람을 부러워 할 필요가 없습니다. 하나님을 알고 그의 말씀을 가진 사람을 부러워하십시오. 말씀을 가졌다는 것은 하나님의 진리를 가진 것입니다. 그러면 인생의 모든 해답을 가진 것과 마찬가지입니다.

2013년 9월 필라델피아에서 열린 하베스트 크루세이드(Harvest Crusade) 집회에서 그렉 로리(Greg Laurie) 목사가 설교 중에 이런 말을 했습니다. 어린 꼬마가 주일학교에서 십계명에 관한 공부를 했답니다. 아이가 열 계명 중에 다른 건 전부 이해했는데 제7계명은 모르겠더랍니다. 제7계명이 뭡니까? 간음하지 말라(Do not commit adultery)입니다. 아이한테는 어려운 단어였던 겁니다. 아이가 집에 와서 아빠에게 말합니다. 십계명 중에 제7계명은 어렵겠다고 말입니다. 아빠가 그게 뭐냐고 물었습니다. 아이가 "Do not commit agriculture"라고 대답합니다. 간음(adultery)을 기억 못 하고 농사(agriculture)라고 잘못 말한 것입니다. 그러자 아빠는 웃으면서 이렇게 대답해 줬답니다. "남의 밭에 씨 뿌리지 말라는 뜻이란다"(Do not plant your seed into someone else's field). 얼마나 정확한 대답입니까.

하나님의 말씀을 알기 위해서는 지혜가 필요합니다. 무엇을 물어봐도 정확하게 하나님의 말씀을 대답해 줄 수 있는 것은 굉장한 능력이고 자질입니다. 엘리사가 그런 인물입니다. 세 나라의 왕이 위기 속에 찾아가자 하나님의 음성을 그대로 전달해 준 것입니다. 엘리사는 골짜기에 개천을 파라는 하나님의 명령을 전합니다. 지금은 바람도 비도 보이지 않지만, 곧 골짜기에 물이 가득해져서 그들과 가축들이 마실 수 있다는 것입니다.

하나님이 엘리사를 통해 주신 말씀은 먼저 '골짜기에 개천을 많이 파라'는 것입니다. 이 골짜기는 물이 말라 바닥이 드러난 곳입니다. 물이 조금이라도 있다면 거기 구덩이를 파라는 게 이해가 될지도 모르겠습니다. 물이 조금 더 고일 수도 있기 때문입니다. 그런데 바짝 말라버린 개천에 웅덩이를 판다고 무슨 소용이 있습니까? 더구나 바람이 불고 비가 내릴 징조도 전혀 보이지 않습니다. 징조가 없는데 헛고생 같은 일을 쉽게 할 수 있겠습니까? 하나님 말씀은 우리의 이성과 판단을 넘어설 때가 너무 많습니다. 하나님은 우리가 납득하고 이해할 만한 것만 말씀하시지 않습니다. 그걸 넘어서서 말씀하십니다. 골짜기에 개천을 파면 물이 가득 차서 사람도 가축도 마시게 된다는 겁니다.

하나님은 책임질 수 있기 때문에 말씀하십니다. 그렇게 이루기로 작정하셨기 때문에 말씀하시는 것입니다. 세상 말로 허투루 말씀하시는 분이 아닙니다. 어디 한 번 해 보라는 것도 아닙니다. 땅을 파면 분명히 물이 있다고 하십니다. 하나님이 물을 주실 작정을 하셨기 때문입니다. 하나님의 말씀은 인간의 말과 다릅니다. 하나님의 말씀 자체가 바로 현실입니다. 하나님이 말씀하시면 그대로 이루어집니다. 땅이 있으라 하면 땅이 생기고, 하늘이 있으라 하면 하늘이 생깁니다. 하나님의 말씀은 능력이 있습니다. 아무것도 보이지 않고 바람이 불지 않아도 개천을 파면 세 나라 병사들과 가축들의 목마름이 해결될 것입니다.

엘리사는 믿음이 약한 왕들을 위해 친절하게 부가 설명까지 해 줍니다. "이것은 여호와 보시기에 작은 일이라 여호와께서 모압 사람도 당신의 손에 넘기시리니." 하나님은 목마른 군사들에게 물을 주시는 것으로 끝내지 않고 전쟁의 승리까지도 약속하십니다. 모압을 제압하고 승리하는 것은, 이스라엘이 가장 갈망하고 원하는 해답입니다. 골짜기를 돌아와서 목마름을 참고 견딘 것도 모압을 이기기 위한 전략이었습니다. 골짜기만 파면 가장 원하던 전쟁의 승리까지 얻을 수 있습니다. 이것이 말씀의 능력입니다. 하나님 말씀 속에 인생의 문제를 풀 수 있는 답이 담겨 있습니다.

신기하게도 하나님 말씀 속에는 인간이 경험할 수 있는 모든 다양한 문제와 그 해결책이 담겨 있습니다. 따라서 하나님의 음성을 듣고 그 뜻대로 순종하기만 하면 하나님이 허락하시는 인생의 기적을 만날 수 있습니다. 인생의 돌파구를 찾기 위해 먼 곳을 헤매지 마십시오. 가까이에 해답이 있습니다. 말씀 안에 해답이 있습니다. 그래서 힘든 때일수록 하나님 말씀을 붙들어야 합니다.

제자 훈련 프로그램에서 큐티는 필수 중의 필수입니다. 그런데 자꾸 큐티하라고 하니까 숙제처럼 느낍니다. 제자 훈련을 하는 3-4개월은 검사를 하니까 억지로라도 합니다. 그런데 제자 훈련을 졸업하면 큐티도 같이 졸업하는 분이 많습니다. 3-4개월 큐티하고 8개월 쉬는 게 반복되고 있습니다. 아침마다 하나님 말씀을 봐야 하는 까닭은 아침 일찍 가슴에 담긴 말씀이 하루를 보호해 주기 때문입니다. 말씀이 오늘 가야 할 길을 안내해 주는 것입니다. 이렇게 축복된 하나님의 말씀을 도외시하고 마음대로 인생을 살려고 하면 아무리 노력하고 애써도 인생의 문제는 풀리지 않습니다.

합당한 제사를 드리라

하나님의 돌파구를 찾는 마지막 길은 합당한 제사를 드리는 것입니다. 세 왕이 엘리사 선지자가 전한 하나님 말씀대로 개천을 파자 아침에 에돔 쪽에서부터 물이 흘러와 그 땅에 가득했습니다. 하나님 말씀이 현실이 되었습니다. 하나님이 말씀하신 그대로 된 것입니다. 일반적으로 물이 생기려면 하늘에서 비가 와야 합니다. 아니면 땅을 파서 땅속 지하수가 터져 나와야 합니다. 그런데 이들이 얻은 물은 하늘에서 내린 비도, 땅에서 솟은 지하수도 아니고 뜻밖의 장소에서 흘러나온 물이었습니다. 이게 하나님이 하시는 신비로운 방법입니다. 출애굽하던 이스라엘 백성이 홍해를 만나자 하나님은 어떤 해답을 주셨습니까? 바로 이 불가능의 바다 밑에서 답을 꺼내셨습니다.

하나님의 해결책은 멀리 있지 않습니다. 가장 손쉽지만 생각지도 못했던 신비로운 방법일 뿐입니다. 바짝 말라서 쩍쩍 갈라진 골짜기 어디에도 물이 나올 곳이 없지만, 하나님은 에돔에서부터 물을 흘려 보내십니다. 그러자 말라 있던 골짜기와 파 놓았던 개천에 물이 가득 차서 사람과 짐승이 충분히 마실 수 있었습니다. 하나님 말씀의 기적이 일어난 것입니다.

또 한 가지 신비로운 기적이 일어납니다. 물이 골짜기를 가득 덮자 모압 사람에게는 이것이 붉은 피와 같이 보였습니다. 물 위로 아침 해가 솟으면서 붉은 빛이 비친 것입니다. 그러자 모압 사람은 피가 틀림없다면서, 왕들이 싸워 서로 죽였다고 착각하고 노략질하러 갑니다. 물이 피처럼 붉게 보이는 착시 현상은 하나님이 주신 것이고, 그걸 붉다고 착각한 것은 사람의 어리석음입니다. 거기서 끝날 수도 있는데 상상까지 동원합니다. 지난 밤 연합군이 서로 싸우고 전멸해서 피바다가 된 것이라고 말입니다. 이렇게 해서 모압 군대는 전리품을 취하려는 욕심에 눈이 멀어 골짜기로 뛰어나왔습니다. 골짜기 너머 숨어 있었다면 이스라엘 연합군이 공격하기가 훨씬 어려웠을 텐데, 무방비 상태로 골짜기 안으로 뛰어든 것입니다. 이스라엘 연합군은 이렇게 손쉽게 모압을 제압하고 전쟁을 끝냅니다.

이런 놀라운 기적이 어떻게 생겼습니까? 메마른 땅에 물이 생기는 기적, 이 물을 보고 피를 연상하고 적군이 전멸했다고 착각하는 기적이 언제 시작되었습니까. "아침이 되어 소제 드릴 때"입니다. 여기서 '소제'는 곡식으로 드리는 제사라기보다는 아침 제사에 가깝습니다. 하나님의 백성은 아침저녁으로 상번제를 드렸습니다.

이 제사를 드릴 때 물이 흘러나오기 시작한 것입니다. 하나님은 이미 모든 것을 준비해 두셨습니다. 물도, 적군을 이길 수 있는 전략도 전부 준비해 놓으셨습니다. 그 역사가 일어난 때가 소제 드릴 때입니다.

제사는 하나님께 드리는 예배입니다. 감사와 찬양을 의미합니다. 우리가 하나님께 드리는 제사는 찬미의 제사입니다(히 13:15). 사도 바울은 하나님이 기뻐하시는 제사는 우리 몸을 거룩한 산 제물로 드리는 산 제사라고 했습니다.

우리가 하나님을 하나님으로 인정하고 그분께 나아가 우리의 삶을 드릴 때, 우리 입술을 열고 하나님을 찬미할 때, 기적이 일어납니다. 그때 생수가 터져 나옵니다. 지금까지 목말라 고통하던 사람들이 마음껏 마실 수 있는 생수가 터져 나옵니다. 그래서 사람의 힘과 능력으로는 패배할 전쟁을 하나님이 승리로 바꾸어 주십니다. 그리스도인의 승리의 비결이 여기 있습니다. 우리가 가진 힘으로 싸우려 들면 절대 이길 수 없습니다. 우리가 가진 것이 제아무리 큰 능력과 기술과 물질이라도 인생 전쟁터에서 승리할 수 없습니다. 꼬여 있는 문제를 풀 수 없습니다. 하나님을 신뢰하고 믿음과 찬양과 예배로 나아갈 때, 하나님이 문을 여시고 기적을 베푸시고 승리하게 하십니다.

유다의 여호사밧 왕은 본인의 의지와 상관없이 전쟁에 끼어들었다가 큰 곤혹을 치를 뻔했는데, 이렇게 지울 수 없는 소중한 교훈을 배우고 돌아갑니다. 전쟁에서 승리하는 비결은 군사력이 아니라, 하나님을 찬양하고 예배하는 것임을 깨달았습니다. 그래서 훗날 모압과 암몬의 군대가 남유다를 공격해 왔을 때, 군대보다 앞선

최전방에 노래하는 제사장들을 세웁니다. 이게 무슨 전략입니까? 활 잘 쏘고 칼 잘 쓰는 최정예 부대를 세워야지 무슨 찬양팀을 세웁니까? 하지만 제사장들이 노래와 찬송을 시작하자 여호와가 대적을 패하게 하셨습니다. 하나님을 향해 찬양이 울려 퍼질 때, 기도가 올려질 때, 그때가 바로 하나님이 역사하시는 시간입니다. 적군을 패망하게 하시는 때입니다.

　우리 능력으로 빠져나올 수 없는 어려운 문제들이 있습니다. 예기치 못한 문제들, 너무 심한 수렁에 빠져서 허우적거릴수록 더 깊이 빠져 들어가는 역경이 있을 것입니다. 예기치 못한 고통과 아픔 때문에 신음하는 사람들이 있습니까? 인간적인 힘과 지혜로 돌파구를 찾으려고 하지 마십시오. 하나님이 준비해 놓으신 돌파구가 있습니다. 하나님께 나아가 그분께 기도하고 그분의 음성을 듣고 그분이 지시하시는 대로 순종하십시오. 믿음으로 찬양하며 기도하며 달려 나가면 하나님이 피할 길을 주십니다. 하나님의 돌파구를 통과해 승리하시기 바랍니다.

열왕기하 10장 23-31절

예후가 레갑의 아들 여호나답과 더불어 바알의 신당에 들어가서 바알을 섬기는 자들에게 이르되 너희는 살펴보아 바알을 섬기는 자들만 여기 있게 하고 여호와의 종은 하나도 여기 너희 중에 있지 못하게 하라 하고 무리가 번제와 다른 제사를 드리려고 들어간 때에 예후가 팔십 명을 밖에 두며 이르되 내가 너희 손에 넘겨주는 사람을 한 사람이라도 도망하게 하는 자는 자기의 생명으로 그 사람의 생명을 대신하리라 하니라 번제 드리기를 다하매 예후가 호위병과 지휘관들에게 이르되 들어가서 한 사람도 나가지 못하게 하고 죽이라 하매 호위병과 지휘관들이 칼로 그들을 죽여 밖에 던지고 바알의 신당 있는 성으로 가서 바알의 신당에서 목상들을 가져다가 불사르고 바알의 목상을 헐며 바알의 신당을 헐어서 변소를 만들었더니 오늘까지 이르니라 예후가 이와 같이 이스라엘 중에서 바알을 멸하였으나 이스라엘에게 범죄하게 한 느밧의 아들 여로보암의 죄 곧 벧엘과 단에 있는 금송아지를 섬기는 죄에서는 떠나지 아니하였더라 여호와께서 예후에게 이르시되 네가 나보기에 정직한 일을 행하되 잘 행하여 내 마음에 있는 대로 아합 집에 다 행하였은즉 네 자손이 이스라엘 왕위를 이어 사대를 지내리라 하시니라 그러나 예후가 전심으로 이스라엘 하나님 여호와의 율법을 지켜 행하지 아니하며 여로보암이 이스라엘에게 범하게 한 그 죄에서 떠나지 아니하였더라

본질이 바뀌는 개혁.

'서울대 공부의 전설'로 불리는 한 인물이 있었습니다. 2005년 서울의 어느 고등학교를 수석으로 졸업하고, 수능에서 만점을 받아 서울대학교 경영학과에 입학했습니다. 흔히 말하는 '엄친아', 즉 뭐든 다 잘하는 엄마 친구의 아들입니다. 이 학생이 고등학교 3학년 때 서울대학교 경영학과 조동성 교수에게 편지를 쓴 일도 있습니다. 자신을 고3 수험생이라고 소개하고는, 부패와 도덕적 해이, 비효율성으로 가득 찬 공기업을 개혁하는 것이 꿈인데 이를 위해 경영학과에 입학하는 게 괜찮은 선택이냐고 묻는 편지였습니다. 마치 홈런 타자가 어느 쪽으로 홈런을 치겠다고 예고한 후 그쪽으로 홈런을 치는 경우에 비할 만합니다. 그는 학원가나 고교 후배들 사이에서 전설로 통했던 인물이라고 합니다. 가장 좋은 대학에 가장 좋은 성적으로 들어가서 수

많은 사람의 동경을 받는 그야말로 초일류의 위치에 있었습니다.

그런데 그는 만족하지 못합니다. 대학을 졸업하고 로스쿨에 입학했는데 좀 더 완벽한 점수를 얻고 싶어서 밤에 교수 연구실을 뚫고 들어갑니다. 컴퓨터 안에 있는 시험문제를 복사하려다 발각된 것입니다. 경비병들이 급습하자 캐비닛 안에 숨어 있다가 현장에서 체포되었다고 합니다. 공기업을 개혁하기는커녕 자신도 개혁하지 못한 채 학교에서 제적당하고 공부의 전설에서 캐비닛의 전설로 전락하고 만 것입니다.

세상에서 가장 힘든 싸움이 자신과의 싸움입니다. 눈에 보이는 제도나 사회구조를 바꾸는 것은 오히려 쉬울 수 있습니다. 객관적인 차원에서 잘못된 것을 고치고 개선하면 되기 때문입니다. 그러나 눈에 보이지 않는 자신의 내면을 다스리고 깨뜨려서 하나님의 사람으로 온전케 되는 변화는 결단코 쉬운 과제가 아닙니다. 그래서 빅토르 위고(Victor Hugo)는 이렇게 말했습니다. "자연과의 싸움에서 이기는 사람들은 흔히 볼 수 있다. 역경과 인간과의 투쟁에서 승리하는 자도 간혹 만나볼 수가 있다. 그러나 자신과의 싸움에서 이기는 자는 거의 없다. 이것은 싸우면 싸울수록 질 수밖에 없는 싸움이기 때문이다."

자신의 내면을 다스리지 못하고 무너진 사람 중에 대표적인 인물이 다윗입니다. 전쟁마다 이겼지만 겸손했고, 왕에게 쫓기는 험악한 세월을 보내면서도 반역하지 않았고, 적들 앞에서 미치광이 흉내를 내면서도 살아남은 그였지만, 정욕이라는 내면의 시험에서 넘어지고 말았습니다. 자신과의 전투에서 승리할 수 있는 사람은 많지 않습니다. 우리 안에도 세상 사람은 알지 못하고 나만이 아는 자아가 있습니다. 오랫동안 감춰 왔기 때문에 드러나지 않았지만 삐뚤어지고 잘못된 자아가 있는 것입니다. 이 자아를 깨뜨리고 바꿔야만 온전한 인생이 될 수 있습니다.

개혁에 실패했다면

북 왕조 이스라엘에 예후가 일어납니다. 예후는 이스라엘 역사상 가장 과격한 개혁자였습니다. 이스라엘의 여호람 왕을 죽이고 시신을 나봇의 포도원에 던져 핏값을 갚았습니다. 이 포도원은 여호람의 아버지 아합이 피를 흘리고 빼앗은 포도원이었기 때문입니다. 또 사악한 바알 숭배자 이세벨을 죽여 개들에게 주고 시신을 뜯어 먹게 했습니다. 아합의 왕자 70명도 한결같이 목을 쳐서 처형했습니다. 또 북 왕국에 동조했다는 이유로 남 왕국 유다의 아하시야 왕을 처형하고 형제 40명도 죽였습니다.

예후는 여기서 멈추지 않고 레갑의 아들 여호나답과 손잡고, 바알 숭배자 전원을 바알의 당 안에 몰아넣습니다. 바알의 당이란 바알을 숭배하는 신전을 말합니다. 아합이 이세벨과 결혼할 때 사마리아 성 한복판에 세운 바알의 신전입니다. 사마리아는 이스라엘의 수도인데, 하나님을 섬겨야 할 왕국의 수도에 바알 신전이 섰으니 얼마나 노여운 일입니까. 예후는 그 바알 신전에 바알을 섬기는 제사장들과 바알 숭배자들을 전부 몰아넣고 한 명도 빠져나가지 못하게 하고 막고 몰살했습니다. 그리고 거기 있는 바알의 목상들을 파괴하고 변소로 만들었습니다. 신을 섬기는 신전이 더럽고 누추한 오물장이 되었다는 것입니다. 한마디로 예후는 이스라엘 역사상 유례가 없는 대혁명, 대개혁을 성취한 것입니다.

그런데 예후가 개혁하지 못한 것이 한 가지 남았습니다. 이스라엘 중에서 바알은 멸했지만, 벧엘과 단에 있는 금송아지는 여전히 남겨 둔 것입니다. 느밧의 아들 여로보암이 세운 금송아지는 아주 뿌리 깊은 우상입니다. 이스라엘 백성이 출애굽 이후 시내 산에 도착하자 모세는 십계명을 받기 위해서 산에 올라가고 백성은 산 밑 광야에 진을 치고 있었습니다. 이때 백성이 아론을 재촉해 금송아지를 만듭니다. 아론은 이 금송아지가 '이스라엘을 애굽에서 이끌어 낸 너희의 신'이라고 말합니다. 따라서 금송아지 숭배는 이스라엘 역사에서 뿌리 깊은 죄의 근원이라고 할 수 있습니다. 예후는 다른 것은 다 제거했지만 금송아지는 제거하지 못했습니다. 아마 예후의 마음속에도 금송아지 숭배가 그치지 않았을 것입니다. 심지어 왕조를 바꿀 정도로 대대적인 개혁을 했던 예후지만 자기 안에 뿌리내린 죄악의 근본은 개혁하지 못한 것입니다.

예후의 개혁은 바알의 옷을 입은 백성을 금송아지의 옷으로 갈아입힌 셈입니다. 이것을 진정한 개혁이라고 말할 수 있습니까? 보편적으로 눈에 보이는 제도를 바꾸는 것이나 사회질서를 바꾸는 것은 어느 정도 권력만 가지면 할 수 있습니다. 한국 정치가들이 정권만 잡으면 제일 먼저 하는 일이 개혁입니다. 공직에 있는 사람들은 정권 초기만 돼도 몸을 사리느라 어쩔 줄 모릅니다. 그런데 한국 정치권의 개혁은 항상 대상이 다른 사람입니다. 개혁의 주체인 정권은 개혁의 대상이 아닙니다. 지금까지 한 번도 정권 잡은 본인이 잘못을 고백하고 개혁하는 예를 본 적이 없습니다. 이것이 세상 정치의 모순입니다.

　이런 모순은 세상뿐 아니라 교회에서도 찾을 수 있습니다. 교회 안의 개혁도 항상 다른 누군가를 향할 뿐 자신에게는 향하지 않습니다. 간혹 교회에서 '바르게 하자'고 주장하는 것을 가만 들어보면 결국 자기 뜻대로 하자는 것입니다. 자기 방식이 바른 것입니다. 이것은 대단히 위험한 발상입니다.

　참된 개혁은 본질이 바뀌는 것입니다. 진정한 차원의 개혁은 외부에서 시작되는 것이 아니라 내 안에서 시작되는 것입니다. 나 자신을 개혁할 수 있는지 자신의 현주소를 점검할 필요가 있습니다. 예후는 외적 개혁에는 성공했지만, 자신의 개혁에는 실패했습니다. 예후가 자신을 개혁할 수 없었던 이유들을 살펴보겠습니다.

개혁의 동기를 바로잡으라

　예후가 자기 개혁에 실패한 이유는 무엇보다 개혁의 동기가 잘못되었기 때문입니다. 자기를 과시하고 드러내기 위한 개혁이지 하나님을 위한 개혁이 아니었습니다. 자신을 정말 개혁하고자 한다면 가장 먼저 그 동기를 점검해 봐야 합니다. 자신을 드러내고 과시하기 위한 것이 아니라, 하나님을 높이고 드러내기 위한 개혁이라면 정당하고 바른 방향으로 진행될 것입니다.

　예후가 개혁을 시작할 수 있었던 동기는 레갑의 아들 여호나답을 만났기 때문입니다. 레갑 족속은 겐 족속이라고도 합니다. 모세의 장인 이드로가 바로 겐 족속입니다. 이들은 유목민이라, 한곳에 정착해 살지 않고 이곳저곳을 돌아다니며 유목 생활을 합니다. 한 도시에 정착해 살면서 기득권에 빌붙을 필요가 없는 것입니다. 그래서 이들은 하나님을 순결하게 섬길 수 있었습니다. 그렇기 때문에 바알을 척결하는 예후의 개혁에 앞장설 수 있는 적임자였던 것입니다. 여호나답이 예후와 함께 손을 잡은 이유는 이것입니다. 그의 꿈은 북이스라엘 땅에서 바알을 모조리 제거하여 이스라엘을 순결한 영성의 땅으로 회복시키고 갈라진 남과 북이 통일되어 과거 잃어버린 이스라엘의 영광을 다시 회복하는 것입니다. 예후가 정권을 잡아서 그 권세를 같이 누리는 게 아니었습니다. 즉 여호나답의 개혁 동기는 아주 순수했습니다.

반면에 예후는 어떻습니까? "나와 함께 가서 여호와를 위한 나의 열심을 보라"(왕하 10:16). 내가 좀 보여 줄 게 있으니 따라와 보라는 것입니다. 이 말 속에서 다분히 자기중심적이고 업적 중심적인 정서를 읽을 수 있습니다. 하나님 일을 하는 데 업적을 무시해도 된다는 것은 아닙니다. 하나님 사역에서도 역할을 나누는 것이나, 어느 정도 성취를 고취하기 위한 자극이 필요합니다. 하지만 가장 중요한 것은 업적 자체가 아니라 그 일을 하는 동기입니다. 왜 이 사역을 해야 하는가, 이 사역의 근본 동기는 하나님을 위한 것인가를 먼저 따져 봐야 합니다. 동기가 잘못되면 방향이 어긋나기 때문입니다. 아무리 열매가 찬란하고 역사가 크다 할지라도 자신을 드러내고 과시하기 위한 동기가 근본에 깔려 있다면 대단히 위험합니다.

사도 바울은 이를 알았기에 자기의 사역 동기를 철저하게 검열하고 점검한 바 있습니다. "나의 간절한 기대와 소망을 따라 아무 일에든지 부끄러워하지 아니하고 지금도 전과 같이 온전히 담대하여 살든지 죽든지 내 몸에서 그리스도가 존귀하게 되게 하려 하나니 이는 내게 사는 것이 그리스도니 죽는 것도 유익함이라"(빌 1:20-21). 바울이 마음에 품은 열망은 자신이 죽느냐 사느냐가 아니었습니다. 그가 간절히 원하는 것은 예수 그리스도만 존귀하게 되는 것입니다. 예수님의 이름이 높아지고 그분의 영광이 드러나 존귀해진다면 자기는 죽어도 좋고 살아도 좋다고 고백합니다. 그리스도가 언제나 자기 안에 살아 계시니 설사 자신이 죽는다 해도 유익하다고 말합니다.

예수 그리스도를 존귀케 하려는 열망으로 달려가고 있습니까? 그래서 살아도 좋고 죽어도 좋다고 고백할 수 있습니까? 이것이 바울의 신앙고백입니다. 바울이 오랜 세월 무수한 고난을 당하고 수없이 죽음 직전까지 몰렸지만 뒤돌아보지 아니하고 하나님이 부르신 목적을 향해 달려갈 수 있었던 비결입니다. 우리가 살아가는 동기는 무엇입니까? 예수 그리스도를 섬기는 근본 동기가 무엇입니까? 세상의 평판이나 박수나 영광이 동기라면 결코 바른 방향으로 나아갈 수 없습니다. 예수 그리스도만이 동기가 되어야 합니다.

몇 년 전 목회자들 세미나에 강사로 초청받아 간 적이 있습니다. 참석자 대부분이 목회를 시작한 지 얼마 안 되는 젊은 목회자들이었습니다. 그러다 보니 관심사가 대개 어떻게 하면 교회가 성장할 수 있느냐는 것이었습니다. 그래서 세미나 내용은 거의 교회 성장과 관련된 성공 사례였습니다. 처음에 교인이 몇 명이었는데 몇 년 만에 몇 명이 되었다는 그런 내용입니다.

그러다 제 순서가 됐습니다. 저는 조금 분위기와 맞지 않다고 느꼈지만 〈월간 목회〉라는 잡지에서 읽은 한경직 목사님의 이야기를 했습니다. 한경직 목사님이 은퇴하고 한 모임에서 기자의 질문을 받았다고 합니다. "목사님, 목사님이 목회에 성공하신 비결은 무엇입니까?" 그러자 목사님이 답을 안 하시고 몇 분 간 가만히 계시더랍니다. 한참 만에 겨우 입을 열어 이렇게 말씀하셨답니다. "제가 한 일도 아닌데 그런 질문을 하시니 좀 당황했습니다. 게다가 성공은 하나님 앞에 가 봐야 알 수 있는 것인데, 지금 여기에서 성공 비결을 물으니 저는 할 말이 없습니다." 얼마나 귀한 자세입니까.

사실 한경직 목사님은 당시 한국에서 가장 큰 교회를 목회하신 분입니다. 수만 명이 모이는 교회였습니다. 웬만한 사람 같으면 이런저런 전략을 썼더니 교회가 성장했다고 자랑할 법도 합니다. 그러나 한경직 목사님은 목회 자체를 성공, 비성공으로 보지 않았습니다. 목회는 하나님이 하시는 일인데 일개 목회자에게 왜 찬사를 보내느냐고 반문한 것입니다. 이것이야말로 자신을 비운 자의 고백이 아닙니까. 하나님이 하신 일을 자기 것으로 돌리지 마십시오. 무슨 일을 하든지 순수한 동기로 행할 때 변화가 일어나는 것입니다.

가치관을 바로잡으라

예후가 자기 개혁에 실패한 두 번째 이유는 가치관이 잘못되었기 때문입니다. 자신이 가장 소중히 여기는 것이 가치관입니다. 자기 가치관의 근본을 점검해야 합니다. 예후가 외적인 개혁에 성공하고도 내적인 개혁에 실패할 수밖에 없었던 이유는 '금송아지를 섬기는 죄'에서 떠나지 않았기 때문입니다.

예후가 하나님을 상관하지 않고 자기 맘대로 했다는 것이 아닙니다. 오히려 하나님을 위해서 많은 업적을 쌓았습니다. 바알 목상도 깨뜨리고 바알 숭배자도 척결해서 하나님만 섬길 수 있는 분위기를 만들었습니다. 그런데 여로보암이 세웠던 벧엘과 단에 있는 금송아지는 그대로 두었습니다. 예후의 마음속에 금송아지가 있었기 때문입니다.

하나님이 계셔야 할 자리에 금송아지가 자리 잡고 있었던 것이 예후의 문제였습니다. 금송아지는 자신이 가장 소중히 여기는 것을 의미합니다. 우리 마음속에도 금송아지가 있습니다. 하나님보다 소중히 여기는 그것이 우상이고, 금송아지입니다. 누구에게는 물질이고, 누구에게는 명예일 수 있습니다. 자기 자랑이나 자존심이 우리의 금송아지일 수 있습니다. 누구에게나 금송아지가 있습니다. 금송아지를 내려놓지 않으면 하나님이 우리 마음을 주도하실 수 없습니다.

우리의 심령이 변화되지 않는 까닭은 하나님을 우리 마음의 주인으로 모시지 않았기 때문입니다. 하나님이 우리의 심령을 붙잡고 다스리신다면 하나님이 우리의 진정한 주인이 되어 분명 변화가 일어날 수 있습니다. 그런데 금송아지가 하나님 자리를 차지하고 있기 때문에 이런 변화가 불가능합니다. 따라서 금송아지를 내려놓아야 합니다.

욥기에 보면 "네 보화를 티끌로 여기고 오빌의 금을 계곡의 돌로 여기라"(욥 22:24)라고 나옵니다. 오빌의 금은 당시 최상급으로 알려진 금입니다. 보배라고 여기는 것을 진토에 버리고 가장 고급이라는 오빌의 금을 강가의 돌처럼 던져 버리는 바로 그때, 전능자가 우리의 보화가 되시고 고귀한 은이 되십니다. 지금까지 자랑하며 놓지 못한 금송아지를 던져 버릴 때 비로서 우리의 참주인이신 하나님이 우리 보배가 되십니다. 그런 전능자에게 기도하면 그가 들으시고 우리의 서원을 갚아 주십니다. 하나님이 우리 인생의 앞길을 열어 주시고 닫힌 문과 벽을 뚫어 주시면 무엇을 경영하든지 이뤄지고 인생길에 영광이 비칩니다.

이것이 진정한 승리의 비결입니다. 놓지 못하고 있는 금송아지가 우리 인생을 책임져 주지 않습니다. 금송아지는 위기에 빠진 우리를 절대 구원해 주지 못합니다. 갑자기 찾아온 죽음의 병도 고쳐 주지 못합니다. 가정의 위기를 해소해 주지도 못합니다. 하나님만이 하십니다. 하나님은 전능자이시기 때문입니다. 하나님이 우리 삶을 주도하실 때 우리 삶에 진정한 회복이 시작됩니다. 하나님이 기뻐하실 열매들이 나타나기 시작합니다. 지금 가장 소중히 여기는 것을 내려놓으십시오. 금송아지를 제거하고, 우리 삶을 새롭게 바꾸시는 하나님의 역사를 지켜보십시오.

영적 결단을 내리라

예후가 개혁에 실패한 마지막 이유는 영적 결단에 문제가 있었기 때문입니다. 동기와 가치관을 점검하는 일도 필요하지만 그것만으로 충분하지 않습니다. 정말 자신을 개혁하고자 한다면 하나님 앞에서 결단해야 합니다. 그래야 하나님이 우리를 바꾸시고 새로운 은혜를 부어 주실 수 있습니다.

예후의 개혁이 외적인 차원에서 멈출 수밖에 없었던 이유는, 그가 하나님의 율법을 '전심으로' 지키지 않았기 때문입니다. 예후는 하나님의 율법을 지켰습니다. 다만, 전심으로 지키지 않았을 뿐입니다. 많은 그리스도인이 보편적으로 말씀에 따라 살고, 제자 훈련도 적당히 받으며 선하게 살려고 노력합니다. 그 정도까지는 예후도 했습니다. 하나님께 드리는 예배도 소홀히 하지 않았을 것입니다. 문제는 전심으로 하지 않았다는 것입니다. '전심'이란 모든 마음을 쏟는 것입니다. 나뉘지 않고 오직 한 분 하나님께 집중할 수 있는 마음 상태입니다. 자신의 생각을 내려놓고 오직 한 분 하나님께 마음을 집중하고 그분께 전부를 드릴 때 변화가 가능합니다.

사람은 오랜 세월 동안 자신 안에 축적해 온 자아라는 게 있습니다. 자아를 깨기는 쉽지 않습니다. 오랫동안 간직해 온 습성이나 생각의 틀을 하루아침에 버릴 수는 없습니다.

시카고에 백인과 흑인이 함께 어우러지는 이상적인 목회를 꿈꾸는 목회자가 있었습니다. 그래서 피부색에 상관없이 누구나 함께 어우러지는 예배를 시작했습니다. 예배 순서나 교회 디자인도 바꾸고, 교회의 사역 구조나 교구 조직도 완전히 바꿨다고 합니다. 우여곡절이 따랐지만 어른들은 적응을 잘했다고 합니다. 어른에게는 처세라는 것이 있지 않습니까. 마음에 안 맞아도 대충 따라 주는 눈치가 있습니다. 그런데 아이들은 그렇지 않았습니다. 아이들은 좋고 싫은 게 분명하고, 이를 또 정직하게 표현합니다.

주일에 아이들이 버스를 타고 가는데, 선생님이 보니 백인 아이들과 흑인 아이들이 양쪽으로 갈라져 앉아 있었습니다. 선생님은 아이들을 가르쳐야겠다고 결심했습니다. 그래서 백인 아이들을 향해 물었습니다. "너희 피부색은 무슨 색이야?" 백인 아이들은 흰색이라고 답했습니다. 그러자 선생님은 강조했습니다. "아니야, 자세히 보면 약간 까무잡잡한 피부도 있고 점이 있는 피부도 있어. 너희 피부는 순수한 흰색이 아니라 회색이야. 알겠니?" 재차 아이들에게 확인합니다. "너희들 피부색이 뭐라고?" 백인 아이들은 어쩔 수 없이 답합니다. "회색입니다."

이어서 선생님은 흑인 아이들에게도 피부색이 무슨 색이냐고 물었습니다. 흑인 아이들은 검은색이라고 답했습니다. 선생님은 흑인 아이들에게도 자세히 들여다보면 덜 검은 사람도 있고 약간 흰색이 섞인 사람도 있으니 너희 피부는 검은색이 아니라 회색이라고 강조했습니다. 그리고 다시 한 번 전체를 향해 확인했습니다. "너희들 피부색이 무슨 색이라고?" 아이들은 한 목소리로 답했습니다. "회색이요." 선생님이 안심하고 버스에서 내렸습니다.

다음 주일 버스를 타자 기막힌 장면이 목격됐습니다. 한 아이가 자리 정돈을 하는데 이렇게 말하더랍니다. "야, 밝은 회색은 이쪽, 어두운 회색은 저쪽!"

교육이 필요하지만, 그것만으로는 사람을 변화시킬 수 없습니다. 훈련이 필요하지만 훈련만으로 사람이 변하지 않습니다. 마음속 근본을 다뤄야 합니다. 마음속 깊은 근본이 다뤄지지 않으면 진정한 변화를 경험할 수 없습니다. 우리의 자아를 만지고 바꿀 수 있는 것은 오직 성령의 능력입니다. 인간의 능력으로는 되지 않습니다. 스스로 아무리 결심하고 의지를 발휘해도 불가능합니다. 하나님의 성령이 역사하셔야 합니다. 이를 위해 우리는 하나님께 마음의 문을 열고 전심으로 주님의 은혜를 구해야 합니다. 그때 성령의 능력이 우리의 심령을 만지십니다. 그리고 변화가 일어납니다. 한꺼번에 변화되지 않더라도 성령의 은혜와 능력으로 만져지고 다스려진 내면은 점차 예수 그리스도를 닮아가는 것입니다. 이것이 성화입니다.

우리의 자아는 문제가 있습니다. 오랜 세월에 걸쳐 형성되었기 때문에 스스로도 인식하지 못하는 자아가 있습니다. 그 자아를 깨뜨려야 합니다. 하나님이 우리에게 부어 주시는 영광된 축복을 누리고자 한다면 하나님과 우리 사이를 가로막는 거짓 자아를 깨뜨려야 합니다. 아직도 자백하지 않은 죄를 마음에 품고 있는 사람이 있을 것입니다. 사람은 몰라도 하나님은 아십니다.

무엇이든 감추려 하지 말고 하나님 은혜 앞에 내려놓으시기 바랍니다. 예수님이 돌아가신 것은 우리가 스스로 구원할 수 없기 때문입니다. 자신의 능력으로 할 수 없는 것이 허무한 인생이기 때문입니다. 죄와 상처를 감추려 애쓰지 말고 주님의 십자가 앞에 내려놓으시기 바랍니다. 마음 속 상처나 고통이 쓴 뿌리가 되어 마음을 아프게 하고 막아선다면, 이런 깨지지 않은 상처의 벽도 하나님 앞에 내려놓으시기 바랍니다. 자기중심적인 교만한 마음이나 자만심을 내려놓고 하나님께 우리 마음의 주인이 되어 달라고 청하십시오. 깨지고 모나고 삐뚤어진 우리의 자아를 성령이 새롭게 만지시고 빚어 달라고 고백하시기 바랍니다.

출애굽기 3장 1-4절

모세가 그의 장인 미디안 제사장 이드로의 양 떼를 치더니 그 떼를 광야 서쪽으로 인도하여 하나님의 산 호렙에 이르매 여호와의 사자가 떨기나무 가운데로부터 나오는 불꽃 안에서 그에게 나타나시니라 그가 보니 떨기나무에 불이 붙었으나 그 떨기나무가 사라지지 아니하는지라 이에 모세가 이르되 내가 돌이켜 가서 이 큰 광경을 보리라 떨기나무가 어찌하여 타지 아니하는고 하니 그때에 여호와께서 그가 보려고 돌이켜 오는 것을 보신지라 하나님이 떨기나무 가운데서 그를 불러 이르시되 모세야 모세야 하시매 그가 이르되 내가 여기 있나이다

생명력 있는 삶을 향해

1980년대 테니스 계를 주름잡은 선수 중에 보리스 베커(Boris Becker)라는 독일 선수가 있습니다. 1985년 17세의 어린 나이로 가장 유명한 테니스 대회인 윔블던에서 챔피언이 됐습니다. 윔블던 역사상 최연소 챔피언입니다. 젊고 잘생기고 엄청난 부를 소유한 데다 인기까지 절정에 오른 최고의 테니스 스타가 되었습니다. 그런데 보리스 베커는 두 번씩이나 자살을 시도합니다. 그는 자서전 *The Player*에서 꼭두각시처럼 사람들의 인기에 매달려 사는 삶에 너무 지쳐 삶의 의욕을 상실했다고 고백했습니다.

사람이 무기력에 빠지는 것은 환경이 나빠서라기보다는 마음에 품어야 할 열정이 사라졌기 때문입니다. 자신의 인생 과제를 찾지 못해 마음의 불꽃이 꺼져 버리면 어떤 부와 성공으로도 그를 살릴 수 없습니다. 그리스도인도 무기력 증세를 조심해야 합니다. 성령님이 임재하시고 복음의 능력이 우리 속에 있지만, 그리스도인도 무기력해질 수 있습니다. 그리스도인마저 무기력해진다면 누가 세상을 변화시키고, 어두운 세상에 희망과 꿈을 심을 수 있겠습니까. 그리스도인은 무슨 일이 있더라도 무기력 증세를 딛고 영적 활력이 넘치는 삶을 살아야 합니다. 날마다 가슴이 뛰는 벅찬 감격과 도전 속에서 살고 있습니까? 아니면 의욕도 없고 삶의 의미도 찾지 못한 채 마지못해 끌려가는 인생을 살고 있습니까? 우리를 밑으로 끌어당기는 무기력한 삶의 패턴을 벗어나 하나님이 기뻐하실 생명력 있는 삶으로 변화되기 위해서 어떻게 해야 합니까?

생명의 불꽃을 향해

무기력한 삶을 깨뜨리고 하나님의 비전을 위해 과감히 나선 인물로 모세를 꼽을 수 있습니다. 흔히 모세의 생애는 40년씩 삼등분해서 소개되곤 합니다. 무디는 모세의 생애 120년을 삼등분해서 첫 40년은 자신이 누구인지 깨닫는 시기, 다음 40년은 자신이 아무것도 아님을 깨닫는 시기, 마지막 40년은 하나님이 전부임을 깨닫는 시기라고 설명합니다.

첫 40년 동안 모세는 자신이 히브리 사람이고 하나님의 자녀임을 알게 되었습니다. 모세는 유모로 신분을 위장한 생모의 젖을 먹고 자랐습니다. 고대사회에서 유모가 아기를 기르는 기간은 한 5년 정도라고 합니다. 모세의 어머니는 5년 동안 모세에게 무엇을 가르쳤을까요? 지금 애굽에서 살고 있지만 우리는 히브리 민족, 유일하신 하나님을 섬기는 하나님의 백성이라고 가르치지 않았겠습니까? 5년 동안 어머니에게 가르침을 받은 모세는 35년 동안의 애굽 교육을 받기 전부터 이미 하나님 백성의 정체성을 갖게 됩니다. 어머니의 5년 교육이 35년 세상 교육을 압도한 것입니다. 이걸 보면 어머니의 교육이 얼마나 중요한지 인식하지 않을 수 없습니다.

다음 40년 동안 모세는 자신이 아무것도 아님을 깨달았습니다. 그럴 수밖에 없는 것이 미디안 광야에서 양을 치며 40년을 보냈기 때문입니다. 물론 이것은 홧김에 사람을 죽이고 살기 위해 도피한 결과였습니다. 자신이 아무것도 아닌 존재임을 깨닫는 것은 다음 단계를 위해 필요했습니다. 바로 하나님만이 전부라는 마지막 40년을 보내기 위해서입니다. 'I am nothing'이 'God is everything'의 전제입니다. 그러므로 이런 인식론적 전환이 일어나는 계기를 자세히 살펴볼 필요가 있습니다.

두 번째 40년이 끝나는 시점이므로 당시 모세의 나이는 80세입니다. 패기만만한 청년에서 사색이 깊어진 노년으로 변한 때입니다. 애굽 왕자로 호화롭게 살다가 미디안 광야의 양치기로 전락한 이후입니다. 모세는 매일 아침 들판으로 나가 양을 치고 저녁이면 집에 돌아와 잠을 잤습니다. 다음 날도 같은 일을 반복했습니다. 일어나 양을 치고 돌아와 잠드는, 너무나 평범하고도 단조로운 삶을 40년이나 계속해 온 것입니다. 쳇바퀴 돌듯이 단조로운 일상을 40년이나 반복하는 동안, 모세의 마음속에 비전은 사라지고 말았습니다. 삶의 의욕이나 열망도 없어졌습니다. 주어진 일상을 무기력하게 무작정 살아 나가는 형편입니다. 이 대목에서 물어야 할 중요한 질문이 있습니다. 비전도 없고 열정도 없는 무기력한 양치기가 어떤 계기로 이스라엘 백성을 이끌어 출애굽 역사의 주역을 맡는 위대한 인물이 될 수 있었습니까?

"여호와의 사자가 떨기나무 가운데로부터 나오는 불꽃 안에서 그에게 나타나시니라 그가 보니 떨기나무에 불이 붙었으나 그 떨기나무가 사라지지 아니하는지라."

그것은 모세가 하나님의 산, 호렙에 있을 때 일어났습니다. 떨기나무에 불이 붙었는데, 나무가 불에 타서 사그라들지 않고 불이 붙은 채 지속된 것입니다. 나무가 타서 재로 변하지 않으니 불도 꺼지지 않았습니다. 불꽃은 타고 타고 계속 타올랐습니다. 분명히 불이 붙었는데 꺼지지 않고 계속 타오르는 불꽃은 하나님의 불꽃이었습니다. 하나님이 임재하시면 떨기나무라도 꺼지지 않는 불꽃으로 타오릅니다. 하나님의 신적인 불꽃을 경험하는 순간, 모세의 삶에 변화가 일어났습니다.

떨기나무는 무엇을 의미합니까? 떨기나무는 팔레스타인 지역에서 자라는 작고 초라한 나무입니다. 광야에 나가면 말라비틀어진 떨기나무가 곳곳에 널려 있는 것을 볼 수 있습니다. 바짝 마른 엉겅퀴처럼 말라비틀어져 쓸모없는 작은 나무가 바로 떨기나무입니다. 떨기나무가 상징하는 것은 두 가지라고 할 수 있습니다. 먼저 이스라엘 민족입니다. 당시 이스라엘 민족은 애굽의 노예로서 그야말로 메마르고 볼품없는 나무처럼 말라비틀어져 있었습니다. 또 떨기나무는 모세 자신을 상징합니다. 지난 40년 세월 속에 의욕도 열정도 모두 잃고 앙상하고 무기력하게 말라비틀어진 채 광야에서 뒹굴고 있는 모세의 모습입니다.

그런데 이처럼 바짝 마른 앙상한 가지 같은 떨기나무 위에 하나님의 불꽃이 임하자 거기에서 새 역사가 시작되고 새로운 비전의 장이 열립니다. 그것은 우리 인생을 향해 준비하신 하나님의 불꽃입니다. 세상 사람들에게도 불꽃이 있습니다. 세상을 살아가는 데 마음을 뜨겁게 하는 불꽃들이 있습니다. 흔히 말하는 야망입니다. 성공은 마음속에 불타는 야망이 있어야 가능합니다. 출세도 마음속에 강력한 동기가 있을 때 남보다 앞서 나갈 수 있습니다.

스티브 잡스(Steve Jobs)가 살아생전에 스탠포드대학교의 졸업식에서 연설을 했습니다. 많은 사람이 이 연설을 높이 평가합니다. 특히 동기를 많이 유발한 연설이었다고 말합니다. 잡스는 이 연설 중에 "배고픔에 머물라"(계속 갈급해 하라, stay hungry), "어리석음에 머물라"(더 배우고 더 창조적인 것 추구하라, stay foolish)라는 말을 했습니다. 이런 몇 마디 말로 수많은 젊은이의 가슴속에 꿈과 동기를 부여하고 새로운 불을 붙였다니 대단한 것입니다. 그런데 스티브 잡스가 붙인 불은 결코 영원한 불이 아닙니다. 그가 붙인 불은 결국 꺼진다는 사실을 부인할 수 없습니다. 세상의 불꽃도 분명 마음을 뜨겁게 하고 가슴을 설레게 하며 동기를 부여하지만, 여기에는 한계가 있습니다. 시간이 지나면 재가 되어 무너지고 맙니다.

그러나 하나님의 불꽃은 생명의 불꽃입니다. 죽은 영혼을 살리는 능력이 있습니다. 기적을 일으키는 불꽃입니다. 어떠한 불가능의 산도 모두 태워 버리고 하나님의 역사를 일으키는 불꽃입니다. 새 비전과 소망의 문을 여는 불꽃을 받아야만 하나님의 세계를 보게 되고, 하나님의 비전을 향해 나갈 수 있습니다. 무엇보다 이 불꽃은 영원한 불꽃입니다. 세상의 불꽃은 타다가 멈추고 꺼져 버리지만, 이 불은 영원한 기름 부음으로 꺼지지 않고 계속 타오르는 영적인 불입니다.

우리가 어떤 불꽃에 붙잡히느냐에 따라 삶의 열매가 달라집니다. 세상의 불꽃을 잡으면 화려하고 찬란하게 펼쳐질 것 같아도 결국은 잿더미처럼 무너지고 맙니다. 그러나 하나님이 임재하셔서 우리 마음에 부어 주시는 하나님의 불을 받으면 우리 삶은 꿈과 생명을 향한 위대한 삶으로 바뀔 수 있습니다. 우리 모두에게 하나님의 불꽃이 필요합니다. 어떻게 하면 하나님이 예비하신 불꽃을 받아 무기력함을 딛고 새로운 비전을 향해 일어날 수 있을지 살펴보겠습니다.

호렙 산으로 가라

하나님의 능력을 힘입어 삶의 무기력증에서 회복되기 위해서는 먼저 호렙 산으로 가야 합니다. 하나님은 호렙 산에 임재하시기 때문입니다. 하나님을 만나지 않고서는 하나님의 불꽃을 볼 수 없습니다. 당시 모세는 장인인 미디안 제사장 이드로의 양 떼를 치고 있었습니다. 이 간단한 문장이 모세의 40년 생애를 요약한 것입니다. 지난 40년 동안 모세가 한 일은 미디안 제사장 이드로의 양을 친 것밖에 없습니다.

어느 날 양 떼를 광야 서쪽으로 몰아 하나님의 산 호렙에 도착했습니다. 우리말로는 '광야 서쪽'이라고 했지만 결국 광야에서 가장 먼 끝을 말합니다. 양치기들은 아침에 양 떼를 몰고 나와 풀이 있는 곳을 찾아다니며 먹이는 게 일입니다. 가능하면 자기 집 근처에서 풀을 먹였을 것입니다. 그런데 모세는 무슨 이유인지 늘 가던 곳이 아니라, 저 멀리 광야 끝까지 가게 되었습니다.

그렇게 가 보니 웅장한 산이 있었습니다. 하나님의 산 호렙입니다. '호렙'은 황량하다는 뜻입니다. 하나님이 계신 곳은 황량하고 황무한 곳이었습니다. 성경에서 하나님의 산은 호렙 산 외에 시내 산도 있습니다. 아마도 동일한 지명을 말하는 듯합니다. 어떤 주석가는 호렙 산은 큰 범위에서 산 전체를 말하고, 시내 산은 그중 특정한 산을 말한다고 해석합니다. 또 어떤 주석가는 남유다 왕국은 시내 산이라 불렀고 북이스라엘 왕국은 호렙 산이라고 불렀다고 해설합니다. 우리나라 백두산이 중국에서는 장백산이라고 불리는 것과 마찬가지입니다. 어쨌든 이 산은 하나님이 임재하신 곳입니다.

모세가 호렙 산 앞에 왔을 때 그곳에는 아무도 없었습니다. 호렙 산은 사람이 다니는 곳이 아닙니다. 문명이 발달한 곳이 아닙니다. 아무것도 없는 황량한 터전, 바람 소리밖에 들리지 않는 적막한 곳이었습니다. 이곳에서 모세는 하나님을 만납니다. 이 만남은 모세의 인생에 놀라운 계기가 되었고, 모세의 삶에 잃어버린 생기를 되살리는 계기가 되었습니다.

인생에서 하나님과 독대하는 것은 굉장한 축복입니다. 아무도 없는 곳에서 하나님과 나만이 만나 누구의 간섭과 개입도 받지 않는 것입니다. 그 고요한 시간에는 적막한 광야라도 가장 거룩한 처소가 되는 것입니다. 이런 경험이 우리에게 필요합니다. 예수님의 하루 일과에서 특이한 점은 새벽 일찍 일어나 한적한 곳으로 나가 기도하신 것입니다. 예수님은 매일 새벽기도를 하셨습니다. 하루도 빼놓지 않고 기도하는 거룩한 습관이었습니다. 그때 기도의 장소가 바로 광야, 아무도 없는 척박한 곳이었습니다. 예수님은 광야에 나가 어느 누구의 간섭도 받지 않고 오직 하나님과 거룩한 시간을 가졌습니다. 이것이 예수님의 삶의 원동력이었고 사역의 중심이었습니다.

우리의 인생에는 호렙 산이 필요합니다. 하나님을 깊이 만나는 만남의 장소가 필요합니다. 현대인들은 너무 바빠서 하나님을 만날 시간도 없습니다. 이것은 심각한 문제입니다. 하나님을 만날 시간조차 없이 바쁜 삶이라면 조정이 필요합니다. 바쁘게 일한다고 많은 일을 하는 게 아닙니다. 사실 일에 지쳐 탈진하고 쓰러지면 아무 일도 할 수 없습니다. 하나님을 만날 때 하나님이 부어 주시는 생명력이 있습니다. 새로운 능력이 있습니다. 하나님과의 만남만이 권세와 능력을 줍니다.

성경 인물 가운데 능력이 많은 선지자로 엘리야를 들 수 있습니다. 엘리야는 하나님 영광을 위해 많은 일을 했습니다. 우상을 숭배하는 아합의 왕궁에 들어가서 바알 숭배자들에게 전쟁을 선포하고 3년 이상을 홀로 투쟁한 선지자입니다. 이방 선지자 850명을 상대로 갈멜 산 전투에서 승리했습니다. 3년 6개월 동안 비가 오지 않는 땅에 비를 내리게 한, 능력 있는 하나님의 종이었습니다. 너무나 많은 일과 업적을 성취한 엘리야는 허무할 만큼 갑자기 무너져 내립니다. 왕비 이세벨의 경고를 듣고는 절망해서 로뎀나무 아래 앉아 하나님께 죽여 달라고 호소합니다. 수많은 업적을 쌓은 엘리야가 이처럼 비참히 무너진 이유는 딱 한 가지입니다. 영적으로 탈진한 것입니다. 일에 너무 집중하느라 하나님께 집중하지 못했기 때문입니다.

우리에게 일과 사역이 필요합니다. 수많은 과제를 감당해야 하는 것이 현실이기도 합니다. 그러나 일을 쫓느라 정말 따라야 할 하나님을 놓치게 된다면, 일도 제대로 할 수 없고 하나님 앞에 바로 설 수도 없습니다. 오히려 하나님을 깊이 만나면 그 자체가 능력이 됩니다.

훗날 모세는 이스라엘 백성을 이끌고 나와 다시 호렙 산에 홀로 올라 40주야를 하나님과 보냅니다. 그 결과 모세가 산에서 내려올 때 얼굴에 광채가 났다고 합니다. 세상의 어떤 찬란한 빛으로 묘사할 수 없을 만큼 신비로운 광채가 났다고 합니다. 하나님의 백성도 감히 모세의 얼굴을 똑바로 보지 못할 만큼 권세와 능력이 흘러넘쳤다는 것입니다.

우리에게도 이런 능력이 필요합니다. 하나님의 임재하심으로 가득 찼기 때문에 어떤 어둠의 권세도 침범하지 못하는 존재가 돼야 합니다. 이런 생기가 우리를 다시 일으킵니다. 하나님을 우선순위로 삼아, 하나님 앞에 나오십시오. 주 앞에 서는 것이 기쁨의 시간이 되어야 합니다. 그래야 영이 살아나고 삶이 회복됩니다.

불꽃을 체험하라

하나님의 능력을 힘입어 삶의 무기력증에서 회복되려면 불꽃 체험이 필요합니다. 호렙 산에서 하나님을 만나고 난 후 하나님의 불을 경험해야 한다는 뜻입니다. 모세는 멀리서 떨기나무에 불이 붙은 것을 보고 "내가 여기서 이 큰 광경을 보리라" 다짐합니다. 모세는 어쩌다 그럴 수도 있겠지라며 무심히 지나치지 않았습니다. 목격한 것을 확인하기 위해 그 앞으로 나아갔습니다.

'큰 광경'으로 묘사한 것은 하나님의 성령이 임하실 때 반드시 동반되는 영적 광경과도 같습니다. 오순절에 성령이 임할 때 홀연히 하늘로부터 급하고 강한 바람과 같은 소리가 들리고 불의 혀같이 갈라지는 것이 보였다고 하지 않습니까. 오순절 성령의 임재를 추상적인 차원이나 개념적인 차원으로 받아들여서는 안 됩니다. 그것은 사도행전의 기록이 말해 주는 것처럼 실제적인 차원, 가시적인 차원의 일입니다. 손으로 만져 볼 수 있을 정도로 구체적인 역사입니다. 눈에 보이는 광경이 얼마나 엄청났던지 마가의 다락방에 있던 120명의 문도는 물론, 예루살렘 도심에 있던 유대인들도 놀랐을 정도입니다. 성령이 임하는 곳에는 굉장한 역사가 일어납니다. 큰 광경이 펼쳐집니다. 그러나 아무리 성령의 임재 현장이 찬란하고 굉장하다고 해도 우리가 그 현장을 보지 않으면 아무 소용이 없습니다. 성령의 역사 앞에 다가가 그 불꽃을 자신의 사건으로 받아들이고 체험해야 합니다.

모세는 가던 길을 돌이켜서 '이 큰 광경'을 보리라 결심합니다. 사실 평범치 않은 일을 목격하면 도망칠 수도 있고 멀리 물러갈 수도 있는데, 모세는 반대로 다가섰습니다. 불꽃 쪽으로 한 걸음 다가선 것입니다. 이것이 바로 믿음의 역사입니다. 성령의 임재에 뒤로 물러서거나 마음을 닫고 위축되는 대신, 마음의 문을 열고 믿음으로 역사 앞에 나아가는 것입니다. 그러면 성령을 체험하고 하나님의 불꽃을 목격하게 됩니다. 오순절 역사는 한때 지나간 사건이 아닙니다.

많은 학자가 오순절 사건을 역사적인 사건으로 일회적이라고 말합니다. 예수 그리스도의 갈보리 사건은 단 한 번으로 완성된 사건 아닙니까? 마찬가지로 오순절 사건도 한 번 일어난 역사적 사건이라고 해석하는 것입니다. 오순절 사건이 역사적 사건이라는 데는 동의합니다. 그러나 역사적 사건이라고 해서 성령의 역사가 끝난 것은 아닙니다. 2,000년 전에 마가 요한의 다락방에 임했던 성령은 어제나 오늘이나 영원토록 동일하게 역사하십니다. 하나님의 본성을 공유하신 성령은 2,000년 전 그곳과 21세기 교회에 모두 동일하게 임하십니다. 성령은 하나님이십니다. 지금도 하나님의 방법대로 역사하시고 일하십니다. 이것을 믿고 성령의 역사 앞에 마음의 문을 열고 불꽃 앞으로 한 걸음 나아간다면, 성령의 놀라운 역사가 우리에게도 임할 것입니다.

무디는 시카고에서 대단한 열심으로 목회를 시작했지만, 처음에는 크게 부흥하지 못했다고 합니다. 그러던 어느 날, 예배를 인도하는데 맨 앞자리에 두 자매가 앉아서 계속 눈을 감고 기도하는 모습이 보였습니다. 두 사람은 예배 시간 내내 눈을 감고 기도하고 있었습니다. 한 명은 세라 쿡(Sarah Cooke)이고 다른 한 명은 헉스허스트 부인(Mrs. Hawxhurst)입니다. 예배가 끝나고 무디가 이들에게 물었습니다. "도대체 예배 시간에 무엇을 하십니까?" 그러자 이런 대답이 돌아왔습니다. "성령께서 목사님에게 강력히 임재하시도록 기도했습니다." 무디는 이 말을 듣고 앞으로도 계속 기도해 달라고 부탁했습니다. 그러다 마침내 성령이 무디에게 임했고, 이 사건이 무디를 작은 교회 목사에서 미국과 유럽을 변화시킨 위대한 전도자로 변화시킨 계기가 되었습니다. 이것이 무디 인생의 오순절 사건이었습니다.

우리에게도 동일한 사건이 필요합니다. 2,000년 전 마가의 다락방에서 120명의 문도에게 성령이 임했던 것처럼, 오늘을 살아가는 우리의 삶 가운데 동일한 오순절 역사가 일어나야 우리 삶이 변화됩니다. 세상의 능력이나 환경의 힘이 아니라 성령이 주시는 능력으로 변화를 주도하며 새 삶을 이끌어 가야 합니다. 우리 모두에게 불꽃의 체험이 있기를 바랍니다. 성령의 역사가 임하기를 바랍니다. 또 교회가 그렇게 변하기를 원합니다. 성령의 역사가 강력하게 일어나는 교회, 모든 모임마다 성령의 임재를 경험하고 하나님의 능력을 간증할 수 있는 교회가 되어 마지막 시대에 주님을 위해 쓰임 받기를 바랍니다.

순종하라

하나님의 능력을 힘입어 삶의 무기력증에서 회복되기 위해서는 순종의 체험이 필요합니다. 하나님을 만나고 하나님과 깊이 교제하는 것은 너무나 중요하지만, 이것만으로는 열매를 맺을 수 없습니다. 성령의 불을 받고 가슴이 뜨거워지는 것으로 끝이 아닙니다. 한 가지가 더해져야 합니다. 그것이 순종입니다. 하나님의 부르심에 순종함으로 나갈 때 능력의 역사가 일어납니다.

하나님은 모세가 떨기나무 앞으로 다가오는 것을 보시고 모세의 이름을 부르십니다. "모세야, 모세야." 하나님은 모세의 이름을 이미 아셨고, 그의 이름을 친밀하게 불러 주셨습니다. 온 천하 만물을 창조하시고 통치하시는 우주의 하나님이 모세 한 사람의 이름을 부르십니다. 이게 얼마나 경이로운 사건입니까. 하나님은 모세만이 아니라 우리 모두의 이름도 아시고 부르십니다. 하나님이 우리 이름을 부르실 때는 반드시 이유가 있습니다. 반드시 하실 말씀이 있기 때문입니다. 우리를 통해 이루시려는 사명이 있기 때문입니다. 그래서 하나님이 이름을 부르신다면 모세처럼 바르게 대답해야 합니다. "내가 여기 있나이다"(Here I am).

하나님의 부르심에 "내가 여기 있나이다"라고 한 것도 매우 중요하긴 하지만, 사실 이 대답은 절반의 대답밖에 되지 않습니다. 여기에서 멈추면 하나님의 뜻을 행할 수 없습니다. 더 나아가야 할 나머지 절반의 대답은 "나를 보내소서"(Send me)입니다(사 6:8). 하나님이 우리 이름을 부르실 때, 우리가 드려야 할 대답은 내가 여기 있다는 고백뿐 아니라 그러니 나를 보내 달라는 순종까지 되어야 합니다.

모세는 하나님의 부르심을 받고 처음에는 순종하지 못했습니다. 일단 변명부터 했습니다. 자신은 별 볼 일 없는 사람이라는 것입니다. 하나님이 시키시려는 일은 자신이 감당할 수 없는 지나치게 큰 일이라고 사양합니다. 그런 일을 맡을 만한 다른 사람을 알아보라고 충고합니다. 여러 차례 변명하며 뒤로 빠지려고 했지만, 마침내는 하나님의 말씀에 순종합니다. "나를 바로의 궁으로 보내십시오." 그렇게 모세는 지팡이 하나만을 들고 당대 최고의 제국 애굽의 바로 왕 앞으로 가게 된 것입니다.

순종의 발걸음이 기적을 여는 첫 관문입니다. 모세가 가진 것은 아무것도 없었습니다. 지팡이 하나뿐이었습니다. 그러나 그가 순종했을 때 그 지팡이로 홍해를 가르는 기적이 일어났습니다. 하나님의 놀라운 기적이 여기에서 시작된 것입니다. 우리의 삶이 단조롭고 무기력한 것은 우리에게 능력이 부족해서가 아닙니다. 하나님의 임재가 없다면 원래 인생은 무기력할 수밖에 없습니다. 적이 크게 보이고 문제가 어렵게 보일 수밖에 없습니다. 그러나 하나님의 능력이 우리를 채우고 우리에게 새로운 힘과 용기를 부어 주신다면, 우리는 어떤 환경에서도 어려움을 딛고 일어나 하나님의 위대한 뜻을 행하는 하나님의 일꾼이 될 수 있습니다.

우리의 인생은 건강합니까? 무기력함에 지쳐 주저앉아 있진 않습니까?

우리 힘으로 다시 일어설 수 없을 때, 우리 능력으로는 다시 재기할 수 없을 때, 예수 그리스도가 필요합니다. 그분이 바로 성령으로 우리 안에 임재하시는 하나님이십니다. 성령이 우리 심령에 임재하셔서 힘과 능력을 주시면, 차가워지고 메마른 심령에 다시 한 번 비전의 불이 붙을 수 있습니다. 우리는 다시 일어날 수 있습니다. 하나님이 준비하신 더 높은 차원의 꿈을 향해 담대히 달려갈 수 있습니다. 힘이 빠지고 에너지가 고갈되어 아무 능력도 발휘할 수 없을 것 같은 때라도, 실망하거나 좌절하지 말고 모든 능력의 원천이신 그리스도 앞으로 나와 새롭게 설 수 있길 바랍니다.

우리에게 필요한 것은 사랑의 손길입니다.
어둡고 캄캄한 삶에서 예수 그리스도의 사랑을
아는 자답게 누군가를 향해 사랑을 고백하고
우리 손을 펼쳐 잿빛 같은 사람들을
만져줄 수 있길 바랍니다―.

반드시 하나님은 우리 삶의 모자란 부분을 채워 주시고 충만하게 하십시오. 우리 인생은 아직 완성되지 않았습니다. 여전히 해결되지 못한 과제들이 있습니다. 그럴지라도 믿음으로 기다리며 주님께 나아가십시오. 언젠가 하나님의 때에 기쁨의 열매를 얻게 될 것입니다——。

○ 닫는 글

새벽은 그리스도와 함께 옵니다 ──。

    찰스 카우만(Charles E. Cowman)이 쓴 《젊은이를 위한 명상》(생명의말씀사 역간) 중에 이런 이야기가 나옵니다. 방탕한 삶을 살던 한 청년이 있었습니다. 그는 예수 그리스도를 만난 후 방탕한 삶을 청산하고 길거리의 가로등을 관리하는 직업을 갖게 되었습니다. 밤이 되면 불을 켜고 새벽이 가까워 오면 거리로 나가 불을 끄는 일입니다. 하루는 과거에 함께 다니던 주정뱅이 친구들이 찾아와 청년에게 물었습니다. "당신, 예수 믿는다더니 요즈음 사는 재미가 어떤가?" 청년은 자신이 현재 하는 일을 소개한 후 이렇게 답을 했습니다. "매일 새벽녘 가로등을 끌 때마다 뒤를 돌아본다네. 그것은 내

과거의 어둠과도 같지. 그러나 아직 꺼지지 않은 앞쪽 등불의 긴 행렬을 보며 희망을 갖게 된다네. 그것은 내 미래의 모습이기 때문이지." 그때 친구들이 조롱하듯 되물었습니다. "이 멍청한 친구야, 그러면 마지막 등불이 꺼지면 그땐 어디로 갈 건가?" 청년이 웃으며 대답했습니다. "걱정하지 말게. 마지막 등불이 꺼지면 새벽빛이 밝아 온다네. 그땐 등불이 필요 없다네."

누구에게나 인생의 밤은 찾아옵니다. 그러나 새벽빛이 밝아오면 더 이상 등불은 필요 없습니다. 새벽에 떠오른 태양이 모든 어둠을 삼키고 그 앞을 비춰 줄 것이기 때문입니다. 이것이 그리스도인의 삶의 본질입니다. 우리의 힘으로 어두워져 가는 인생을 반전시킬 수 없습니다. 아무리 애쓰고 발버둥쳐도 밤을 이길 수 없습니다. 그러나 그리스도가 우리 가운데 임하시면 달라집니다. 그분은 빛이요, 의의 태양이기 때문입니다. 그분을 만나면 새벽이 옵니다. 그분을 만나면 인생의 질문에 대한 답을 얻는 것이 아니라, 아예 질문 자체가 없어집니다. 그분 안에 모든 것이 들어 있기 때문입니다. 사가랴는 이것을 다음과 같은 노래로 고백했습니다. "이로써 돋는 해가 위로부터 우리에게 임하여 어둠과 죽음의 그늘에 앉은 자에게 비치고 우리 발을 평강의 길로 인도하시리로다"(눅 1:78-79). 그렇습니다. 새벽은 그리스도와 함께 옵니다. 그러므로 밤을 두려워 마십시오. 절망과 혼란의 현실을 두려워 마십시오. 그분을 만나면 모든 것이 밝혀지고 새로워질 것입니다.

복음서에 보면 제자들이 탄 배가 풍랑을 만난 사건이 기록되어 있습니다. 갈릴리의 풍랑은 예측할 수 없는 때에 갑자기 일어납니다. 집채만 한 파도가 삼킬 듯이 덮쳐 올 때 그 배의 운명은 누구도 장담할 수 없습니다. 더구나 캄캄한 밤중에, 그것도 바다 한복판에서, 무슨 수로 이 절망의 폭풍을 이겨 낼 수 있을까요? 제자들의 노 젓는 힘만으로는 불가능합니다. 그러나 예수님이 오시자 풍랑이 멈췄습니다. 출렁이던 바다가 가라앉고 고요한 평화가 찾아왔습니다. 마가는 이때가 밤 사경이었다고 밝히고 있습니다. 사경은 새벽 3~4시 무렵부터 해 뜨기 직전까지를 말합니다. 즉, 주님의 오심과 함께 한밤의 풍랑이 멈추고 새벽이 온 것입니다. 이와 같은 경험은 제자들에게만 있는 것이 아닙니다. 수가 성의 여인이 예수님을 만나는 순간, 수치와 열등감의 밤이 지나고 새벽이 찾아왔습니다. 귀신 들린 딸을 가진 수로보니게 여인도, 간음하던 현장에서 끌려온 여인도, 온몸이 썩어 가는 아픔 속에서 잉여 인간처럼 살아가던 나병 환자들도, 베데스다 못가의 38년 된 앉은뱅이도, 날 때부터 소경이었던 예루살렘 거리의 거지도, 예수님을 만나자 그 인생에 새벽이 찾아왔습니다. 오늘 우리의 인생도 마찬가지입니다. 엄연한 밤의 현실이 우리 앞에 있지만 그것 때문에 절망하거나 생을 포기하지 마십시오. 그리스도를 만나는 순간 새벽은 찾아옵니다.

인생은 기나긴 항해와 같습니다. 때로 거친 파도와 칠흑 같은 어둠이 우리 삶을 강타하기도 합니다. 그러나 빛 되신 그리스도가 우리와 함께 가신다면 두려워할 필요 없습니다. 그분이 친히 우리의 길을 이끄실 것이기 때문입니다. 그분 안에 생명이 있고, 치유가 있으며, 참소망이 있습니다. 어떤 상황일지라도 그분을 바라볼 때 우린 다시 일어설 수 있습니다.

미국 프로야구 선수 중에 데이브 드라베키(Dave Dravecky)라는 왼손 투수가 있습니다. 샌디에고 파르레스와 센프란시스코 자이안트에서 7년간 투수 생활을 했습니다. 그러나 1988년 암에 걸려 왼쪽 팔에 수술을 받게 되었습니다. 운동선수로서는 치명적인 수술입니다. 모든 사람이 다시는 그가 운동장에 나오지 못할 것이라고 생각했습니다. 그런데 수술을 마친 다음 시즌에 경기장에 나왔습니다. 그리고 8이닝을 던져 승리하는 놀라운 역사를 이루었습니다. 그러나 5일 후 팔이 부러지고 결국 팔을 절단하는 수술을 받아야 했습니다. 웬만한 사람 같았으면 생을 포기하거나 절망감에 쓰러졌을 텐데, 그는 그렇게 하지 않았습니다. 오히려 은퇴 후 "희망의 전도단"(Outreach of Hope)이라는 선교 단체를 만들어 복음 사역을 시작했습니다. 그가 1990년에 출간한 책이 한 권 있습니다. 제목이 *Come Back*(재기)입니다. 그는 그 책에서 이렇게 도전하고 있습니다. "만일 당신의 발로 다시 일어설 수 없다면 예수 그리스도와 함께 일어 서십시오."(If you can't come back with your own foot, come back with Jesus Christ).

동일한 도전을 여러분 모두에게 드리고 싶습니다. 도저히 일어날 수 없을 때 그분과 함께 일어나십시오. 그분과 함께 새 삶의 방향을 바라보십시오. 그리고 평생 달려도 아깝지 않을 비전을 향해 나아가십시오. 거기에 당신을 위해 준비된 축복의 아침이 기다리고 있습니다.